Nancy Kennedy

Verheiratet – und trotzdem allein

Wenn der Partner kein Christ ist

R BROCKHAUS

Die amerikanische Originalausgabe erschien
unter dem Titel WHEN HE DOESN'T BELIEVE
bei WaterBrook Press, Colorado Springs/Colorado.

Deutsch von Barbara Trebing

Umschlag: Ursula Stephan, Wetzlar
Gesamtherstellung: Breklumer Druckerei Manfred Siegel KG
ISBN 3-417-24776-4
Bestell-Nr. 224 776

INHALT

Ich widme dieses Buch allen Frauen,
die den Platz in der Kirchenbank neben sich
freihalten und auf den »großen Tag« warten.

EINLEITUNG

In dem Moment, wo ich den Mund öffnete, wusste ich, dass ich es nicht hätte sagen sollen. Das heißt, nein, ich wusste es schon vorher – lange vorher. Aber … ich sagte es trotzdem.

Ich hatte eine riesige Portion Lasagne gemacht, es gab Knoblauchbrot, die italienischen Würstchen, die mein Mann besonders gern mochte, und geröstete Zwiebeln. Ich hatte ihm zuliebe sogar Radieschen in den Salat geschnitten. Dann wartete ich, bis er ein paar Bissen gegessen hatte. Wenn es stimmte, dass der Weg zum Herzen des Mannes über den Magen geht, dann wollte ich mindestens eine vierspurige Autobahn anlegen, bevor ich meine Frage stellte:

»Schatz, kommst du am Sonntag mit uns in den Gottesdienst?«

Gegen die Frage als solche war im Prinzip nichts einzuwenden. Zu einem anderen Zeitpunkt wäre sie womöglich sogar angebracht gewesen. Aber damals nicht. Und das wusste ich. Erst einen Tag vorher hatte Barry erwähnt, es sei ihm aufgefallen, dass ich das Radio in seinem Lastwagen auf lauter christliche Sender umprogrammiert hätte. Und irgendwie schien er das nicht so zu schätzen, wie ich gehofft hatte.

Auf meine Frage nun antwortete er nicht mit Nein, aber er sagte auch nicht Ja, sondern: »Mal seh'n.«

Ich saß da und kochte. *Mal seh'n? Was soll denn das heißen? Warum sagt er nicht einfach Nein, wenn er Nein meint?*

Ich stocherte in meinem Essen herum und bemühte mich, ein lockeres Gespräch über das Hockeyspiel in Gang zu bringen, das am Abend im Fernsehen übertragen wurde. Ich hasse Hockey! Aber noch mehr hasse ich es, wenn ich mich selbst in solche Abgründe hineinmanövriere.

Abgrundtiefe Enttäuschung.

Abgrundtiefe Ungeduld.

Abgrundtiefe Einsamkeit und Unzufriedenheit, Frustration und Angst.

Das Gute ist, dass ich inzwischen nicht mehr so viel Zeit in diesen Abgründen verbringe wie früher. Wenn ich heute aufwache und meinen geliebten Mann ansehe, dann weiß ich ohne den geringsten Zweifel, dass dieser Mann, diese Ehe, dieses Leben mit einem ungläubigen Partner, wie ich es in den vergangenen zwei Jahrzehnten erlebt habe, von der Hand eines liebenden Gottes genau für mich vorgezeichnet wurde. Und in vielerlei Hinsicht betrachte ich meine Situation als ein Geschenk.

Ob ich es mir ausgesucht hätte? Hmm ... das ist eine schwierige Frage. Darf ich sie erst einmal zurückstellen?

Im Ernst: Wenn wir in die Zukunft sehen könnten, dann würden wir sicher alle einen Mann wählen, der jeden Tag mit uns betet, der unser geistlicher Berater ist und es am Sonntagmorgen kaum erwarten kann, mit uns in die Kirche zu gehen. (Und wenn wir schon gerade dabei sind, möchte ich noch hinzufügen, dass es sicher einer wäre, der die schmutzigen Socken nicht einfach zusammenknüllt und hinter dem Sofa versteckt, der gern »Frauenfilme« guckt und bei jeder Gelegenheit mit einer Riesenschachtel Pralinen ankommt.)

Aber wir können nicht in die Zukunft sehen.

Als Barry und ich uns vor über fünfundzwanzig Jahren kennen lernten, waren wir beide keine Christen. Wir waren drei Jahre verheiratet, als Gott mich durch den Glauben an Jesus Christus in eine persönliche Beziehung zu ihm rief, und ich sagte von ganzem Herzen Ja. Er schenkte mir die Erlösung und dazu das Joch einer Ehe mit einem ungläubigen Partner.

Natürlich habe ich das nicht immer als Geschenk ansehen können. Es vergingen einige Jahre, in denen ich jedem, der es hören wollte, vorjammerte, was für ein schweres Los mir beschieden war, bevor ich erkannte, dass nicht die Umstände mich immer wieder in die Abgründe rutschen ließen, sondern meine Einstellung. Damals begann ich, mir die erste der »Regeln für den Abgrund« zu Herzen zu nehmen: Wenn du in der Grube sitzt, hör auf weiterzugraben.

Die zweite Regel stammt von mir: Wirf die Schaufel weg, wisch die Tränen ab, putz die Nase, Kopf hoch und lächeln! Oder wie der Psalmist es ausdrückt:

Lobe den Herrn, meine Seele,
und was in mir ist, seinen heiligen Namen.
Lobe den Herrn, meine Seele,
und vergiss nicht, was er dir Gutes getan hat:
der dir alle deine Sünde vergibt
und heilt all deine Gebrechen,
der dein Leben vom Verderben erlöst,
der dich krönet mit Gnade und Barmherzigkeit,
der deinen Mund fröhlich macht,
und du wieder jung wirst wie ein Adler.
(Psalm 103,1-5)

Ich sehe das so: Gott weiß, welche Umstände ich brauche, damit ich a) ihm Ehre bringe, b) sein Reich baue und c) in das Ebenbild Christi umgewandelt werde. Das ist der Plan, den er in seiner Weisheit und Allmacht für mich, für meinen Mann, unsere Kinder, Freunde, Verwandte, Gemeinde und darüber hinaus vorgesehen hat. So weit reichend ist das.

Heißt das, dass es auch einfach ist? Nein. Aber das ist die Nachfolge Jesu selten. Doch unmöglich ist es auch nicht. Gott hat versprochen, uns alles zu geben, was wir brauchen, um zufrieden zu sein und so zu leben, wie es ihm gefällt. Er rettet uns aus den Abgründen des Lebens, sogar dann, wenn wir sie uns selbst eingebrockt haben. Er stellt uns auf einen Felsen und gibt uns Grund zur Freude.

Sogar dann, wenn unser Ehepartner unseren Glauben nicht teilt.

Es ist mir klar, dass nicht jede Ehe unter dem Joch der geistlichen Uneinigkeit so begann wie meine. Vielleicht meinten Sie, der Mann, den Sie heirateten, sei ein gläubiger Christ, und haben erst später gemerkt, dass es nicht stimmte. Oder er war Christ, und Sie mussten mit ansehen, wie er vom Glauben abfiel. Ob so oder so, wahrscheinlich fühlen Sie sich betrogen. Als seien Sie einer Vorspiegelung falscher Tatsachen aufgesessen. Sie denken, Sie bekommen ein bestimmtes Produkt und erhalten dann ein völlig anderes. Oder Sie haben das Gefühl, als hätte Ihnen jemand einen bösen Streich gespielt. So schildert Ginny, eine E-Mail-Bekannte, ihre Lage.

Ginny und Tom besuchten dasselbe christliche College. Dort lernten sie sich kennen. Sie gehörten beide zur selben Kirche, nahmen gemeinsam an Evangelisationseinsätzen teil und beteten miteinander, sooft sich eine Gelegenheit bot. »Es schien mir ganz normal, dass es nach der Hochzeit so weitergehen würde«, schrieb Ginny.

Aber das tat es nicht. Sie merkte schon bald, dass Tom sich kaum persönliche Zeit für Gott nahm. Oft sagte er, Bibelverse auswendig zu lernen sei nur »Zeitvergeudung und etwas für simple Gemüter«. Ginny redete sich ein, er habe eine geistliche Durststrecke, und hoffte, sie würde bald vorübergehen.

Doch inzwischen sind sie acht Jahre verheiratet, und die Phase hält immer noch an. Ja, Tom hat sogar mit allem aufgehört, sagt Ginny. Er geht nicht mehr in den Gottesdienst, er arbeitet nicht mehr in der Gemeinde mit, und er spricht nicht mal mehr das Tischgebet. Er sagt, er wolle nichts mehr mit der Kirche zu tun haben und sei so enttäuscht von Gott, dass er sich gar nicht mehr sicher sei, ob es ihn überhaupt gebe. Tom ist aufgebracht und kritisch. Und Ginny ist durcheinander. Sie fragt sich: *Habe ich etwas falsch gemacht? Bestraft Gott mich? So habe ich mir das nicht vorgestellt. Wie hätte ich das alles nur verhindern können?*

Vor kurzem schrieb sie mir in einer E-Mail: »Kann sein, dass unsere Beziehung diesen Test nicht besteht. Nicht, weil ich ihn jetzt, wo er sich nicht mehr als Christ betrachtet, weniger lieben würde. Ich glaube, ich liebe ihn sogar mehr – aus Mitleid, weil er so ruhelos und verloren ist. Aber wir reden nicht mehr über

Glaubensfragen. Für Tom ist das Thema erledigt. Ich kann nichts anderes tun, als zu warten und zu beten.«

Während Ginny sich an ihrem Hochzeitstag nie hätte träumen lassen, dass sie – geistlich gesehen – nicht am selben Strang zog wie ihr Mann, wusste Briana genau, was sie mit Clint erwartete. Briana war in einer gläubigen Familie aufgewachsen und hatte schon früh ihr Leben Jesus übergeben. Clint lernte sie an der Highschool kennen. Er war kein Christ. Sie begannen, sich öfter zu treffen. Als Briana sechzehn war, wurde sie schwanger, und sie heirateten.

In den siebzehn Jahren ihrer Ehe – die Briana als glücklich bezeichnet – hat Clint Briana immer wieder ermutigt, in die Kirche zu gehen und auch die beiden Söhne im Glauben zu erziehen. Manchmal kommt er sogar mit zum Gottesdienst. Zu mehr ist er aber nicht bereit.

»Es ist alles mein Fehler«, sagt Briana über ihre Ehe. »Ich muss für meine Sünde zahlen, und ich weiß es. Deshalb habe ich kein Recht, mich zu beschweren.« Sie sagt, sie hätte oft Schuldgefühle, weil sie so gerne möchte, dass Clint sich bekehrt, denn eigentlich hätte sie das nicht verdient. Und trotzdem hofft sie, dass Gott ihre Gebete eines Tages erhört und sie mit ihrem Mann am selben Strang ziehen kann.

Wie wir alle.

Es ist nicht egoistisch, wenn wir unserem Mann die Erlösung wünschen. Deshalb beten wir. Wir sehnen uns danach, dass er Gott in seinem Leben erfährt und mit seinem Schöpfer Frieden schließen kann. Und da liegt unser Problem. Wir möchten, dass er das Gleiche erlebt wie wir – und das möglichst schnell. Doch solange der Heilige Geist einen Menschen nicht zieht, sind alle unsere Bemühungen umsonst.

Aber Gott hat uns nicht vergessen. Er hört unser Gebet.

Ich weiß nicht, in was für einer Situation Sie sich befinden, oder wie schwierig die Lage für Sie ist, aber wenn Sie diesen beiden Frauen und all den anderen, mit denen ich im Laufe der

Jahre geredet habe, auch nur ein bisschen gleichen – und wenn Sie mir ein wenig ähnlich sind –, dann haben Sie bestimmt hin und wieder das Gefühl, Sie könnten so nicht weiterleben. Sie machen sich verrückt mit Überlegungen, wie es hätte sein können. Sie sorgen sich darum, welche Auswirkungen Ihre eheliche Situation auf Ihre Kinder hat. Sie zermürben sich oder haben Schuldgefühle, weil Sie meinen, es sei alles Ihre Schuld. Und Sie fragen sich, ob Gott Ihre Gebete je erhören wird oder ob er sie überhaupt hört.

Sie stöbern in den Bücherregalen nach einem Hoffnungsschimmer, nach einem Fünf-Stufen-Plan oder sieben Geheimnissen der Liebe, die Ihren Mann zum Glauben führen könnten. Sie denken: *Wenn ich nur den Schlüssel finden, wenn ich mich nur ändern, wenn ich nur die perfekte gläubige Ehefrau sein könnte, dann würde er sicher vor dem Herrn auf die Knie gehen. Und dann könnten wir glücklich und in Freuden leben.*

Aber, liebe Freundin, so funktioniert es nicht. Denn die Beziehung Ihres Mannes zu Gott hängt, ganz schlicht und einfach, nicht von Ihnen ab. Gott mag Sie zwar gebrauchen, aber letztlich ist es die Aufgabe des Heiligen Geistes, Herzen zu verändern. Darum entspannen Sie sich! Gott sitzt auf dem Thron. Hat nicht Jesus selbst gesagt, dass kein Sperling auf die Erde fällt, ohne dass der Vater darum weiß? Egal, wie Ihre Lage aussieht, egal, wie Sie da hineingekommen sind, vergessen Sie nie, dass Gottes Verheißung, alles zum Guten zu wenden und Sie geistlich weiterzubringen, auch Ihnen gilt.

Ich habe dieses Buch geschrieben, um Ihnen Mut zu machen. Um Ihnen zu sagen, dass unser Gott ein Gott der Hoffnung, der Stärke und Macht ist. Ein Gott, der sieht. Ein Gott, der weiß. Ein Gott, der das Schreien der Einsamen, der Verzweifelten, der gebrochenen Herzen hört. Ein Gott, der die Menschen, die er liebt und sein Eigen nennt, lachen und singen lässt.

Ein Gott, der genau dieses Leben für Sie geplant hat, weil er Sie liebt.

Ich bete darum, dass Sie auf diesen Seiten finden, was Sie brauchen, und zwar nicht nur, um zu überleben und sich irgendwie durchzuwurschteln, sondern um aufzublühen. Um auf Adlersflügeln aufzusteigen und auf den Wolken zu tanzen, wenigstens solange Sie die Wäsche machen. Ich erzähle neben meiner eigenen auch Geschichten von anderen Frauen – voller praktischer Ratschläge und erhellender Einsichten.

Am Ende jedes Kapitels habe ich auch ein paar Fragen angefügt, die als Gesprächshilfe dienen und Sie tiefer in die Bibel führen sollen. Denn die einzige Quelle der Erkenntnis und die einzige Anleitung, der wir völlig vertrauen und auf die wir uns verlassen können, ist schließlich das Wort Gottes. Gehen Sie die Fragen mit einer Gebetspartnerin oder in einer kleinen Gruppe durch. Forschen Sie gemeinsam in Gottes Wort. Sie werden es nicht bereuen.

Und noch etwas: Ich bete für Sie. Ich kenne Sie zwar nicht mit Namen, aber ich kenne Ihr Herz. Und Gott auch.

»Dem aber, der überschwänglich tun kann über alles hinaus, was wir bitten oder verstehen, nach der Kraft, die in uns wirkt, dem sei die Ehre … Amen.« (Epheser 3,20-21)

Kapitel 1

Gott macht keine Fehler

Es war am Ostersonntag vor genau einem Jahr. Ich steuerte meinen gewohnten Platz in der ersten Reihe an (Mittelblock, zweiter Stuhl vom Gang aus gesehen), und plötzlich bemerkte ich voller Entsetzen, dass meine Schuhe nicht zueinander passten.

Meine Tochter Laura und ihr Freund begleiteten mich. Sie passten zusammen. Und alle anderen um mich herum passten auch zueinander, nahm ich zumindest an. Nur meine Schuhe passten nicht zueinander.

Da saß ich in der vordersten Reihe, wo mich alle sehen konnten ... und trug einen schwarzen Schuh und einen blauen. *Sie waren nicht einmal im gleichen Stil.* Einer schwarz, der andere blau. Unpassend, ungleich. Ein Paar und doch kein Paar.

In jenem Augenblick wünschte ich mir nichts sehnlicher als ein richtiges Paar, wie alle anderen auch. Zwei vollkommen identische, schwarze Pumps mit mittelhohem Absatz, Größe 38, die nicht nur zueinander, sondern auch zu meiner schwarzen Hose passten.

Die Musik setzte zum Eingangsspiel »Ich lobe meinen Gott von ganzem Herzen« an. Und ich saß da und ärgerte mich über meine Schuhe. *Wo war Gott, als ich mich anzog?*, fragte ich mich. *Warum hat er zugelassen, dass ich einen solchen Fehler begehe? Hat er es nicht gesehen? Natürlich hat er. Hätte er mich nicht aufhalten können? Oder mir auf wundersame Weise den passenden Schuh unter die Nase halten können? Hätte er selbstverständlich gekonnt.*

Warum hat er es dann nicht getan?

Während des gesamten Solovortrags von »Ich habe Jesus gesehen«, während der ganzen Liturgie, zu der wir alle aufstehen sollten, und auch noch während des Anbetungslieds »Singt Halleluja unserm Gott« konnte ich an nichts anderes denken als daran, wie unpassend ich mir vorkam – und wie wenig ich im Moment daran ändern konnte. So sehr ich es mir auch wünschte, ich konnte meine Wahl nicht ungeschehen machen. Gott hatte es zugelassen, dass ich mit zwei ungleichen Schuhen in die Kirche ging, und nur ein Wunder hätte daran etwas ändern können.

Wie konnte es passieren?

Ich habe die Geschichte schon einige hundert Mal erzählt. Mein Mann und ich sind uns begegnet, haben geheiratet und uns ineinander verliebt – in dieser Reihenfolge. Als ich neunzehn war, habe ich meine Heimat Kalifornien verlassen, eine ledige Frau auf der Suche nach einem Ehemann. Mein Bruder war zur Marine gegangen, und seitdem hatte ich ein Faible für Matrosen. Daher beschloss ich, mich bei der Marine zu verpflichten. Dummerweise, oder vielleicht auch zum Glück – je nachdem, wie man es betrachtet –, war der für die Marine zuständige Sachbearbeiter an jenem Tag, als ich ihn aufsuchen wollte, gerade zum Essen ausgegangen. Aber der Typ für die Luftwaffe war da, und der war »süß«. Also meldete ich mich bei ihm und verpflichtete mich.

Damals hatte ich im Prinzip von nichts eine Ahnung. In der Schule hatte ich die Zeit abgesessen und es irgendwie bis zum Abschluss geschafft, ohne nutzbringende Fähigkeiten an den Tag zu legen oder ein Ziel im Leben zu haben, außer natürlich, einen Mann zu finden.

Barry, ein gebürtiger New Yorker von Long Island, war ein Jahr früher zur Luftwaffe gestoßen; nicht, weil er eine Frau suchte, sondern ein Ziel. Wir waren beide im Stützpunkt Loring im US-Bundesstaat Maine stationiert und lernten uns dort bei der Arbeit im luftwaffeeigenen Warenlager kennen. Er war in der Warenannahme beschäftigt und ich in dem Büro, in dem die Empfangsbestätigungen abgelegt wurden.

Was für ein Zufall.

Ich kann mich nicht mehr erinnern, ob ich Barry von Anfang an mochte oder nicht. Er redete nicht viel, obwohl er fast jede Stunde einmal in mein Büro kam, um sich mit meinem Chef über Baseball zu unterhalten. Mich grüßte er freundlich, aber das war auch schon alles.

Auf Umwegen hörte ich, dass er mich ganz niedlich fand. Mir gegenüber ließ er sich davon jedoch nichts anmerken. Deshalb beschloss ich, etwas nachzuhelfen. Etwa eine Woche lang legte ich mich jeden Abend im Speisesaal auf die Lauer und vertrieb mir die Zeit mit Lesen und schauderhaftem Kaffee. Doch meine Bemühungen brachten mir nichts anderes ein als Magenbeschwerden und flatternde Nerven.

Schließlich rief ich einen der zivilen Mitarbeiter in seiner Abteilung zu Hilfe. Er teilte Barry mit, dass ich an ihm interessiert und auch noch zu haben sei. Das Wort »verzweifelt« ließ ich aus. Ich wollte dem armen Kerl ja keine Angst machen.

Was mir an Barry gefiel, waren seine platte Baseballmütze (er war im Warenlager mal mit einem anderthalb Tonnen schweren LKW darüber gefahren) und die kleinen Lachfältchen um seine braunen Augen. Ganz hin und weg war ich von seinem absolut überwältigenden Bizeps.

Irgendwann hatte er begriffen und verabredete sich mit mir – und ließ mich gleich beim ersten Mal sitzen. Beim zweiten Mal lud er mich zum Schlittschuhlaufen ein und kaufte mir dazu ein Paar Schlittschuhe.

Da mir bis dahin noch kein Mann Schlittschuhe gekauft hatte (und ich mit meinen zwanzig Jahren immer noch ledig war), fragte ich ihn ein paar Wochen später, ob er mich heiraten wollte. Er sagte »ja« – vermutlich, weil ihm noch nie eine Frau einen Antrag gemacht hatte (und er deshalb gar nicht wusste, dass er auch Nein sagen konnte).

Drei Monate danach stand ich in einem marineblauen Hosenanzug und mit einem Riesenpickel auf dem Kinn vor dem Friedensrichter in Limestone in Maine und gelobte, einen Typ in braunem Sportdress zu lieben und zu ehren, »bis dass der Tod uns scheidet«. Dabei kannte ich ihn kaum und war mir nicht einmal sicher, ob ich ihn wirklich liebte.

Ich hatte auch keine Ahnung, was er mir gegenüber empfand, einmal abgesehen davon, dass ihm mein damals rotes Haar und meine grünen Augen gefielen. Aber wenigstens hatten wir unser Unwissen gemein. Das und eine große körperliche Anziehung, falls Sie verstehen, was ich meine. Was die anderen gemeinsamen Interessen angeht … er begeisterte sich damals vor allem für Baseball, Softball, Football und Eishockey und ich nicht. Ich interessierte mich eigentlich für gar nichts. Ich wusste nur, dass die Nächte im Norden von Maine ungeheuer kalt und einsam waren, und wenn eine Ehe auch sonst nicht viel zu bieten hatte, dann wenigstens, dass man am Wochenende nicht allein war. Und wenn es nicht klappte … na ja.

Wir waren weit entfernt vom Paradies, in dem Gott Adam eine »Gehilfin« zur Seite gestellt hatte, mit der er sich die Erde untertan machen sollte, und in dem sie beide abends mit Gott durch den Garten wandelten. Auch wenn wir als Kinder die gleiche religiöse Erziehung genossen hatten, wusste keiner von uns beiden etwas über die Bibel, Jesus, das ewige Leben oder das Reich Gottes, und es war uns auch egal.

Wir kamen doch auch ohne gut zurecht.

Noch ein Antrag

Ich hatte gelobt, Barry treu zu bleiben, bis der Tod uns scheidet, aber ich glaube nicht, dass ich das wirklich wörtlich gemeint hatte. Barry war zwar ein netter Kerl, aber wir hatten kaum Gemeinsamkeiten. Wir gingen beide gern am Freitagabend Hummer essen, und wir mochten Sex, aber das war auch schon alles. Keine besonders gute Grundlage für eine Ehe. Er konnte auch das Loch, die Leere, das, was mir innerlich fehlte, nicht ausfüllen. Und ich hatte das Gefühl, dass ich seine Bedürfnisse auch nicht stillen konnte.

Es war nicht sein Fehler. Ich wollte einfach mehr. Etwas anderes. Täglich, ja beinahe stündlich überlegte ich, ob ich ihn verlassen sollte, und hätte es auch fast getan – bis ich entdeckte, dass ich schwanger war. Da ich die Familie nicht auseinander reißen wollte, blieb ich. Ich blieb äußerlich, aber innerlich entfernte ich mich und suchte weiter … suchte irgendetwas. Ich wusste bloß nicht, was.

Nachdem unsere Tochter Alison geboren war, entschlossen wir uns, sie taufen zu lassen. Nicht, dass wir plötzlich fromm geworden wären. Es gehörte sich einfach so.

Also taten wir es.

Ich glaube, etwa zu jener Zeit spürte ich zum ersten Mal, dass jemand etwas von mir wollte. Ich war mir zwar nicht ganz sicher, denn die meiste Zeit meines Lebens war ich die Aktive gewesen, und ich wusste nicht, wie es ist, wenn man mir den Hof macht und mich umwirbt.

Aber es gefiel mir. Und gleichzeitig hasste ich es. Es war beunruhigend und fremd und trotzdem irgendwie faszinierend. Jemand wollte mich.

Spätabends schlich ich aus dem Bett, setzte mich ins Wohnzimmer und dachte nach. Ich wusste nicht viel über meinen »Verehrer«. Als Kind hatte ich mir vorgestellt, dass er ernst sei und weit weg, grausam und rachsüchtig. Doch jetzt, mit dreiundzwanzig, sah ich in ihm den »Geliebten«, den Bräutigam, der dem Objekt seines Sehnens – mir! – die Erfüllung meiner Sehnsüchte schenken wollte.

Nach einer Reihe von Ereignissen, die ich hier nicht alle aufzählen kann, bekam ich von dem Einen, der mich liebte, am 30. Mai 1978 einen Antrag. Im Büro des Lagerhauses auf dem Luftwaffenstützpunkt von Loring in Maine stellte ich mich dem, der mich umworben hatte, im Beisein meiner Kollegin Rita. Sie schlug ihre Bibel auf und erklärte mir die gute Nachricht: dass ich ein elender Sünder war und bin. Dass meine Sünde mich von dem allmächtigen Gott trennt und ich deshalb Gottes Feind bin. Dass seine Liebe zu seinem Volk – und damit auch zu mir – so groß war, dass er seinen geliebten Sohn auf die Erde sandte, um ihn dort ein so vollkommenes Leben führen zu lassen, wie ich es nie schaffen würde, und ihn dann den Tod sterben zu lassen, den ich verdient hätte.

Seine Nähe füllte den kleinen Raum, als Jesus mir sein Angebot machte: Er starb, damit ich leben darf.

Rita las aus Römer 10,13: »Wer den Namen des Herrn anrufen wird, soll gerettet werden«, und fragte mich: »Willst du das?«

»Mehr als alles andere«, erwiderte ich.

Von einem Moment zum nächsten hatte ich einen Antrag erhalten und einen anderen geheiratet. Jesus Christus! Den Einen, nach dem ich mich die ganze Zeit gesehnt hatte. Wir würden immer beieinander bleiben, miteinander lachen, einander lieben. Er würde mich unterrichten, und ich würde von ihm lernen. Er würde mir den Weg zeigen, und ich würde ihm nachfolgen. Es würde die helle Freude sein ... bis auf eine kleine Schwierigkeit – und die befand sich auf der anderen Seite der Tür und war gerade auf dem Weg durch den Gang zu meinem Büro.

»Meine Frau – der Jesus-Freak«

Ich verließ das Büro als erlöster, wiedergeborener Mensch und wollte am liebsten alle anderen auch bekehren. Ich war überzeugt, dass Barry genau wissen wollte, was mir gerade widerfahren war, und sich sofort auch so ein Bekehrungserlebnis wünschen würde. Deshalb rannte ich ihm entgegen, packte ihn am

Arm und schüttelte ihn. Dabei purzelten die Worte nur so aus meinem Mund, und ich stieß in einem einzigen langen Satz hervor:

»Barry, dukannstdirnichtvorstellen,wasmirgeradepassiertist. IchhabemeinLebenJesusübergeben – ichglaube,mannennt daswiedergeboren – sollichdirdavonerzählen?«

Ich holte tief Luft, und er trat einen Schritt zurück. Dann musterte er mich mit einem Blick, als wären mir gerade drei Köpfe gewachsen, und stürzte die Treppe hinunter. Ich war ihm dicht auf den Fersen und hörte nicht auf, ihm lauthals zu erzählen, was mir gerade passiert war, während ich ihn durch das ganze Lagerhaus jagte. Es muss ein toller Anblick gewesen sein!

In einem Augenblick war ich von einem launischen, mürrischen Wesen, das häufig weinte und geheime Schuld wegen vergangener und gegenwärtiger Sünden und Begierden mit sich herumschleppte, zu einer impulsiven, übermütigen Närrin geworden. Einer verrückten Plaudertasche. Gott hatte mich zutiefst im Innern angerührt, und ich wollte dieses Erlebnis mit jedem teilen, der einen Moment still sitzen konnte und mich reden ließ.

Dummerweise litt Barry gerade an dem »Ich-kann-nicht-still-sitzen«-Syndrom. In den nächsten Tagen nahm er jedes Mal Reißaus, wenn ich ihm erklären wollte, wie auch er gerettet werden konnte. Immer fiel ihm etwas ein, was er tun oder wo er hingehen musste, und fort war er.

Doch ich war noch schneller, holte ihn ein und bot ihm an, Rita zu holen, damit sie auch ihm aus der Bibel vorlas. Für mich machte das alles Sinn. Gott liebte Barry doch auch und wollte genauso eine Beziehung zu ihm haben wie mit mir, und dann könnten wir ihm gemeinsam dienen. Das wäre doch großartig, wunderbar – und lustig.

Barry musste das doch einsehen und auf die Knie gehen. Sofort …

Das war vor über zwanzig Jahren. Ich habe Barry später

einmal gefragt, wie er diese ersten Tage meines Glaubenslebens empfunden habe, und er sagte nur ein Wort: »Verrückt.« Zuerst habe er gedacht, es sei eine Überreaktion auf die damals recht stressige Zeit gewesen: Unsere Zeit beim Militär näherte sich damals ihrem Ende, und der Umzug nach Portland ins Zivilleben stand bevor. Barry hatte bereits eine Stelle, aber wir hatten noch keine Wohnung. Und ich hatte keine Ahnung, was ich beruflich machen wollte. Deshalb meinte er, diese »Sache mit Jesus« sei nur eine vorübergehende Schwärmerei, und ich würde schon wieder damit aufhören.

Er hoffte es wie verrückt.

Ich hingegen hoffte die ganze Zeit, er würde damit anfangen. Ich dachte, ich könnte ihn überzeugen, ihn in den Glauben beten, ihm den Glauben vorleben und beweisen, ihm den Glauben schmackhaft machen. Also bettelte und flehte ich und vergoss viele Tränen. Alle Christen, die ich bei der Luftwaffe kannte, auch wenn es nur eine Hand voll war, hatten gläubige Partner. Ich nahm an, dass Gott das so wollte und mein Mann ihnen bald folgen würde.

Im nächsten Kapitel werde ich ein wenig von meiner Hartnäckigkeit berichten, als ich alles versuchte, um Barry zu bekehren. Jetzt nur soviel: Ein ganzes Jahr lang probierte ich gnadenlos mit jedem Trick und allen Überredungskünsten, die mir in den Sinn kamen, meinen Mann ins Reich Gottes zu drängen.

Unbeantwortete Fragen

Es war ein kühler Abend im Mai. Bald würde ich das einjährige Jubiläum meines Glaubenslebens und vier Jahre Ehe mit Barry feiern. Wir waren zum Pier am *Old Orchard Beach* hinuntergegangen, um Beachhockey zu spielen und Pizza zu essen. Ich weiß noch, wie ich auf einer Felsenmauer saß und auf den Atlantik hinaussah und darüber staunte, wie sehr ich meinen

Mann im vergangenen Jahr lieben gelernt hatte. Mir waren die Augen dafür aufgegangen, wie gütig er anderen Menschen gegenüber war und wie ernst er seine Aufgabe als Ernährer der Familie nahm.

Ich hatte ihn geheiratet, damit ich keine alte Jungfer blieb. Dass daraus echte Liebe geworden war, dass ich mich so radikal hatte ändern können – nun, das war ein Beweis dafür, dass es wirklich einen Gott gibt und sein Wort wahr ist. Und ich wünschte mir nichts sehnlicher, als dass auch Barry begriff, was echter, biblischer Glaube ist. Aber er tat es nicht. Er tat es einfach nicht.

Da es einer jener eher seltenen frohen Abende war – es war fast, als hätten wir einen geistlichen Waffenstillstand geschlossen –, wagte ich einen neuen Bekehrungsversuch. Ich weiß nicht mehr genau, was ich sagte, aber ich erinnere mich, dass Barry zuhörte und irgendwie empfänglicher schien.

Vielleicht lag es ja an der Pizza und der Tatsache, dass ich ihn hatte gewinnen lassen, aber damals dachte ich, es stecke noch mehr dahinter. Er hörte mir zu, als ich von Jesus redete! Ich war mir sicher, dass nun der Zeitpunkt der Entscheidung gekommen war! Aber es geschah nichts, und ich hatte das Gefühl, Gott habe mich wieder einmal im Stich gelassen.

Ich konnte nicht begreifen, warum es so lange dauerte. *Hatte Gott einen Fehler gemacht, als er mich die Ehe mit einem ungläubigen Partner eingehen ließ? Wollte er mich wegen irgendetwas bestrafen? Hatte ich nicht genug gebetet oder die falschen Worte gebraucht? Was war mit meinem Unbehagen und dem Wunsch nach geistlicher Einheit in der Familie? Sah er das nicht? Wusste er nicht, dass unsere Tochter einen Vater brauchte, der ihr als Christ ein Vorbild war? Oder war es ihm egal?*

Obwohl meine Bekehrung schon fast ein Jahr zurücklag, war es mir nicht ein einziges Mal in den Sinn gekommen, dass Gott genau wusste, was er tat, und dass er die hundertprozentige Kontrolle über diese Welt hatte und hat. Nichts entgeht seiner

Aufmerksamkeit; nichts geschieht, was er nicht vorherbestimmt hat. Das ist unfassbar. Aber wenn wir verstehen würden, wie Gott uns einen freien Willen geben *und* gleichzeitig die Kontrolle über alles, was geschieht, in der Hand behalten kann, dann wären wir Gott.

Und genau das ist der springende Punkt. Er ist Gott, und wir sind es nicht.

Deshalb wusste er schon lange, ehe es mich gab, dass ich an diesen Punkt kommen würde, dass ich mit diesem Typ aus Long Island das Joch der geistlichen Uneinigkeit auferlegt bekäme, und auch, dass es mehr als zwanzig Jahre so bleiben und wir trotzdem eins sein würden. Für ihn war das keine Überraschung. Keine Verwechslung, die er korrigieren musste, sondern sein vollkommener Wille für mein Leben.

Und er war sich über unsere Situation im Klaren.

Gott sagt nie: »Hoppla, was ist mir da passiert?«

Egal, wie es gekommen ist, dass Sie mit Ihrem Mann – geistlich gesehen – nicht am selben Strang ziehen, eines steht fest: Für Gott ist das keine Überraschung. Und nicht nur das. Jeder von uns ist genau da, wo er uns haben will, mit genau dem Menschen verheiratet, den er für uns bestimmt hat, um seinen Plan zu erfüllen, zu seiner Ehre und zu unserem Besten.

Fragen wir einmal Josef.

Wenn irgendjemand Grund hatte zu fragen, ob Gott weiß, was er tut, dann er. In 1. Mose 37–50 lesen wir vom Leben dieses Mannes. Von den eigenen eifersüchtigen Brüdern wurde er in einen Brunnen geworfen und dort liegen gelassen, weil sie seinen Tod wollten. Von denselben Brüdern wurde er schließlich als Sklave nach Ägypten verkauft. Dort gewann er zwar das Wohlwollen von Potifar, einem Beamten des Pharaos, landete aber dennoch im Gefängnis, weil Potifars Frau behauptete, Josef habe sie belästigt. Dort blieb der arme Kerl mehrere Jahre.

Aber die Geschichte hat ein erstaunliches Ende. Josef erringt die Gunst vom Pharao und wird von ihm zu seinem Stellvertreter ernannt. Und als wäre das noch nicht genug, kommen seine Brüder während einer Hungersnot zu ihm und bitten ihn um sein Erbarmen. Als er schließlich mit ihnen darüber spricht, was sie ihm Jahre zuvor angetan haben, sagt er: »Ihr gedachtet es böse mit mir zu machen, aber Gott gedachte es gut zu machen, um zu tun, was jetzt am Tage ist« (1. Mose 50,20).

War es Zufall, dass Josef im Brunnen, in der Sklaverei, unter falscher Anklage, im Gefängnis landete? Sein ganzes Leben hindurch finden wir immer wieder die Worte: »Der Herr war mit Josef.« Der Herr war mit ihm ... und ließ alles, was er tat, gelingen. Der Herr war mit ihm ... und neigte die Herzen zu ihm ... und ließ ihn Gnade finden ... und was er tat, dazu gab er Glück. Weil Gott Josef ganz bewusst nach Ägypten gebracht hatte und ihm sogar im Gefängnis seine Gunst spüren ließ, konnte Josef später das ganze Volk Israel während einer weltweiten Dürre vor dem Hungertod retten.

Es geschieht nichts ohne Gottes allmächtige Hand. »In ihm [Christus] sind wir auch zu Erben eingesetzt worden«, schreibt der Apostel Paulus an die Epheser, »die wir dazu vorherbestimmt sind *nach dem Vorsatz dessen, der alles wirkt nach dem Ratschluss seines Willens*« (Epheser 1,11; Hervorhebung durch den Verfasser).

Gott ist die oberste Instanz und kann weit mehr tun als alles, was wir von ihm erbitten oder uns nur vorstellen können. Wenn wir als Ungläubige heiraten und dann von seinem Ruf zum Glauben überrascht werden, dann kann er uns mit sich und mit uns selbst versöhnen. Wenn ein gläubiger Ehepartner vom Glauben abfällt oder wir merken, dass wir uns getäuscht haben und der Mensch, den wir geheiratet haben, gar nicht gläubig ist, dann kann Gott ihn zurückholen. Selbst wenn wir mit offenen

Augen und gegen das klare Gebot des Herrn einen Ungläubigen heiraten, kann Gott immer noch so wirken, dass auch hier gilt: »Ehen werden im Himmel geschlossen.« Wenn irgendetwas passieren könnte, das nicht seinem allmächtigen Plan entspricht, dann wäre er nicht Gott. Und wenn er Gott ist, dann hat er alles vollkommen im Griff. Er sagt nie: »Hoppla, was ist mir da passiert?«

Was tun, wenn die Schuhe nicht zueinander passen?

Ich war Ostern mit Schuhen in die Kirche gegangen, die nicht zueinander passten – und Gott hatte es zugelassen. Er hatte mich nicht gestoppt und auch nicht den blauen in einen schwarzen verwandelt, als ich es merkte und ihn darum bat. Ich musste wohl oder übel mit meinen ungleichen Schuhen dort sitzen bleiben.

Der Gottesdienst dauerte schon eine Viertelstunde, als mir aufging, dass die Entscheidung bei mir lag: Ich konnte mich in der verbleibenden Zeit wegen der Schuhe miserabel fühlen – oder ich konnte die Situation, auf die ich ohnehin keinen Einfluss hatte, akzeptieren und den Gottesdienst genießen. So oder so würden sich meine Schuhe in diesem Gottesdienst nicht mehr in ein gleiches Paar verwandeln. Und so oder so wusste Gott genau, was er tat.

Es war Ostern. Jesus war vom Tode auferstanden. Und so traf ich, während der Chor sang, meine Entscheidung und klopfte mit den Füßen den Takt. »Was machst du am besten, wenn deine Schuhe nicht zueinander passen und Gott die Sache im Griff hat?«, dachte ich. »Ganz einfach, du tanzt.«

Zum Nachdenken

- Wie sieht bei Ihnen ein ganz normaler Tag aus? Was wäre anders, wenn Sie tatsächlich glauben könnten, dass Gott alles, wirklich alles, in der Hand hat – selbst Ihren Mann und Ihre Ehe – und dass dieser liebende und allmächtige Gott dafür sorgen will, dass Ihnen alle Dinge zum Besten dienen? Welche Auswirkungen hätte das auf Ihr Denken, Ihr Verhalten und Ihr Tun?
- Lesen Sie die Geschichte von Josef (1. Mose 37-50) oder Ester (Buch Ester im Alten Testament). Woran erkennen Sie, dass Gott im Leben der beiden gewirkt hat? Nun denken Sie an Ihr eigenes Leben, an die Vergangenheit und an heute. Schreiben Sie einmal alles auf, wovon Sie sagen können, dass Gott Sie geführt hat, besonders im Hinblick auf Ihre Ehe.
- Wenn Sie daran zweifeln, dass Gott wirklich alles im Griff hat, dann lesen Sie die folgenden Bibelstellen:
  1. Mose 50,19-20
  1. Samuel 17
  Jesaja 40,26
  Matthäus 10,29-31
- Pastor Chuck Swindoll schreibt in *Counseling Insights*: »Der Gläubige ist als Botschafter Gottes in seine Familie gestellt. Seine Aufgabe ist es, Jesus Christus zu repräsentieren. Der Gläubige ist einer von vielen Wegen, auf denen Gott dem ungläubigen Partner nahe kommen will. Der Christ ist Teil eines größeren Plans, aber sein Leben gehört nicht ins Rampenlicht, sondern hinter die Kulissen. Dort wartet er, bis der Regisseur ihn nach vorne ruft.« Was sagt Ihnen dieser Abschnitt? Ist es nicht befreiend zu wissen, dass es Gott ist, der die Verantwortung trägt, und dass wir ihm völlig vertrauen dürfen?

- »Selbst wenn wir Gott enttäuschen, kann er eine Situation zum Guten wenden. Er ist der Retter! Er ist darauf spezialisiert, aus der Asche etwas Schönes zu machen. Er gibt uns nicht auf, er hat die Sache immer noch im Griff, und er wird trotzdem alles zu seiner Zeit zu einem guten Ende führen. Das nennt man Vorhersehung.«

  Aus: Dee Brestin, *A Woman's Journey Through Esther*

Kapitel 2

»Was wäre, wenn …?«

Nachdem ich mein Leben Jesus übergeben hatte, dauerte es nicht einmal einen Monat, bis eine Art Realitätsverlust einsetzte.

Früher, wenn ich mich miserabel fühlte und tief in der Sünde steckte, dann sagte ich mir immer, dass Barry im Grunde ja doch ein netter Kerl war, und wenn ich nur genügend Wein im Blut hätte, würden mich seine Fehler nicht mehr stören. Da er einem Bierchen oder zwei nicht abgeneigt war, hatten wir eine Art Übereinkunft getroffen und kamen – mal abgesehen von einem Kater hier und da – damit ganz gut zurecht.

Dann kam Jesus in mein Leben und fing an aufzuräumen. Und *ich* entschied, dass auch bei Barry aufgeräumt werden musste. Erstaunlicherweise kam mir trotz allem der Gedanke, dass ich ihn nicht zu sehr mit Glaubensfragen bombardieren durfte. Deshalb schmiedete ich einen Plan: Ich würde ganz raffiniert vorgehen und den besten gläubigen Ehemann aus ihm machen, den Gott je geschaffen hatte. Das war der unrealistische Teil.

Ich hatte eine Vorstellung, einen Traum davon, wie Barry sein würde, wenn er endlich seinen Dickkopf ablegen und sich Jesus einfach ausliefern würde. Wenn er erlöst würde, Jesus annahm. Egal, wie man es nennen will, ich wusste genau: Wenn er es nur täte, dann würde unser Leben viel leichter, viel lustiger sein. Der Himmel auf Erden.

Und ich wusste genau, wie es geschehen konnte. Unter meinem göttlichen Einfluss würde er schlagartig seine Sünde erkennen, um dann wie Wachs dahinzuschmelzen und nach allen

Seiten Reue und echten Glauben auszustrahlen. Vor der Hölle gerettet, wäre unser Leben fortan einfach klasse!

Sie wissen sicher, was ich meine.

Eine Frau namens Keri sagt, sie kenne verschiedene Arten von Tagträumen. Im ersten Traum tut sie etwas sehr Frommes und Aufopferndes für ihren Mann Tom. Sie hebt zum Beispiel voller Freude seine schmutzigen Socken auf und betet dabei ohne Unterlass. Plötzlich kommt Tom wie ein Wirbelwind zur Haustür herein, pfeift ein Lied von Fanny Crosby und hält eine druckfrische Bibel unter dem Arm (und zwar die, die sie ihm zum Geburtstag geschenkt hat). In der anderen Hand hat er einen Strauß roter Rosen. Den streckt er ihr entgegen und sagt: »Deine Gebete sind erhört worden – ich bin ein wiedergeborener Christ. Komm, ich lade dich zum Essen ein!«

Während des Essens (vor dem sie zum ersten Mal gemeinsam ein Tischgebet sprechen) berichtet er ihr in allen Einzelheiten, wie er schließlich zu der Erkenntnis kam, dass alles, was sie ihm die ganze Zeit erzählt hat, richtig war. Und weil sie so fromm und rein und von Freude geradezu überwältigt ist, schluckt sie die Bemerkung: »Ich hab's dir ja schon immer gesagt«, die ihr auf den Lippen liegt, tapfer hinunter und lächelt einfach, bis ihr die Kieferknochen wehtun.

Im zweiten Traum geht sie »wie immer« allein in die Kirche. Sie sucht ihren gewohnten Platz auf, einsam und allein, tupft sich ein paar Tränen ab und betet gerade darum, dass ihr nicht das Herz bricht, als sie spürt, wie ihr jemand auf die Schulter tippt. In der Meinung, es sei irgendeine »komplette« Familie, die sie auffordert, etwas zu rutschen, damit sie zusammensitzen kann, sieht sie verärgert auf … und da steht Tom, frisch gekämmt und sichtlich verlegen und entzückend in seiner marineblauen Hose und dem weißen Polohemd.

»Ist hier noch frei?«, fragt er. Sprachlos rückt sie zur Seite, um ihn vorbeizulassen, während die Engel im Himmel jubeln und der Chor das »große Halleluja« singt.

Welche Frau mit einem ungläubigen Mann hat diesen Traum in seinen verschiedenen Versionen nicht schon hundertmal geträumt? Die Einzelheiten mögen etwas voneinander abweichen, aber die Kernaussage bleibt die gleiche: Wenn mein Mann sein Leben nur Jesus übergeben würde, dann wäre mein Leben vollkommen. Wir könnten miteinander beten, in der Bibel lesen und über göttliche Fügung, die Kindertaufe oder Luthers Katechismus diskutieren.

Wir würden in völliger Harmonie leben und uns in Frieden schlafen legen. Selbst jede Auseinandersetzung würden wir mit einem Gebet beginnen und beenden. Wir wären immer fair zueinander und selbstlos. Einer würde dem anderen den Wunsch von den Augen ablesen. Keiner würde mitten in der Nacht im Bett Spaghetti essen – oder schnarchen.

Ja, das Leben wäre die helle Freude. Leider träumen unsere Männer häufig nicht den gleichen Traum, jedenfalls nicht sofort.

Nicht zu empfehlen

In den ersten Tagen meines noch jungen Glaubens war ich das, was man eine Fanatikerin nennen könnte. Da es weder in meiner noch in Barrys Familie wiedergeborene Christen gab, hatte ich kein Vorbild, an dem ich mich orientieren konnte. Ich hatte nur meinen Eifer und den Wunsch, eine ideale christliche Ehe und Familie zu führen. Und so machte ich mich mit großer Erwartung und mehr Begeisterung als Wissen daran, meinen Mann auf jede nur erdenkliche Weise für Jesus zu gewinnen.

Es gibt einen Autoaufkleber, auf dem heißt es: »Manche Menschen wurden dazu erschaffen, anderen als warnendes Beispiel zu dienen.« Das ist eine gute Zusammenfassung von meinem Leben. Wenn es einen Wettbewerb um den Titel der

»unangenehmsten gläubigen Ehefrau« gäbe, würde ich ihn mit fliegenden Fahnen gewinnen.

Aber Sie wissen sicher selbst, wie das ist. Man wünscht sich etwas so sehnlich, dass man es schon förmlich schmecken kann. Man hat eine Idealvorstellung, einen Wunsch unmittelbar vor Augen. Wenn sich das irgendwie realisieren ließe, dann könnte man wieder frei atmen. Man könnte sich entspannt zurücklehnen und sich *endlich* wieder am Leben freuen. Man denkt:

Wenn mein Mann doch bloß ein Christ wäre, dann:

- würde er daran denken, dass ich dunkelrote Rosen mag;
- würde er den Fernseher ausschalten und sich mit mir unterhalten;
- würde er den Müll hinausbringen und mit mir beten.

Wenn mein Mann doch bloß ein Christ wäre, dann:

- sähe es mit unseren Finanzen besser aus;
- wären unsere Kinder besser erzogen;
- wäre unser Sexualleben erfüllender.

Wenn mein Mann doch bloß ein Christ wäre, dann:

- würde er seinem Chef und seiner Mutter mal die Meinung sagen;
- würde er sich ein paar vernünftige Freunde suchen;
- würde er abnehmen, mit dem Rauchen aufhören, den Rasen mähen.

Wenn mein Mann doch bloß ein Christ wäre, dann

wäre das Leben ein einziger Sonnenschein.

Und so haben wir all diese Wünsche und Erwartungen und Vorstellungen davon, wie das Leben sein könnte oder sollte, wenn unser Mann doch bloß Christ wäre. Wir sehen uns in der Gemeinde um und stellen uns vor, wie das Leben von Herrn *Etwas-kahlköpfig-aber-furchtbar-Süß* und seiner genauso reizenden Frau und den noch reizenderen Kindern aussieht, die wir jeden Sonntag Hand in Hand hereinmarschieren sehen. Wir stellen uns vor, wie sie beim Abendessen miteinander reden, regelmäßig ein paar Bibelverse einstreuen und ihre Ferien so planen, dass sie an einer christlichen Familienfreizeit teilnehmen können. Und weil wir das auch für unsere Ehe wünschen, nehmen wir diese Erwartungen mit nach Hause und reiben sie unserem Mann unter die Nase.

Selbst wenn wir dabei kein einziges Wort von uns geben.

Man kann mir eine ganze Menge vorwerfen, aber sicher keine Raffiniertheit. Das heißt, meine Absichten sind leicht zu durchschauen, und wenn ich etwas will, dann setze ich alles daran, damit ich es auch bekomme – koste es, was es wolle.

Auch wenn ich es nur ungern zugebe, muss ich gestehen, dass ich damals überall im Haus aufgeschlagene Bibeln herumliegen ließ, in denen ich wichtige Stellen markiert und unterstrichen hatte. Gibt es etwas Besseres als Römer 3,23 (»Sie sind allesamt Sünder und ermangeln des Ruhmes, den sie bei Gott haben sollten!«) auf einem großen Plakat im Bad? Höchstens, dass man jedes Radiogerät, das sich im Haus befindet, auf christliche Sender programmiert. So dachte ich jedenfalls.

Wenn wir zusammen vor dem Fernseher saßen und Barry einmal kurz hinausging, dann wechselte ich zu einem christlichen Programm. Wenn er zurückkam, tat ich so, als hätte ich versehentlich auf der Fernbedienung gesessen und sei eher zufällig an diesen Sender geraten. »Das reinste Wunder«, erklärte ich.

Einmal kaufte ich eine Kiste voller Traktate – von der Furcht erregenden Sorte im Comicstil – und steckte ihm mehrmals in der Woche eins in sein Lunchpaket. Auf seine Geburtstagskarte schrieb ich einen Bibelvers. Und in meinem Zimmer betete ich laut und oft.

Sogar unsere kleine Tochter Alison musste das Spiel mitspielen. Ich brachte ihr bei, auf Kommando zu sagen: »Papa, Kirche?«

Ich sorgte auch dafür, dass auf dem Beifahrersitz in Barrys Firmenwagen immer ein frommes Blättchen lag (nur für den Fall, dass es ihn interessierte), und flocht so viele Zitate aus der Sonntagspredigt in meine Gespräche ein wie nur möglich. Ich hoffte wohl, dass meine Bemühungen sich auszahlen würden und ich den Augenblick der *Entscheidung* heraufbeschwören könnte. Stattdessen schuf ich nur eine Menge Verbitterung. Barry wappnete sich jedes Mal, wenn er spürte, dass ein frommer Angriff erfolgen sollte. »Gebt mir meine Frau zurück«, pflegte er zu sagen, »aber ohne Jesus!«

Dann wendete sich das Blatt. Ich befand mich in einem heiligen Krieg und nannte Barry alle möglichen Gründe, warum er an Jesus glauben sollte. (»Das ist gut für deine Karriere«, »Wir könnten zusammen zu einer Familienfreizeit fahren«, »Du würdest eines Tages mit mir in den Himmel kommen.«) Aber irgendwie drückte ich nicht den richtigen Knopf. Ich war erst seit ein paar Monaten Christ und hatte noch nicht genug Argumente aufbauen können. Was ich abschoss, waren eher Kirschkerne als richtige Kugeln.

Irgendwann flehte ich ihn förmlich an. Und ich kann ziemlich gefühlvoll werden. »Bitte, Barry, biiiitte. Unser Leben könnte so viel schöner aussehen, wenn du Christ wärst.«

Ich werde jenen Tag nie vergessen. Wir standen in der Küche in unserer Wohnung in Portland, und Barry sah mich lange an. Ich wusste nicht, was er dachte. Aber ich spürte, dass ich irgendwie zu ihm durchgedrungen war. »Du möchtest wirklich, dass dein Mann Christ ist, was?«

So, wie er die Frage stellte, war ich mir nicht sicher, worauf er hinauswollte. Mein Herz klopfte wie wild. Obwohl ich es nicht zu hoffen wagte, dachte ich, meine Mühe hätte sich vielleicht doch gelohnt. Gleich würde es kommen.

Er fuhr ruhig fort: »Ich will dir was sagen. Wenn du das nächste Mal in die Kirche gehst, dann such dir dort einen frommen Mann aus und heirate ihn. Ich werde dir nicht im Wege stehen.«

Leider war es nicht das letzte Mal, dass ich meinen Mann dazu trieb, mir so ein Angebot zu machen. Aber das letzte Mal ist zum Glück schon sehr lange her.

Die Wirklichkeit schlägt zu

»Der Gedanke ›Was wäre, wenn …‹ ist der direkte Weg in die Enttäuschung und eine sichere Methode, um eine Kluft zwischen Ihrem Mann und sich selbst zu schaffen«, schreibt Greg Cynaumon in *Married but Feeling Alone*, einem Buch, das er zusammen mit seiner Frau Dana geschrieben hat. »Nach einer Weile ist der Partner, der sich die ›Was-wäre-wenn‹-Sätze anhören muss, es leid, in den Augen des anderen immer den Kürzeren zu ziehen. Wenn wir versuchen, die Wirklichkeit an dem zu messen, was sein könnte, dann verfallen wir in ein kindliches Wunschdenken, nur dass es diesmal um mehr geht als ein neues Fahrrad oder eine Puppe.«

Eine Freundin von mir, die jahrelang »Was-wäre-wenn«-Vorstellungen mit sich herumgeschleppt hatte, durfte schließlich erleben, wie ihr Mann zum Glauben kam. Für sie ging damit ein Traum in Erfüllung. Rick war an einem Sonntagabend mit Marie in den Gottesdienst gegangen, und als der Pastor am Ende dazu aufrief, nach vorne zu kommen, war er aufgestanden.

Marie sagt, sie hätte mit geneigtem Kopf und geschlossenen Augen betend dagesessen und gar nicht gemerkt, dass Rick nach vorne ging. Erst als sie hörte, wie ein paar Leute in ihrer Nähe erstaunt Luft holten, sah sie auf und entdeckte ihren Mann im Gebet mit dem Pastor. Sie ging zu ihnen und nahm alle ihre Erwartungen mit, wie das Leben nun aussehen würde, nachdem ihre Gebete für Rick endlich erhört worden waren.

Erst kürzlich bin ich mit Marie zum Eisessen gegangen, und sie hat erzählt, dass Rick ausgeglichener ist als je zuvor und mit ihrem Geld »erstaunlich großzügig«. Dennoch ist ihr Leben nicht der immer währende Freudentaumel, den sie sich erträumt hatte.

»Er ist immer noch Rick«, sagte sie. »Und das ist ja auch gut so. Außer dass ich angenommen hatte, er würde sich auch charakterlich ändern. Ich hatte erwartet, dass er anders würde – offen und mitteilsam, was seinen Glauben angeht. Er glaubt und lebt danach – aber er redet nicht darüber.«

Sie erzählte, in der ersten Zeit hätten sie jeden Abend gemeinsam in der Bibel gelesen, aber als sie mit der Offenbarung durch waren, hätte Rick gesagt: »Okay, jetzt habe ich die Bibel gelesen«, und sie seitdem nicht mehr aufgeschlagen.

»Mir ist jetzt klar, dass ich in Rick, auch wenn er jetzt Christ ist, immer noch in erster Linie meinen Mann sehen soll«, sagt sie.

Und das berichten andere Frauen über das Zusammenleben mit ihren gläubigen Männern:

Mein Mann ist ein überzeugter Christ, und wir beten zusammen, lesen hin und wieder miteinander in der Bibel und haben gute geistliche Gespräche. Aber ich wünschte, er würde sich auch mehr für das Evangelisieren interessieren. Es liegt mir selbst nicht so sehr, und ich wünschte, mein Mann könnte ungezwungener von seinem Glauben reden, damit es bei mir nicht so auffällt. Marcia

Es geht mir besser als anderen, die keinen gläubigen Mann haben, aber ich bezweifle, dass wir es je dazu bringen werden, gemeinsam in der Bibel zu lesen und zu beten, einmal abgesehen von einem kurzen Gutenachtgebet. Er liebt Jesus genauso sehr wie ich, aber wir dienen ihm auf verschiedene Art. Keine Frau sollte denken, ihr Mann müsste genauso handeln oder fühlen wie sie. Ich finde, er sollte mehr spenden und mehr beten, aber ich überlasse das alles dem Herrn. Mein Job ist es, ihn zu lieben und ihm treu zu sein – und nicht herumzumeckern! Jessica

Mein Mann ist Pastor, und es kommt nur selten vor, dass wir gemeinsam »Stille Zeit« machen, obwohl ich dafür bete, dass wir es eines Tages schaffen. Wir haben auch verschiedene Gebetsgewohnheiten, und ich musste lernen, das zu akzeptieren. Aber wir wachsen, und die Tatsache, dass mir das manchmal zu schaffen macht, ist für mich ein Gebetsanliegen. Debbie

Ich weiß, dass ich nicht als Frau durchgehe, aber ich möchte gern aus meiner Sicht als gläubiger Ehemann berichten. Den »idealen« Ehemann, der nie streitet, der immer zustimmt, der immer genau das macht, was Sie oder Ihre Kinder wollen, gibt es nicht. Das Höchste, was Sie in diesem Leben erwarten können, ist ein Mann, der Sie liebt und achtet. Aber auch wenn er sich bekehrt und erlöst wird und sich bemüht, ein besserer Mann zu werden, wird er den Erwartungen seiner Frau nie ganz gerecht. Carl Phillips, Kolumnist

Jo Berry schreibt in *Beloved Unbeliever*: »Wenn die Ehen von Christen so wunderbar wären, dann gäbe es nicht so viele Eheseminare, so viele Predigten oder Bücher darüber, wie man eine glückliche Ehe führen kann. Der Glaube ist kein Allheilmittel für alle unsere Probleme; er ist eine Glaubensbeziehung zu einem Gott, der uns helfen will, die Sünde zu besiegen.«

Wenn ich heute anfange, mich in »Was-wäre-wenn«-Fantasien zu verlieren, dann rufe ich mir ins Gedächtnis, dass auch ich durch den Glauben nicht zum idealen Partner geworden bin und kein beispielhafter Christ bin. Es ist also ebenso unrealistisch wie unfair, so hohe Erwartungen an einen ungläubigen Partner zu stellen.

Was können wir erwarten?

Als erstes Widerstand. Ob versteckt oder offen, passiv oder absichtlich, Widerstand können wir auf jeden Fall erwarten. Für Ihren Mann mag die Bibel Blödsinn sein, der Kirchgang ein vergeudeter Sonntagmorgen und alle Christen Heuchler. Vielleicht denkt er, für Frauen sei Jesus ja recht, für Kinder und Alte, aber für ihn ist es wichtig, seine Arbeit zu tun und dafür zu sorgen, dass genug Essen auf den Tisch kommt, oder auch, dass er mit seiner Modelleisenbahn spielen kann.

Vielleicht spuckt er Gift und Galle, sobald Gott auch nur erwähnt wird, oder er macht Ihnen Mut, mit Ihren gläubigen Freunden die Bibel zu lesen, zu beten und Beziehungen zu pflegen. Vielleicht hört er sogar zu, wenn Sie von der Predigt erzählen, aber er selbst will nicht zum Gottesdienst und widersetzt sich freundlich, aber bestimmt allen Versuchen, ihn zu Jesus zu führen.

Der Apostel Paulus sagt: »Der natürliche Mensch aber vernimmt nichts vom Geist Gottes; es ist ihm eine Torheit, und er kann es nicht erkennen; denn es muss geistlich beurteilt werden« (1. Korinther 2,14).

Mit anderen Worten: Wenn Sie erwarten, dass Ihr ungläubiger Mann geistliche Dinge versteht, dann ist das von Ihnen unvernünftig. Vor allem, wenn Sie selbst noch nicht lange im Glauben stehen und dies alles für Sie beide neu ist. Dann müssen Sie zunächst einmal damit rechnen, dass Ihr Mann verwirrt und bestürzt ist und sich fragt: *Was ist mit meiner Frau los?* Dass er wütend ist: »Was soll das heißen, du kommst nicht mehr mit, um einen trinken zu gehen? Bist du dir plötzlich zu gut dafür?«

Oder es ist ihm peinlich: »Meine Frau ist fromm geworden!« Oder es macht ihm Angst: »Wie lange soll das so weitergehen?«

Wenn Sie mit Widerstand rechnen, dann sind Sie nicht so überrascht, wenn er tatsächlich eintritt. Die Gefahr besteht natürlich darin, dass wir versucht sind, in eine ständige geistliche Abwehrhaltung zu geraten und immer auf der Hut vor »feindlichen Angriffen« zu sein. Sicher, einem Ungläubigen fehlt die geistliche Einsicht, und er lehnt sich gegen die Wahrheiten des Evangeliums auf. Aber eine Christin in Abwehrhaltung macht ihrem Mann das Leben schwer und heizt damit den Konflikt nur weiter an.

Es ist besser, Sie machen sich klar, dass Ihr Mann vor allem eines möchte, nämlich dass zwischen Ihnen beiden Harmonie herrscht. Die Aussichten, dass er keinen Kampf will, sind groß. Er möchte einfach, dass sich jemand um sein leibliches Wohl sorgt und die Frau im Bett neben ihm Wärme und Geborgenheit ausstrahlt. Also rechnen Sie mit Widerstand, aber konzentrieren Sie sich nicht darauf. Konzentrieren Sie sich lieber auf die Dinge, die Sie verbinden. Was unternehmen Sie gern miteinander? Welche gemeinsamen Interessen haben Sie? Gibt es etwas, wofür Ihr Mann sich interessiert und woran Sie teilhaben könnten?

Bemühen Sie sich ganz bewusst, eine gemeinsame Basis zu schaffen, und wenn sie nur darin besteht, dass Sie beide Ihre Eier auf die gleiche Art gekocht haben möchten. Das ist zumindest ein Ausgangspunkt. Beten Sie und bitten Sie Gott, Ihnen zu helfen, dass Sie eine Brücke zu dem Menschen bauen können, den er Ihnen anvertraut hat, damit Sie ihn lieben.

Und rechnen Sie damit, dass Ihr Mann sich darüber freut.

Sie können auch damit rechnen, dass Gott Ihren Mann segnet, weil er mit Ihnen einen Bund geschlossen hat. »Denn der ungläubige Mann ist geheiligt durch die Frau« (1. Korinther 7,14). Weil die Ehe Mann und Frau zu einem Leib verbindet, gilt der Segen – wenn einer der Partner an Gott glaubt – auch dem Ungläubigen. Wenn Gott mich mit Frieden und Freude beschenkt, mit einer Arbeit, die mich ausfüllt, mit Weisheit, um die richtigen Entscheidungen zu treffen, und mit innerer Stärke, um mit den Problemen des Lebens fertig zu werden, dann springt das auf meinen Mann über, und er kann sich auch daran freuen. Eine zufriedene, ausgeglichene Frau ist selbst für den ungläubigen Mann ein Segen Gottes.

Gott ist für mich, nicht gegen mich. Er ist für meine Ehe, und er wird mir alles geben, was ich brauche, damit sie gelingt.

Das kann ich erwarten.

Ich kann auch erwarten, dass Gott meinen Mann als Werkzeug des Segens in meinem Leben gebrauchen kann und will. Ich erinnere mich noch gut an eine Situation, als ich noch nicht lange Christ war. Ich brauchte eine Jacke, das Geld war knapp, und ich wollte Barry zeigen, dass Gott mir eine besorgen konnte. Er sollte sehen, dass Gott real war und die Bibel wahr. Also betete ich für eine Jacke.

Kurz danach wurde Barry aufgefordert, Überstunden zu machen, und nachdem er dafür ausbezahlt worden war, brachte er mir die Jacke mit nach Hause, die ich mir im Laden schon ausgesucht hatte, aber nicht kaufen konnte.

Ich hatte damit gerechnet, dass Gott für mich sorgen würde, aber ich hatte nicht erwartet, dass er meinen Mann als Mittel zum Zweck gebrauchen würde. Ehrlich gesagt, war ich sogar ein bisschen ärgerlich auf Gott. Ich hatte mir vorgestellt, dass die Jacke vom Himmel fällt oder zumindest auf wunderbare Weise ein Umschlag mit Geld auf der Fußmatte liegt. Aber Gott wusste, was wir beide brauchten, und segnete Barry stattdessen, damit er mir zum Segen werden konnte.

Eine Frau, die mit einem ungläubigen Mann verheiratet ist, kann Widerstand wie auch Segen erwarten, und für ihre Ehe gilt, dass sie ernten wird, was sie sät:

- Wenn sie eine »Ich-bin-gegen-dich«-Mentalität zur Schau trägt, eine Abwehrhaltung einnimmt und selbstgerecht urteilt …

- Wenn sie herumjammert und ihre Ehe als Last betrachtet oder als »das Kreuz, das sie tragen muss« …
- Wenn sie mutlos und mürrisch ist …

dann muss sie damit rechnen, dass ihre Ehe genau die Hölle auf Erden wird, zu der sie sie macht.

- Wenn eine Frau jedoch den Wunsch hegt, eine gemeinsame Basis mit ihrem Mann zu finden, und ihn geduldig annimmt, wie er ist …
- Wenn sie ihrem Mann Mut macht, ihn bewundert und respektiert – und sich darüber freut, dass Gott ihn mit einbinden will in seinen Bund der Gnade, den er mit ihr geschlossen hat …
- Wenn sie voll freudiger Erwartung der Zukunft ins Auge blickt und gespannt ist, was Gott im Leben von ihnen beiden tun kann und wird …

dann kann sie erwarten, dass sie in ihrer Ehe Augenblicke der Freude und des Glücks ernten wird.

Sie muss auch mit Problemen und Schwierigkeiten, mit Momenten der Einsamkeit und Zeiten rechnen, in denen sie sich unverstanden fühlt. Aber sie bekommt auch die Kraft, damit fertig zu werden – als Kind des allmächtigen Gottes und als Ehepaar, das durch seine Gnade geheiligt wird.

Das sind, alles in allem, *hohe* Erwartungen.

Zum Nachdenken

- Nennen Sie ein paar der Erwartungen, die man im Allgemeinen an die Ehe hat. Woher kommen diese Vorstellungen? Welche Erwartungen haben/hatten Sie an Ihre Ehe, vor allem im Hinblick auf das Zusammenleben mit einem ungläubigen Partner?

- Lesen Sie Psalm 62 und Apostelgeschichte 17,24-28. Woher rührt Ihrer Meinung nach das »Was-wäre-wenn«-Denken? Wie kann eine solche Wunschvorstellung das Verhalten der Frau ihrem Mann gegenüber beeinflussen? Um gegen solche Gedanken anzugehen, lernen Sie 2. Korinther 10,5 und Philipper 4,8 auswendig.

- Wenn Ihre Gedanken abschweifen und Sie an all die Erwartungen denken, die nicht in Erfüllung gingen, lesen Sie die folgenden Bibelverse:
  Psalm 26,2-3
  Jesaja 26,3
  Römer 12,2
  Hebräer 3,1

- Greg Cynaumon, der Verfasser von *Married but Feeling Alone*, schreibt: »In dem Moment, wo Sie spüren, dass Sie Bitterkeit überkommen will, weil manche Erwartungen nicht erfüllt wurden, beginnen Sie einfach, für Ihren Partner und sich selbst zu beten. Bitten Sie Gott, dass er Ihnen Kraft gibt, die Dinge zu ändern, die Sie ändern können, und die Dinge loszulassen, die nicht in Ihrer Macht stehen. Wir müssen ganz klar sehen: Dem Teufel ist nichts lieber, als mit anzusehen, wie wir unsere Ehe kaputtmachen, indem wir unsere Erwartungen mit der Wirklichkeit vergleichen.«

- »Oft will Gott, dass wir unsere Träume aufgeben, weil sie sich normalerweise nur um *uns selbst* drehen. Er möchte aber, dass es darin um *ihn* geht.«

  Aus: Stormie Omartian, *Just Enough Light for the Step I'm On*

Kapitel 3

Oh, diese Gefühle!

Anders als die New York Yankees, denen von ihrem früheren Manager Yogi Berra bescheinigt wurde, dass sie schon im Alter von zwanzig über eine »erstaunliche Tiefgründigkeit« verfügten, waren meine Gefühle in diesem Alter alles andere als tiefgründig. Die Schlittschuhe, die Barry mir bei unserer ersten Verabredung kaufte, brachten mich dazu, ihm einen Heiratsantrag zu machen. Was die Sache aber wirklich entschied, war sein Auto.

Er war gerade von einem Besuch bei seiner Familie in New York zurückgekommen und hatte von dort den Wagen mitgebracht – einen Mercury Comet, Jahrgang 1973, weiß mit gelber Innenausstattung, Dreiganggetriebe und einem »Achtzylinder-302-Hochleistungsmotor«. Ein absolut heißer Wagen.

Ich wusste zwar immer noch nicht genau, was ich für Barry empfand, sein Auto aber liebte ich auf den ersten Blick. Ich sah mich schon am Steuer sitzen und konnte es kaum erwarten, dass Barry und ich endlich »eins« wurden und ich das Recht hatte, dieses Auto zu fahren.

Da Barry erst zweiundzwanzig war und vor Testosteron nur so strotzte – und ich leuchtend rotes Haar hatte –, konnte auch er es kaum erwarten, seiner jungen Frau zu zeigen, wie man eine Gangschaltung betätigt. Doch mein rotes Haar war nicht echt, und genauso vorgetäuscht war meine Fähigkeit, mit Dingen zurechtzukommen, für die man eine gewisse Koordinationsfähigkeit braucht. Anders ausgedrückt – ich hatte Probleme mit den Kupplungs-, Brems- und Gaspedalen. Eins davon konnte ich betätigen, aber nicht zwei zur selben Zeit, einmal abgesehen von den Ausrutschern vom Brems- aufs Gaspedal.

Mit der Zeit lernte ich, das Auto fortzubewegen, und alles ging gut, solange ich nicht anhalten musste. Zum Glück war ich hübsch und Barry sehr nachsichtig. Woran ich mich heute, wenn ich an meine Fahrversuche mit dem Comet denke, jedoch noch am besten erinnere, das ist die riesige Frustration. Dass ich so versessen darauf war, dieses elende Auto zu fahren, und es doch nicht schaffte. Es war ein einziger Krampf. Je mehr ich mich bemühte, desto mehr schien sich das Auto zu widersetzen. Wenn ich gerade einmal dachte, jetzt müsste es klappen, geriet ich auf ein Stück vereiste Straße oder musste am Berg anhalten. Ich heulte und schrie, ich tobte und war außer mir vor Wut. Wenn ich allein unterwegs war, geriet ich in Panik, weil niemand da war, der mir helfen konnte. Ich war wütend auf Barry, weil er überhaupt so ein blödes Auto gekauft hatte. Ich kam mir hilflos und hoffnungslos verloren vor.

Irgendwann hatte das Auto gewonnen, und ich gab das Fahren auf. Im nächsten Jahr tauschten wir es gegen einen vernünftigen Plymouth Duster mit Automatikgetriebe ein. Zumindest fahrzeugmäßig betrachtet, verlief mein Leben seitdem relativ unverkrampft.

Emotionales Schleudertrauma

Wenn Sie die Frau eines ungläubigen Mannes oder mit einem Gläubigen verheiratet sind, der aber vom Glauben abgekommen ist und geistlichen Fragen gegenüber gleichgültig oder sogar feindselig eingestellt ist, dann wissen Sie, was ein emotionales Schleudertrauma ist. Dieses Gefühl, herumgestoßen zu werden. Dieses Hin- und Hergerissensein am Sonntagmorgen, wie Penny aus Indiana berichtet, wenn sie sich dafür entscheiden muss, aufzustehen und den Mann, den sie liebt, allein zu lassen, damit sie mit Gott und der Familie von Christen zusammen sein kann, die sie genauso liebt. Man fühlt sich zerrissen und schuldig – egal, wie man sich entscheidet.

Oder wie Carolyn es sagt: Du sitzt in der Kirche und weißt genau, dass das, was du hörst, dich trösten sollte, weil es die Wahrheit ist. Du weißt, dass du hierhin gehörst, dass dies deine Familie ist. Deshalb willst du am liebsten immer hier bleiben. Aber das ist nicht der einzige Grund. Du willst auch deshalb dort bleiben, weil du genau weißt, dass du dafür »bezahlen« musst, wenn du zu deinem Mann zurückkommst. Für manche ist der Preis sehr hoch – von stummer Gleichgültigkeit bis zu offener Feindseligkeit. Innerhalb weniger Minuten geht es vom Berg hinab ins tiefste Tal.

Das ist ein emotionales Schleudertrauma.

Einsamkeit ist das Gefühl, das von Frauen in Ehen mit einem ungläubigen Partner am meisten genannt wird. Eine Frau mag sich aufgrund gemeinsamer Aktivitäten und Interessen mit ihrem Mann verbunden fühlen, sie mag eine sexuell erfüllte Beziehung haben, die beiden mögen sich wirklich lieben, doch wenn es um die grundlegenden, wichtigsten Aspekte ihres Wesens geht, um das, was ihr Leben ausmacht – ihre Beziehung zu Gott –, spürt sie eine unüberwindliche Mauer zwischen ihnen beiden. Und mit dieser Mauer kommt die Einsamkeit, die so tief ist, dass sie Angst macht.

Also geht sie in die Kirche, um mit Gleichgesinnten zusammen zu sein, mit denen sie über ihren Glauben reden kann. Aber auch dort fühlt sie sich allein. Sie spürt ein Gefühl der Zugehörigkeit zu diesen Leuten, und doch kommt sie sich unvollständig vor. Irgendetwas stimmt nicht ganz. »Wenn es heißt, dass die zwei ein Fleisch sein sollen, wie kommt es dann, dass ich allein hier bin?«, fragt sie sich. »Wie kommt es, dass der Eine, den ich auf dieser Erde am liebsten habe, an dem, was für mich im Leben am wichtigsten ist, nicht Anteil nimmt?«

Joanne sagt: »Nach achtzehn Jahren habe ich mich an die Einsamkeit gewöhnt. Aber es ist nicht einfach. Zum Glück arbeitet mein Mann am Sonntagmorgen. Das erspart mir die Entscheidung, ob ich allein zur Kirche gehen oder zu Hause bleiben soll. Wir kommen etwa um die gleiche Zeit nach Hause und können dann den ganzen Nachmittag miteinander verbringen.«

Damit ist ein oberflächliches Problem – quasi eine logistische Frage – gelöst, »aber die Mauer der Einsamkeit ist immer noch da«, sagt sie. Sie muss trotzdem jede Woche allein ins Auto steigen.

Genauso geht es Kathy. »Manchmal, wenn ich zur Kirche fahre«, sagt sie, »spüre ich, wie mich etwas zurückzieht. Manchmal drehe ich um und fahre wieder heim und habe das Gefühl, als könnte ich nicht ein einziges Mal mehr allein hinfahren.«

Lisa sagt, wenn sie sich an einem Sonntag besonders einsam fühlt, nimmt sie sich vor, mindestens bis zu einer bestimmten Kreuzung zu fahren. Wenn sie dort ist, sagt sie sich: »Umkehren gilt nicht«, und hält sich vor Augen, wie einige von Jesu Jüngern umkehrten und ihn verließen. Damals fragte er die Zwölf, ob sie auch gehen wollten, und Petrus antwortete für sie alle: »Herr, wohin sollen wir gehen? Du hast Worte des ewigen Lebens« (Johannes 6,68).

»Aber ich bin immer noch allein«, sagt sie.

Meine liebe Freundin, wenn Sie spüren, dass die Einsamkeit wehtut, dann stehen Sie vor einer wichtigen Entscheidung: Wo wollen Sie Linderung suchen?

Hören Sie auf mich, wenn ich Ihnen sage: Hüten Sie Ihr Herz. Gott hat uns Frauen so geschaffen, dass wir Kontakte brauchen. Aber lassen Sie sich warnen: Wenn in Ihrer Ehe eine Mauer der Einsamkeit entstanden ist, dann sollte es Sie nicht überraschen, wenn Sie überall, wohin Sie sehen, fromme, fürsorgliche Männer finden, die Ihnen wie ein Geschenk des Himmels erscheinen, weil sie Ihre Bedürfnisse stillen und die geistliche Einsamkeit lindern könnten.

Hüten Sie Ihr Herz.

Wenn ein gläubiger Mann Sie fragt, wie es Ihnen geht, und Ihnen seinen Rat anbietet, mit Ihnen beten und Ihnen das Ganze aus der Sicht des Mannes erklären will, dann hüten Sie sich davor, ihn zu Ihrem Vertrauten zu machen, ganz egal, wie rein seine Absichten sind, wie nett er ist und wie ernst er es meint. Tun Sie es nicht, *unter keinen Umständen.* Auch wenn Sie es nicht wollen, Sie werden in die Falle tappen und gefühlsmäßigen Ehebruch begehen.

Darum hüten Sie Ihr Herz. Sie müssen nicht unhöflich sein, nur vorsichtig. Egal, was Sie sich selbst vormachen, um die entstehende Beziehung zu einem anderen Mann zu rechtfertigen, und auch wenn Sie ihn einen »Bruder« in Christus nennen, ein einsames Herz ist nicht sehr unterscheidungsfähig. Es will nur getröstet werden.

Und Ihr Herz gehört nur einem Einzigen.

Gott ist genug

Also wohin mit der Einsamkeit? Was machen Sie, wenn Sie die Einzige in der Familie sind, die vom Evangelium angerührt wurde und Jesu Ruf in die Nachfolge gehört hat? Wie gehen Sie damit um, wenn der Mann, den Sie für Ihren Seelenverwandten hielten, Sie wegen Ihres Glaubens auslacht, Witze über Sie macht oder Ihnen plötzlich die kalte Schulter zeigt?

Was tun Sie, wenn Sie sich jeden Sonntagmorgen losreißen müssen und sich dabei innerlich zerrissen fühlen? Was tun Sie, wenn Sie allein in der Kirchenbank sitzen und den Platz neben sich in Gedanken oder in Wirklichkeit freihalten, weil Sie sich vorstellen, dass dort Ihr Mann sitzen sollte? Was tun Sie, wenn Sie gar nicht anders können, als all die vollständigen Paare um Sie herum zu zählen? Wenn Ihr Kind erzählt, die Kindergottesdienstmitarbeiterin halte Sie für eine allein erziehende Mutter? Wenn Ihnen aufgeht, dass eigentlich niemand in der Gemeinde weiß, wie Ihr Mann aussieht, und Sie sich, was den Glauben angeht, so allein gelassen vorkommen, dass Sie meinen, Sie könnten es nicht mehr aushalten?

Wenn wir uns in einer solchen Situation ertappen, dann sollten wir Gott für sein Geschenk danken. Denn Einsamkeit ist in vielerlei Hinsicht ein Geschenk Gottes an seine Leute. Wenn wir nie einsam wären, dann wüssten wir gar nicht, was wir brauchen. Wenn wir nichts brauchen würden, dann wüssten wir nicht, dass Gott uns geben kann, was wir brauchen.

Wenn ich zurückblicke, dann denke ich manchmal, in den frühen Tagen meines Glaubens, als die Einsamkeit und das Gefühl, nicht verstanden zu werden, noch sehr lebendig waren, sei es mir besser gegangen. Wenn ich damals meinte, ich könnte nicht mehr, zog ich mich ins Badezimmer zurück, ließ die Wanne voll laufen, setzte mich hinein und betete. Ich lernte Verse aus den Psalmen auswendig und sagte sie mir immer wieder vor:

> Höre, Gott, mein Schreien
> und merke auf mein Gebet!
> Vom Ende der Erde rufe ich zu dir;
> denn mein Herz ist in Angst;
> du wollest mich führen auf einen hohen Felsen.
> (Psalm 61,2-3)

> Meine Seele ist stille zu Gott …
> Er ist mein Fels, meine Hilfe und mein Schutz …
> Hoffet auf ihn allezeit, liebe Leute,
> schüttet euer Herz vor ihm aus;
> Gott ist unsere Zuversicht.
> (Psalm 62,2+7+9)

> Gelobt sei Gott,
> der mein Gebet nicht verwirft
> noch seine Güte von mir wendet.
> (Psalm 66,20)

In deiner Treue hast du mich gedemütigt.
Deine Gnade soll mein Trost sein.
(Psalm 119,75-76)

Manchmal badete ich zwei- oder dreimal am Tag. Man könnte sagen, dass Einsamkeit in meinem Fall auch zu Reinlichkeit führte. Aber wichtiger noch, sie führte mich zu dem Einen, dem Einzigen, der die Einsamkeit von mir nehmen konnte.

Heute habe ich keine Badewanne mehr, aber ich habe einen braunen Sessel. Ich nenne ihn meinen »Gebetssessel«, und für mich ist das der Platz, an dem mein himmlischer Vater sitzt. Das weiß sonst niemand in der Familie, aber wenn ich in dem Sessel sitze, die Beine über die eine Armlehne geschwungen und den Kopf an die Lehne gelegt, dann sitze ich auf dem Schoß meines Vaters und gebe ihm meine Einsamkeit und bekomme dafür von seinem Reichtum und seinem Trost.

Ich weiß nicht, *wie* Gott es tut, nur *dass* er es tut: Er tritt in Erscheinung. Er lässt uns wissen, dass ihm mehr an uns liegt, als wir begreifen können, dass wir überleben werden und es uns sogar gut gehen wird. Er erinnert uns daran, dass er unser Schöpfer und unser wahrer Mann ist (Jesaja 54,5), und dass er mit uns in der Kirche sitzt, wenn wir meinen, wir seien allein. Er erinnert uns daran, dass wir nie, nie allein sind, und flüstert uns zu: »Ich bin genug.«

Und das ist er.

Noch mehr Gefühle

Wäre es nicht schön, wenn wir alle unsere Gefühle auf einer Tafel notieren und dann sagen könnten: »Okay, mit der Einsamkeit bin ich fertig. Jetzt nehmen wir uns die anderen vor«? Und dann würden wir, zack, zack, eins nach dem anderen abhaken, bis wir am Ende unserer Liste angekommen wären. Und dann könnten wir endlich das frohe und erfüllte Leben führen, das uns, wenn wir Christ werden, doch eigentlich zusteht.

Meine Tochter würde jetzt bestimmt sagen: »Komm zurück in die Realität!«

In der Realität sind die Gefühle ein einziges Durcheinander und widersprechen sich sogar. Die Realität ist wie ein emotionales Schleudertrauma. Realität heißt, mit den christlichen Freunden zusammen sein, entspannen und die Gemeinschaft genießen, vielleicht darüber reden, was es bedeutet, dass es in Christus »keine Verdammnis« gibt, oder von einer besonderen Gebetserhörung erzählen. Wir sind bewegt. Unser Herz ist voller Staunen und Lob.

Aber dann gehen wir nach Hause, und noch während wir in die Einfahrt biegen, sinkt unsere Laune auf den Nullpunkt. Wir wünschten, wir könnten mit unserem Mann die gleiche Gemeinschaft erleben wie mit unseren Freunden, und sind frustriert, weil wir schon so lange auf seine Bekehrung warten. Wir sind es leid, zu warten; wir sind wütend, weil wir an manchen Veranstaltungen, wie z.B. dem großen Festessen für Paare oder Eheseminaren, nicht teilnehmen können, weil unser Mann sich weigert, irgendetwas zu besuchen, was auch nur im Entferntesten christlich klingt.

Vielleicht fangen wir an zu zweifeln, ob an dieser Sache mit dem Glauben wirklich etwas dran ist – und wir sind durcheinander. Oder uns durchzuckt der Gedanke: *Was ist, wenn mein Mann ohne Jesus stirbt?* Und wir beginnen uns Sorgen zu machen. Wir bekommen Angst. Das alles bewegt uns und noch viel mehr. Nicht immer alles auf einmal, aber manchmal sogar auch das.

Und wir wissen nicht, was wir tun sollen.

Auch wenn unsere Gefühle in der Realität nicht hübsch der Reihe nach abgehakt werden können, wollen wir uns im Folgenden eins nach dem anderen vornehmen.

Enttäuschung

Wenn wir nicht aufpassen, können wir leicht vergessen, dass Gott seine Erlösung nicht nach dem Prinzip verteilt: »Wer zuerst kommt, mahlt zuerst.« Solange wir uns nicht vor Augen halten, dass Gott für unsere Familie seinen eigenen Fahrplan hat, sind wir leicht versucht zu explodieren, wenn wir hören, wie der Mann einer anderen zum Glauben gefunden hat. »Aber ich warte schon viel länger«, denken wir. »Ich habe mich so bemüht. Eigentlich bin ich jetzt an der Reihe!«

Es stimmt, was in Sprüche 13,12 steht: »Hoffnung, die sich verzögert, ängstet das Herz.« Wir würden am liebsten Teller gegen die Wand werfen und Türen zuschlagen. Es hilft auch nicht, wenn wohlmeinende Freunde uns zu mehr Geduld mahnen. Geduld? Wir warten doch schon so geduldig, dass wir uns fast die Augen aus dem Kopf sehen und uns der Kopf raucht!

Eine Frau erzählte mir einmal von einem Gespräch mit ihrem Mann. Er sagte, er fände es toll, wie sie mit den Kindern zurechtkomme, und sei stolz auf sie, und er hörte gar nicht mehr auf, sie zu loben.

»Normalerweise höre ich mir das einfach an, aber diesmal hatte er einen Nerv getroffen«, sagte sie. »Ich wartete und betete schon so lange, und da stand er vor mir in der Küche und erzählte mir, wie toll ich sei.«

Irgendwann konnte sie es nicht mehr mit anhören. Sie packte ihn am Kragen, drückte ihn mit seiner ganzen Länge von eins achtzig gegen die Wand und schrie: »Kannst du denn gar nicht erkennen, dass ich Christus ähnlich bin?«

»Doch, ja, sicher«, meinte er, »wenn du mich nicht gerade an die Wand schiebst und mir die Luft abdrückst, doch, dann kann ich das schon sehen. Außerdem erzähle ich doch allen, dass meine Frau ›die beste Christin auf der Welt‹ ist.«

Als sie ihn schließlich losließ, fragte sie: »Und warum wirst du dann nicht auch Christ?«

Die Antwort lautet, dass es hier nicht um diese Frau oder um Sie oder mich geht. Es geht nicht darum, dass wir ein christliches Vorbild sind, und nicht einmal um die Jahre, die wir schon warten, oder die Menge der Gebete, die wir gen Himmel schicken. Es geht auch nicht um unseren Mann, und ob er Christus in uns erkennen kann oder nicht. Es geht vielmehr um Gottes Plan und seine Zeit und darum, dass »niemand zu mir kommen [kann], es sei denn, ihn ziehe der Vater« (Johannes 6,44).

Wenn wir frustriert und ungeduldig sind, dann brauchen wir vor allem Vertrauen und den Glauben an Gottes Allmacht. Am besten noch, ehe wir unseren ahnungslosen Ehemann am Kragen packen.

»Nervosität bringt gar nichts«, schreibt Jeanne Zornes in ihrem Buch *When I Prayed for Patience … God Let Me Have It!* »Nervosität zeigt nur, dass wir die Umstände, in die Gott uns gestellt hat, nicht akzeptieren. Sie ist ein Symptom dafür, dass unsere Seele noch nicht in Gott zur Ruhe gekommen ist.«

Während wir Geduld vor allem durch Prüfungen und Anfechtungen und all die anderen Gelegenheiten lernen, die Gott uns auf unserem Lebensweg schickt, damit wir mehr von der Frucht des Heiligen Geistes entwickeln, wächst Vertrauen aus einer gesunden und soliden Bibelkenntnis. Wir können mit Enttäuschungen umgehen, wenn wir darauf vertrauen, dass:

- der, der in uns (und unseren Familien) das gute Werk angefangen hat, es auch vollenden wird (Philipper 1,6).
- Gott weiß, wer ihm gehört, und auch, wer irgendwann in der Zukunft zum Glauben kommen wird (2. Timotheus 2,19), und dass alle, die ihm gehören, auch kommen *werden* (Johannes 10,16).
- er alles schön gemacht hat zu *seiner* Zeit (Prediger 3,11).
- er machen kann, dass alle Gnade unter uns reichlich ist (2. Korinther 9,8). Das heißt, dass er mich auch Geduld lehren kann, wenn ich aufgeben will, und mich ruhig machen kann, wenn ich am liebsten schreien möchte.

Angst und Sorgen

Wie oft machen wir uns selbst verrückt vor Sorge um den geistlichen Zustand unseres Mannes, bevor wir bei Gott zur Ruhe kommen und auf seine Allmacht vertrauen?!

Was ist, wenn ich etwas Falsches sage und er sich für immer abwendet? Was ist, wenn ich nicht das Richtige sage oder tue? Und wenn ich kein gutes Vorbild bin? Wenn er sieht, dass ich sündige?

Wir fürchten das Schlimmste: *Was ist, wenn er einen schrecklichen Unfall hat und ohne Jesus stirbt?*

Patty erklärt: »Jedes Mal, wenn mein Mann wegfährt, versuche ich mir sein Gesicht einzuprägen, weil ich mir sicher bin, dass ich ihn nie wieder sehen werde. Nie. Und wenn er dann wegfährt, krampft sich mir der Magen zusammen. Ich heule und starre zum Fenster hinaus und flehe Gott an, ihn noch in diesem Moment zu retten. Ich könnte es nicht ertragen, seine Beerdigung zu planen, und doch tue ich in Gedanken genau das, wenn er fort ist.«

Sie sagt, wenn sie sich gerade nicht darum sorgt, dass ihr Mann sterben könnte, dann hat sie Angst, dass Jesus zu früh wiederkommen könnte. Und selbst wenn ihr Mann zu Hause ist, quält sie sich mit allen möglichen Überlegungen, was passieren könnte.

Aber es ist nicht einfach, unserem sehr lebendigen Mann zu erklären, dass wir seinen frühzeitigen, gott-losen Tod beklagen, wenn er uns heulend in der Küche findet – und wir nicht gerade Zwiebeln schneiden.

»Sorgt euch um nichts!« (Philipper 4,6), mahnt der Apostel Paulus. Leicht gesagt, aber schwer getan.

»Sorgt nicht«, sagte auch Jesus. »Wer ist unter euch, der seines Lebens Länge eine Spanne zusetzen könnte, wie sehr er sich auch darum sorgt?« (Matthäus 6,25+27). Oder dem Leben seines Ehemannes? Oder wer von uns könnte durch sein Sorgen seinen Mann in den Himmel bringen?

Genauso wie ich lernen musste, mit meiner Ungeduld und Enttäuschung fertig zu werden, indem ich auf Gottes größeren Plan und sein perfektes Timing vertraute, so habe ich auch gelernt, mit meiner Angst und meinen Sorgen umzugehen, indem ich mein Leben und das meines Mannes seiner liebenden Allmacht anvertraue. Wenn ich weiß, dass selbst das kleinste Molekül in diesem Universum nicht seiner Aufmerksamkeit entgeht, dann darf ich sicher sein, dass auch in meinem Leben nichts einfach so aus Zufall passiert.

Und keine Sorgen der Welt können etwas an Gottes Plan ändern.

Zorn, Groll und Unzufriedenheit

Wir können es nicht ändern – denken wir. Jeden Sonntagmorgen knirschen wir mit den Zähnen, weil unser Mann gemütlich im Bett liegen bleibt, während wir aus den Federn kriechen und uns und die Kinder für den Kirchgang fertig machen. Es dauert nicht lange, dann kochen wir vor Wut, weil er nicht einsehen kann oder will, dass der Glaube auch für ihn gut wäre. Er ist zufrieden mit seinem Leben, so wie es ist, und sieht nicht ein, warum er etwas ändern sollte. Nein, danke. Und selbst wenn er Probleme hat, weiß er nicht, was er mit diesem »frommen Zeug« anfangen sollte. Er hält uns für eine überspannte, leicht verschrobene Betschwester und meint, wir könnten viel glücklicher und umgänglicher sein, wenn wir endlich mit diesem Kram aufhörten und alles wieder so wäre wie früher.

Aber wir können nicht zurück … und wir sind wütend. Vielleicht meinen wir, es sei nur eine Art Trotzreaktion, wenn er mit dem Glauben nichts zu tun haben will – er macht das nur, um uns zu ärgern. Und dann schlagen wir die Schranktür vielleicht ein bisschen heftiger zu als nötig (und wecken ihn damit rein zufällig auf). Vielleicht funkeln wir ihn an, während wir den Kleinen die Schuhe binden, und erklären, dass ein »guter Vater« mit der Familie in die Kirche gehen würde.

Wir fangen an, auf ihm herumzuhacken. Wir hassen seine »weltlichen« Gewohnheiten. Wir schütteln angewidert den Kopf, wenn er flucht, raucht oder Bier trinkt, und gehen aus dem Zimmer, wenn er den Fernseher oder das Radio anstellt und kein christliches Programm wählt. Wir fangen an, ihn und seine Freunde als »Heiden« zu bezeichnen, und wollen nichts mehr mit ihnen zu tun haben.

»Manchmal möchte ich schreien, wenn ich ihn nur ansehe!«, sagte eine Bekannte einmal. »Wenn ich die leeren Bierdosen in der Küche sehe – und er liegt auf der Couch, sieht sich im Fernsehen irgendwelchen Schrott an und lacht auch noch darüber –, dann sehe ich in ihm nur noch den Feind.«

Eine andere Bekannte sagt: »Ich werde manchmal so wütend darüber, dass Rob kein Christ ist, dass ich tagelang nicht mit ihm rede. Ich richte eine Wand auf. ›Wenn du die Sachen nicht so sehen willst wie ich, dann will ich nichts mit dir zu tun haben.‹ Es ist schrecklich, und ich weiß, dass ich im Unrecht bin. Aber ich kann nichts dagegen tun.«

Oh, doch, das können wir!

Es fängt damit an, dass wir immer wieder auf das Kreuz sehen, bis wir uns selbst als Sünder erkennen. Als Christen sind wir vielleicht gerettet, aber wir sind immer noch Sünder und werden es bleiben, bis wir in den Himmel kommen. Die Wut, die Selbstgerechtigkeit, die Unzufriedenheit, der Groll kommen dann, wenn wir besser von uns denken als uns zusteht. Dann verbreiten wir ein Gefühl der Überheblichkeit: *Ich habe die Wahrheit – und du nicht. Ich bin etwas Besonderes – und du nicht. Du bist weltlich – ich bin heilig.*

Wenn das geschieht, ist der Fehler nur selten bei dem Ungläubigen zu suchen. Nicht die Sünde unseres Mannes macht ihn zum Feind, sondern unsere eigene.

Was tun wir also, wenn Zorn und Groll in uns aufsteigen wollen? Wie mit allem anderen, sollten wir auch damit zu Gott gehen. Wir nehmen unsere Gefühle und laden sie zu seinen Füßen ab. Wir bitten ihn um Vergebung und lassen uns von ihm reinigen. Und dann ersetzen wir die negativen Gedanken und Gefühle mit der Wahrheit:

- Mein Mann ist nicht mein Feind. Gott hat ihn mir gegeben, damit ich ihn liebe.
- Wichtig für meine Liebe zu meinem Mann ist nicht meine momentane Stimmung, sondern mein Verhalten.
- Auch wenn mir sein geistlicher Zustand nicht gefällt, ist mein Mann als Mensch nicht weniger wert und hat nicht weniger Respekt und Höflichkeit verdient.

»Ein zorniger Mann [eine zornige Frau] richtet Streit an«, heißt es in den Sprüchen, »und ein Grimmiger tut viel Sünde« (Sprüche 29,22).

Natürlich wissen Sie das.

Aber ich hoffe, Sie wissen auch, dass wir, die wir in Christus sind, mit all unseren verwirrenden Gefühlen immer und überall zu unserem Vater gehen können. Er lädt uns ein, alle Sorgen auf ihn zu werfen (1. Petrus 5,7). Er sorgt für uns. Wenn wir nicht mehr weiterwissen und einsam, enttäuscht, ängstlich oder wütend sind. Wenn wir uns missverstanden fühlen, es leid sind, uns anzupassen und das Gefühl haben, wir würden nur herumgeschubst – er ist da und will uns trösten, ermutigen, sich erbarmen und uns vergeben.

- Er zählt alle Tränen, die wir vergießen (Psalm 56,9).
- Er will uns vergeben in seiner Liebe (Zefanja 3,17).
- Er verwandelt unsere Trauer in Freude und macht aus unseren trüben Gedanken einen Lobgesang (Jesaja 61,3).
- Er erquickt uns, wenn wir müde sind (Jeremia 31,25) und gibt uns neue Kraft, wenn wir matt werden (Jesaja 40,31).

- Er vergibt uns (1. Johannes 1,9).
- Er schenkt uns Hoffnung (Römer 15,13).

Und Hoffnung ... lässt uns nicht zuschanden werden.

Zum Nachdenken

- Was empfindet eine Frau, die mit einem ungläubigen Partner verheiratet ist oder deren Mann früher gläubig war, jetzt aber nichts mehr vom Glauben wissen will? Welche Gefühle setzen Ihnen selbst am meisten zu? Wie reagieren Sie normalerweise, wenn diese Gefühle kommen?

- Lesen Sie in der Bibel nach, was Gottes Wort zu unseren Gefühlen zu sagen hat. Notieren Sie sich einige typische Gefühle und suchen Sie dann mit Hilfe einer Konkordanz oder eines Bibellexikons die entsprechenden Bibelstellen heraus. (Es gibt auch Bibeln mit einem Stichwortverzeichnis oder Lesehilfen. Da heißt es dann zum Beispiel: »Wenn Sie Angst haben, lesen Sie Psalm 55.«) Als kleine Starthilfe hier ein paar Vorschläge:
  - *Angst:* 1. Johannes 4,18
  - *Sorge oder Beunruhigung:* Matthäus 6,27; Philipper 4,6-7; 1. Petrus 5,7

- Suchen Sie sich für jedes quälende Gefühl oder jede ungestillte Sehnsucht einen Bibelvers heraus, der Ihrer momentanen Situation entspricht. Schreiben Sie ihn auf und lernen Sie ihn auswendig, damit Sie ihn immer parat haben, wenn es nötig ist. (Der Vers, den ich für mich am tröstlichsten finde, ist Epheser 3,20. Deshalb kommt er in diesem Buch auch häufiger vor.) Vergessen Sie nie: Gott gibt uns *alles*, was wir brauchen.

- Einer meiner Lieblingssätze, wenn mich die Gefühle übermannen, lautet: »Im Moment stimmen meine Gefühle überhaupt nicht mit dem überein, was ich glaube.« Wenn Ihnen danach ist, weinen Sie nur. Was wir nur nicht tun sollten, ist, bei unseren Ängsten, unseren Sorgen oder unserer Traurigkeit stehen zu bleiben. Manchmal klettere ich also auf Gottes Schoß, um mich auszuweinen. Aber weil ich gelernt habe, sein Wort in meinem Herzen zu behalten und mich ganz darauf zu verlassen, bleibt mein Glaube intakt.

- Wie steht es mit Ihnen? Wie sieht Ihre Beziehung zu Jesus aus? Inwieweit trägt sie dazu bei, dass Ihr Glaube gefestigt wird und Sie den Stürmen Ihrer Gefühle trotzen können?

- »Das Stillesein im Herrn hängt gar nicht von äußeren Umständen ab, sondern von Ihrer Beziehung zu Gott selbst. Unnötige Aufregung endet letztendlich immer in Sünde. Wir bilden uns ein, dass ein wenig Besorgnis und Unruhe ein Zeichen unserer großen Weisheit seien; sie sind viel eher ein Zeichen unserer großen Gottlosigkeit. Die Unruhe resultiert aus dem Entschluss, den eigenen Willen durchzusetzen.«

Aus: Oswald Chambers, *Mein Äußerstes für sein Höchstes*

Kapitel 4

Gerettet oder nicht, ein Mann bleibt stets ein Mann!

Vor ein paar Jahren hatte ich das »Vergnügen«, mit einem befreundeten Pastor und seiner Frau vom Flughafen nach Hause zu fahren. Wir waren mit demselben Flug von Nashville nach Orlando gekommen, und er bot mir an, mich nach Hause zu bringen, damit ich kein Taxi nehmen musste.

Bis dahin hatte ich ihn nur in »frommen« Situationen erlebt – im Gottesdienst, beim Gemeindepicknick, in seinem Amtszimmer. Natürlich wusste ich, dass er ein normaler Mann war, der nur zufällig auch Pastor war. Aber Sie wissen ja, wie das ist. Man weiß es im Kopf, aber weil man im eigenen Haushalt keinen gläubigen Mann hat, meint man irgendwie, diese ganz besondere Gattung würde sich anders benehmen, als der eigene es im Allgemeinen tut. Man meint, ein gläubiger Mann würde nicht im Affentempo die Fernbedienung betätigen, wenn seine Frau eine bestimmte Sendung ansehen will, oder verständnislos in die Gegend schauen, wenn sie ihm in allen Einzelheiten schildert, wie das Kleid aussieht, das sie bei *Marks & Spencer* im Fenster entdeckt hat.

Wie dem auch sei, ich kann zwar nicht sagen, was dieser Pastor auf der Fahrt vom Flughafen genau getan oder nicht getan hat, aber ich erinnere mich noch, dass ich enttäuscht war. Als hätte ich zum Beispiel erwartet, dass er vor dem Kassenhäuschen betet oder so. Oder über das geistliche Klima in unserem Land spricht. Soweit ich mich entsinne, hatte er Kopfschmerzen und regte sich mächtig darüber auf, dass es in dem Hotel, in dem sie übernachtet hatten, kein warmes Wasser gegeben hatte.

Als er mich absetzte, ging mir durch den Kopf, was für ein typischer Mann er doch war. Was ich damit sagen will, ist einfach: Männer sind keine Frauen. Sie unterscheiden sich körperlich, seelisch und geistig. Sie verarbeiten Informationen anders als wir. Sie kommunizieren anders. Sie haben andere Grundbedürfnisse.

Und nun der Clou: Wenn ein Mann Christ wird, dann ändern sich nicht automatisch seine männlichen Züge. »Boys will be boys and men will be men«, wie man bei uns sagt. »Junge bleibt Junge, und Mann bleibt Mann.« Und das ist auch gut so.

Pech für die meisten Männer, dass es oft sehr lange dauert, bis ihre Frauen das einsehen – wenn überhaupt. Nur allzu oft schieben sie die Schuld auf die geistliche Uneinigkeit, wenn es in der Beziehung zu ihrem ungläubigen Mann zu Problemen kommt oder wenn es Kommunikationsschwierigkeiten gibt. So wie ich immer dachte: *Wenn er nur Christ wäre, dann hätte er nicht den Drang, sich in seinen LKW zu setzen und stundenlang allein herumzufahren.*

Aber das stimmt nicht.

Nachdem ich ein paar erhellende Bücher zum Thema »Unterschiede zwischen Mann und Frau« gelesen und eigene Nachforschungen angestellt hatte, ging mir auf, dass viele Ehekonflikte nicht unbedingt auf geistliche Differenzen zurückzuführen sind, sondern ganz einfach auf die Unterschiede zwischen Mann und Frau.

Und wenn wir diese Unterschiede nicht sehen, dann kann es sein, dass wir selbst ganz ungewollt geistliche Differenzen schaffen oder verschlimmern.

In der Hoffnung, dass Sie ein paar größere Fehler vermeiden (oder die, die Sie bereits machen, stoppen) können, füge ich hier einen kleinen Crashkurs zum Thema Männlichkeit ein:

Männer sind vor allem aufgaben- und zielorientiert

Vor langer, langer Zeit, im 1. Buch Mose und kurz nachdem Gott den Mann erschaffen hatte, setzte er ihn in den Garten Eden: Er sollte ihn bebauen und bewahren, die Erde füllen und sich untertan machen. Der Mann wurde zum Arbeiten geschaffen. Das ist seine Hauptaufgabe in dieser Welt: Gott lieben und arbeiten.

Ein Mann definiert sich durch das, was er tut, nicht über seine Beziehungen. Wenn er vorgestellt wird, sagt ein Mann: »Ich bin John und arbeite im Einzelhandel bei einem Hersteller für Zahnräder.« Wenn seine Frau an die Reihe kommt, sagt sie: »Ich bin Judy, Johns Frau, und wir haben drei Kinder – Jack, Jane und Jason.«

Männer sind leistungsorientiert. Sie müssen etwas schaffen, etwas herstellen, um sich wohl zu fühlen. Als Heizungstechniker ist Barry nicht glücklich, solange er das Problem (keine Wärme) nicht gefunden und behoben hat. Wenn wir irgendwohin fahren, dann will er *hinkommen,* und zwar in einer möglichst »guten Zeit«.

Ich dagegen freue mich schon an der Fahrt und dass ich mit ihm zusammen bin. Wohin wir fahren, kümmert mich selten, und es ist mir völlig egal, ob wir eine »gute Zeit machen«. Was soll das überhaupt bedeuten? Muss irgend so ein Männerproblem sein.

Männer mögen Sport. Weil es da meistens ein Ziel gibt. Man muss den Ball ins Tor, in den Korb, übers Netz bringen. Eislauf hingegen mögen die meisten Männer nicht so sehr. »Was soll das?«, fragen sie. »Man dreht sich zur Musik im Kreis.«

Wenn Männer sich verabreden, dann meist, um etwas zu »tun« – um zu angeln, Golf zu spielen, den Motor aus einem Auto auszubauen, eine Sitzung zu leiten. Sie gehen mit einem anderen Mann nicht einfach »zum Essen« oder einkaufen. Was wäre da der Zweck, das Ziel? Da kann man nicht gewinnen.

Männer brauchen ein Ziel und einen Grund, um sich wohl zu fühlen. Besonders schlimm ist es, wenn ein Mann seine Arbeitsstelle verliert oder in den Ruhestand geschickt wird. Ohne sinnvolle Arbeit hat der Mann keine Identität. Das ist die Kehrseite seiner aufgabenzentrierten Natur. Aber es gibt noch einen anderen, schwerwiegenderen Aspekt: Für die meisten Männer ist es schwer zu akzeptieren, dass ein anderer Mann (Jesus) für uns die Erlösung vollbracht hat. Er hat alles getan, und es ist nicht nötig, dass der Mann auch noch ein bisschen dazutut. Das mögen Männer nicht. Es geht ihnen gegen den Strich. Es geht gegen ihr innerstes Wesen.

Mein Pastor hat mir von einem Mann erzählt, der ihn einmal aufsuchte. Zornesrot fragte er ihn: »Warum kann man die Erlösung nicht auf ganz normalem Weg erreichen – indem man sie sich selbst verdient?«

Eine kluge Frau wird diese Tendenz in ihrem Mann erkennen. Sie wird seinen von Gott gegebenen Instinkt, zu arbeiten und etwas zu schaffen, in die richtigen Bahnen lenken, und sie wird Geduld haben mit seinen Versuchen, sich selbst zu erlösen. Der Herr weiß, was im Innern des Mannes abläuft, und er weiß am besten, wie er ihn erreichen kann.

Männer brauchen den Wettkampf

Es ist der Tag der Endrunde. Ihr Mann hat ein paar Freunde eingeladen, um mit ihnen das Endspiel anzusehen. Schon vor dem Anpfiff ist das Spiel im Wohnzimmer in vollem Gang. Sie reden über ihre Autos, Gehälter und wer in seiner Jugend am meisten Bier trinken konnte. Sie messen sich aneinander und denken dabei: »Nun ja, mit dem kann ich es allemal aufnehmen. Kein Problem.«

Sobald das Spiel begonnen hat, sind sie mit auf dem Feld bei ihrer Lieblingsmannschaft. Man sieht es an ihren Gesichtern.

Und wenn das Spiel vorbei ist, brüllen die Fans der Siegermannschaft: »Wir haben's geschafft! Wir haben gewonnen!« Als hätten sie selbst allein durch das Zusehen und Knabbern von Kartoffelchips etwas dazu beigetragen. Aber das darf man ihnen natürlich nicht sagen!

Männer müssen sich messen – ihre Macht, ihre Position, ihre Frauen, alles. Ich habe eine Bekannte, deren Mann und Schwiegervater einander bei der Begrüßung so fest die Hand drücken, dass zumindest einer von beiden vor Schmerz aufschreit oder doch wenigstens ein bisschen jammert. Mein eigener Mann und der Freund unserer Tochter messen ihre Muskeln. »Ich habe immer noch den Körper eines Neunzehnjährigen«, sagt Barry und zeigt seinen Bizeps.

Männersachen.

In seinem Buch *Was Männer wollen* hat H. Norman Wright über zweihundert Männer befragt: »Was ist es, was Frauen an Männern nicht wirklich verstehen?« Eine der Antworten lautete: »Dass wir uns miteinander messen müssen, damit wir erfolgreich für unsere Familie da sind.« So hat Gott die Männer gepolt. Ich bin dankbar, dass Barry diesen Drang hat, der Stärkste und Beste sein zu wollen. Das lässt ihn auch bei seiner Arbeit ganzen Einsatz leisten. Sein Konkurrenzdenken ist ein Plus, wenn es darum geht, für die Familie zu sorgen und sie zu beschützen.

Auf der anderen Seite führt das Konkurrenzdenken des Mannes auch oft zu Unsicherheit und Eifersucht. Es ist nicht ungewöhnlich, dass ein ungläubiger Ehemann auf die Gemeinde seiner Frau und die Zeit, die sie dort verbringt, eifersüchtig wird: eifersüchtig auf andere Christen – vor allem auf die gläubigen Männer – und eifersüchtig auf Gott.

Eine Frau vertraute mir an, dass ihr Mann ihr ständig vorwirft, sie würde ihn mit Männern aus der Gemeinde betrügen. »Er wird furchtbar wütend und sagt manchmal ganz schlimme Dinge, die ich hier gar nicht wiederholen kann. Einmal hat er mir eine Falle gestellt, und während ich im Gottesdienst war, einen Zettel an mein Auto gesteckt. Er war angeblich von einem Mann aus der Gemeinde, der mich zum Kaffee einladen wollte.« Sie sagt, sie hätte sofort erkannt, dass der Zettel von ihrem Mann war, auch wenn er es abstritt. »Warum macht er so was?«, fragte sie.

»Eifersucht erweckt den Grimm des Mannes«, heißt es in Sprüche 6,34. »Wer kann vor der Eifersucht bestehen?« (Sprüche 27,4). Das Konkurrenzdenken weckt im Mann den Beschützerinstinkt, und wenn er sich bedroht fühlt, schlägt er um sich. Wenn er sich allerdings von Gott bedroht fühlt, dann weiß er nicht, wie er sich mit ihm messen soll. Mit Gott kann er sich nicht messen.

Eine kluge Frau wird sich bemühen, diesen Instinkt ihres Mannes zu schätzen und die gesunde Eifersucht, die er zeigt, als Zeichen dafür nehmen, dass er Angst hat, sie zu verlieren. Das Beste, was sie tun kann, ist, ihm durch ihr Verhalten zu versichern, dass sie dadurch, dass sie Gott von ganzem Herzen liebt, auch für ihn nur größere Liebe empfindet.

Männer müssen gebraucht werden

»Männer fühlen sich motiviert, wenn sie merken, dass sie gebraucht werden«, schreibt John Gray in *Männer sind anders. Frauen auch.* »Wenn ein Mann in einer Beziehung nicht das Gefühl hat, er wird gebraucht, wird er allmählich immer passiver und verliert seinen Elan.« Er bemüht sich nicht mehr. Er hat kein Interesse mehr. Er schaltet ab. Wie Gray sagt, bedeutet es für den Mann den allmählichen Tod, wenn er nicht mehr gebraucht wird.

Wenn Sie es noch nicht gemerkt haben – Männer geben gern Ratschläge. Das funktioniert immer. Mir liegt etwas auf dem Herzen, vielleicht der Termin für die Abgabe meiner Arbeit. Ich weiß vielleicht schon, was ich machen will, aber weil ich eine Frau bin und Frauen reden müssen, um Stress abzubauen, sage ich zu Barry: »Ich muss mit dir reden. Ich muss dir sagen, was mich quält, auch wenn ich schon weiß, was ich dagegen tun will. Ich brauche keinen Rat. Hör mir einfach mal zu, ja?«

Er sagt Ja, aber sobald ich ihm drei Sätze vorgejammert habe, holt er Block und Bleistift und macht eine Liste oder malt mir einen Plan auf, was ich tun soll! Er ist ein Mann. Männer geben gern Ratschläge. Sie brauchen das Gefühl, gebraucht zu werden.

Sie brauchen das Gefühl, von ihren Frauen gebraucht zu werden.

Weil ich das weiß, habe ich keine Scheu, Barry um Hilfe zu fragen. Nicht, weil ich faul bin oder ihn benutzen will, sondern weil ich weiß, dass er das Gefühl haben muss, dass ich ihn brauche. Jedes Mal, wenn ich zu unabhängig werde (»Ich schaffe das schon alleine!«), spüre ich, wie er mir entgleitet. Wenn ein Mann nicht mehr das Gefühl hat, dass seine Frau ihn braucht, dann ist die Versuchung groß, sich eine andere zu suchen, die ihn nötig hat.

Das schafft für die Frau, die plötzlich anfängt, mit all ihren Sorgen zu Gott zu gehen, einen Konflikt. »Soll ich das etwa nicht machen?«, mögen Sie jetzt fragen.

Doch, natürlich. Aber ein ungläubiger Mann versteht das nicht. Er begreift nur, dass jemand anders seinen Platz eingenommen hat. »Wenn sie Jesus hat, dann braucht sie mich wohl nicht mehr.« Und so macht er die Klappe zu. Er zieht sich aufs Sofa zurück und sieht sich einen Boxkampf an. Er verliert das Interesse an Familienunternehmungen. Er hört auf zu reden. Er verliert das Interesse an Sex.

Eine kluge Frau wird verstehen, dass ihr Mann das Gefühl braucht, gebraucht zu werden: als Versorger, als Beschützer, als Liebhaber, als Vater ihrer Kinder, als Freund. Sie wird weiter all ihre Bedürfnisse zu Gott bringen, aber sie wird auch erkennen, dass Gott viele ihrer Bedürfnisse durch ihren eigenen Mann erfüllen kann und will.

Wenn Probleme auftreten, wird der Mann zum Höhlenbewohner

Gray schreibt auch, dass Männer sich in ihre »Höhle« zurückziehen, wenn sie gestresst sind. Manchmal nimmt das ganz konkrete Formen an: Sie gehen in die Garage, ins Wohnzimmer, setzen sich vor den Computer, gehen angeln, usw. Doch oft sitzen sie gerade mit der Familie zusammen, wenn sie ein Problem überdenken: Dann sind sie zwar physisch da, aber mit den Gedanken sind sie ganz woanders. Sie reagieren nicht, sind geistesabwesend und distanziert. Gray spricht davon, dass der Mann »in seine Höhle geht«. Je schwieriger ein Problem ist, desto weiter zieht er sich zurück und desto länger bleibt er dort.

Gray sagt weiter, wenn der Mann keine Lösung findet, bleibt er in seiner Höhle stecken. Um wieder herauszukommen, versucht er, kleine Probleme zu lösen: Er liest die Zeitung, räumt das Werkzeug in der Garage auf, spielt ein Computerspiel. »Jede Aktivität, die ihn fordert, aber zunächst nicht mehr als fünf Prozent seiner Gedanken beansprucht, kann ihm helfen, seine Probleme zu vergessen und sich aus seiner verfahrenen Lage zu befreien.« Wenn er dann zu seinem Problem zurückkehrt, kann er sich wieder besser konzentrieren.

Und Sie können mir glauben, dass unsere Ehe sich gewaltig veränderte, als ich begriff, dass (so albern es auch klingt) Barrys »Höhle« sein LKW ist. Wenn er etwas mit sich klären muss, dann strebt er auf die Autobahn – allein. Für mich als Frau, die über die Dinge reden muss, ist das schwer verständlich. *Wenn ich ihn nur aus der Reserve locken könnte,* dachte ich immer, *wenn ich ihn nur zum Reden bringen könnte, dann würde es ihm besser ge-*

hen. Aber Barry will nicht über die Dinge reden. Er will sich in seine Höhle zurückziehen und nachdenken. So machen das die Männer. Bevor ich das begriffen hatte, bettelte und flehte ich, dass Barry mich entweder mitnahm, damit wir »reden« konnten, oder ich quengelte so lange, bis er zu Hause blieb. Meist war er frustriert und wütend. Und ich war frustriert und beleidigt. Manchmal gab er nach und ließ mich mitkommen. Aber es kam nur selten zu den intimen Gesprächen, die ich mir gewünscht hatte. Wir kurvten umher und plauderten über belanglose Dinge – und wenn wir wieder zu Hause waren, setzte Barry sich noch mal ins Auto und fuhr fort, allein, so wie er es von Anfang an vorgehabt hatte.

Als ich erst einmal erkannt hatte, dass Männer dieses Bedürfnis haben, hörte ich auf, mich an Barrys Stoßstange zu klammern und zu quengeln. Und das Erstaunliche ist, dass er jetzt, wo er die Freiheit hat, mit dem Stress so umzugehen, wie es ihm als Mann entspricht, längst nicht mehr so lange fortbleibt wie früher.

Eine kluge Frau wird erkennen, was für eine »Höhle« ihr Mann braucht, und wird es respektieren, wenn er sich zurückziehen will, vor allem in – geistlich gesehen – problembeladenen Zeiten. Wenn er in seiner Höhle sitzt und den Kontrast zwischen Ihnen beiden spürt, wenn er durch das Wirken des Heiligen Geistes fühlt und erkennt, dass er ein Sünder ist, dann wird eine kluge Frau diese Höhlenzeit gut nutzen … und beten.

Männer verlieren nicht gern die Kontrolle

»Ein unbekanntes Territorium macht den Mann nervös«, schreibt Michael Fanstone in *Unbelieving Husbands and the Wives Who Love Them.* Er fährt fort, dass Männer leicht verlegen werden, vor allem, wenn es darum geht, in die Kirche zu gehen. Sie haben Angst, dass sie dort aufstehen und etwas sagen sollen.

Sie haben Angst, dass sie nicht wissen, wie sie sich verhalten sollen, dass sie sich nicht in der Bibel auskennen, die falschen Sachen anhaben oder den Liedtext nicht kennen.

Fanstone sagt, es sei nicht ungewöhnlich, dass ein ungläubiger Mann durchaus bereit ist, seine Zeit zu opfern und etwas *für* die Gemeinde zu tun anstatt *in* die Gemeinde zu gehen. »Das ist sicherer und vorhersehbarer, weil er die Regeln bestimmen und bis zu einem gewissen Grad die Kontrolle behalten kann.«

Ellen sagt: »Mein Mann spielt mit dem Gemeindeteam Softball. Er wechselt bei einem Gemeindemitglied den Wasserboiler aus und frühstückt sogar mit dem Pfarrer. Er macht nur Sachen, bei denen er sich auskennt.«

Das kommt daher, weil Männer nicht gern die Kontrolle verlieren. Die Vorstellung hingegen, sich ganz in die Hände eines Gottes zu geben, den sie nicht sehen können, macht ihnen Angst. Eine kluge Frau begreift das und lässt ihrem Mann die Freiheit, die Dinge in seinem eigenen Tempo und auf seine Weise zu prüfen. Das Beste, was eine Frau für ihren Mann in diesem Bereich tun kann, ist, einfach ein »Wohlgeruch Christi« und ein »Geruch des Lebens« zu sein (2. Korinther 2,15-16). Sie kann ihm zeigen, dass sie zwar anders ist, aber keine »fromme Spinnerin«; dass sie seine Zweifel anerkennt, seine Gefühle ernst nimmt und mit seinen Ängsten Geduld hat.

Männer gelten nicht gern als inkompetent

Die sicherste Methode, einen Mann zum Verstummen zu bringen, besteht darin, dass man ihm zu verstehen gibt, für wie inkompetent man ihn hält. Ein Mann misst sich immer mit dem »anderen Mann« – bei der Arbeit, in der Nachbarschaft, beim Sport. Brüder messen sich miteinander oder mit ihrem Vater. Ständig fragen sie: »Wie stehe ich da?«

Genauso wie eine Frau wissen muss, dass sie geliebt wird,

muss ein Mann wissen, dass er gut ist – als Vater, als Ernährer, als Ehemann, als Liebhaber, als Mann. »Die tiefste Angst eines Mannes ist, dass er nicht gut genug oder inkompetent sein könnte«, schreibt John Gray. Er bringt das uralte Beispiel von dem Mann, der nicht nach dem Weg fragen will, als er sich verfahren hat, und warnt die Frauen davor, einem Mann einen Rat zu erteilen, solange er nicht ausdrücklich darum bittet.

»Generell kann man davon ausgehen, dass eine Frau, die einem Mann ungebeten ihre Hilfe anbietet, keine Ahnung hat, wie kritisch und lieblos sie ihm dadurch erscheinen kann«, sagt er. Einem Mann einen Rat zu erteilen, heißt für ihn: »Ich habe kein Vertrauen in dein Urteilsvermögen oder deine Fähigkeiten. Ich halte dich für inkompetent.« Und er fügt hinzu, wenn man ihm die Ehre zuteil werden lässt, ihm *keinen* Rat zu geben, dann sei das für den Mann wie ein Geschenk, vergleichbar mit einem großen, schönen Blumenstrauß oder einem Liebesbrief.

Tief im Innersten sehnt der Mann sich danach, autonom und kompetent zu sein, ein Held für seine Familie, stark in den Augen anderer und in seinen eigenen. Und er fürchtet sich zutiefst vor Situationen, die peinlich oder demütigend sein könnten. Das allerdings bringt ihn in Konflikt mit dem Evangelium, das uns auffordert, der eigenen *In*kompetenz ins Auge zu sehen, zu erkennen, dass wir nicht autonom, nicht stark sind. Dass wir »nicht gut genug« sind, ist ein zentraler Gedanke des christlichen Glaubens. Ein Mann hat damit Probleme, selbst wenn er Christ ist.

Zum Glück steht es in Gottes Macht, auch Männerherzen zu verändern. Schließlich hat er selbst den Mann mit diesen Charakterzügen geschaffen, damit sie letztlich bei ihm das Gefühl finden, kompetent zu sein. Eine kluge Frau wird sich daran erinnern, dass es Gottes Aufgabe ist, das Herz ihres Mannes zu verändern, nicht ihre. Wenn es um das geistliche Leben ihres Mannes geht, dann wird sie einsehen, dass alle gut gemeinten Versuche, ihm zu »helfen« – ihm biblische Antworten für seine

Probleme anzubieten und bei jeder Gelegenheit biblisch begründete Ratschläge zu erteilen –, meistens nicht das sind, was er von ihr braucht. Was er nötig hat, ist Liebe und Anerkennung.

Der Apostel Petrus, selbst ein verheirateter Mann, erklärt der Frau eines ungläubigen Partners, wie sie sich am besten verhalten sollte. Er ermahnt sie, ihren Mann nicht mit Worten, sondern durch ihr Verhalten und ihr reines, gottesfürchtiges Leben zu gewinnen (1. Petrus 3,1-2). Und darauf zu vertrauen, dass Gott das Übrige tut.

Männer mögen keine Heuchler

Wir haben es alle schon gehört: Die Kirche ist voll von Heuchlern. Das ist ein Standardsatz, der von vielen ungläubigen Männern geäußert wird und meist ganz oben auf der Liste der Gründe steht, warum sie nicht in die Kirche gehen wollen. Meine Freundin Mary Ann hat mir vor kurzem erzählt, dass auch ihr Mann, bevor er zum Glauben kam, oft höhnte: »So ein Heuchler will ich nicht werden.« Das machte sie jedes Mal wütend! Sie war überzeugt, dass er das nur sagte, um sie zu ärgern, und dass er sie damit als Heuchlerin bezeichnen wollte.

Inzwischen ist er selbst gläubig, und sie hat ihn unlängst gefragt, wie er das damals gemeint habe. Es scheint, als habe es sich für ihn nicht nur um eine Redensart gehandelt. Er wollte nicht »Kirche spielen« und nur ein halbherziger Christ sein. Er wusste, dass er entweder ganz dabei sein musste oder gar nicht. Der Gedanke, weniger als 100 Prozent zu tun, widerte ihn an. Es ging nicht so sehr darum, dass er nicht mit »Heuchlern« zusammensein wollte – er wollte nicht selbst einer werden.

Männer wollen keine Heuchler sein – nicht in den eigenen Augen und nicht in den Augen anderer. Wenn sie sich ändern, dann wollen sie »ganze Sache« machen.

Männer haben Angst vor dem Älterwerden

Frauen sehen die Jahre um die vierzig als Chance für einen Neuanfang. In den Augen der Männer hingegen ist das Leben gegen Ende dreißig, Anfang vierzig schon so gut wie vorbei. Dies ist die Zeit, wo sie sich in Selbstvorwürfen ergehen. »Ich habe viel zu jung geheiratet. Ich war als Vater nicht so, wie ich sein wollte. Ich habe zu viel gearbeitet, und was kann ich jetzt vorweisen? Ich wollte jemand sein, aber ich bin ein Niemand. Alles, was ich vorweisen kann, ist ein Haufen Schulden. Ich habe Angst davor, impotent zu werden. Ich bin ein Versager. Meine Familie hätte etwas Besseres verdient.«

Schon für den gläubigen Mann ist es schwierig genug, diese Phase irgendwie hinter sich zu bringen. Der Mann jedoch, der seinen wahren Wert in Gott noch nicht erkannt hat, hat überhaupt keinen Ort, an dem er Trost suchen kann.

Doch auch wenn Ihr Mann gerade seine Midlife-Crisis durchmacht und alles nur noch schwarz sieht, selbst dann, wenn alles trübe und hoffnungslos aussieht, dürfen Sie wissen, dass Gott Ihnen alles geben kann, was Sie brauchen, um diese Prüfung zu bestehen. Er kann Sie sogar mit allem ausrüsten, was Sie nötig haben, um Ihrem Mann ein Zeugnis der Gnade zu sein.

Wichtig ist, dass Sie erkennen, was gerade jetzt das Beste – vielleicht das Einzige – ist, was Sie tun können, nämlich, dass Sie mit Ihren Tränen der Hilflosigkeit und Angst um den Geliebten auf den Schoß des Vaters klettern und sich von ihm halten und trösten lassen.

Bleiben Sie in der Nähe des Herrn, lesen Sie Bücher zum Thema, suchen Sie Seelsorge für sich selbst und beten Sie wie wild für Ihren Mann. Aber lassen Sie ihm gleichzeitig genug Raum und Zeit, um die Sache mit sich selbst auszumachen.

Inzwischen ist Ihnen klar: Eine kluge Frau weiß, dass einzig und allein Gott der Handelnde ist. Er ist es, der ihren Mann zu sich zieht, zu seiner Zeit und auf seine Art und ganz und umfassend. Wenn die Frau ihrem Mann Gelegenheit gibt, den Anspruch Christi für sich selbst zu entdecken, dann wird es sich nicht nur um ein einfaches Lippenbekenntnis handeln, wenn für ihn die Zeit kommt, die unwiderstehliche Gnade Gottes als Geschenk anzunehmen, sondern um eine tief greifende Veränderung seines Herzens.

So sind die Männer.

So wirkt Gott.

Schicken Sie Ihrem Mann eine Botschaft

Hier ein paar Vorschläge, wie Sie Ihrem Mann zu verstehen geben können, dass er der wichtigste Mann in Ihrem Leben ist:

- Gehen Sie mit, wenn er Fußball spielt, und schauen Sie ihm mal zu.
- Sagen Sie ihm möglichst oft, wie wichtig Sie seine Arbeit finden.
- Reden Sie nie abfällig oder geringschätzig über seine Arbeit.
- Stellen Sie ihm Fragen zu seinem Beruf. Zeigen Sie Interesse an seiner Arbeit.
- Finden Sie heraus, was Ihr Mann gut kann, und bieten Sie ihm Möglichkeiten, sein Können anzuwenden. Fragen Sie ihn, ob er: ein Stuhlbein anleimen, die Möbel umstellen, eine Türklinke auswechseln, eine Reise planen kann usw.
- Sagen Sie möglichst oft danke.
- Achten Sie darauf, wie Sie sich anderen Männern gegenüber verhalten, und meiden Sie missverständliche Situationen.
- Bitten Sie ihn um Rat und befolgen Sie ihn. Wenn Sie dazu nicht bereit sind, ist es besser, erst gar nicht zu fragen.
- Bitten Sie ihn um Hilfe.
- Reden Sie vor den Kindern positiv von ihm.
- Kritisieren Sie ihn *nie* in der Öffentlichkeit.

- Träumen Sie zusammen mit ihm, auch wenn Sie seine Träume für ziemlich weit hergeholt halten. Das haben Träume so an sich.
- Berühren Sie ihn möglichst oft, vor allem, wenn Sie ihm beim Reden zuhören.
- Seien Sie treu.
- Erfreuen Sie sich am Sex.
- Bitten Sie Gott, Ihnen zu zeigen, wie Sie Ihren Mann in seiner spezifisch männlichen Art ganz konkret unterstützen können. Und dann setzen Sie das in die Tat um, was er Ihnen zeigt.

Zum Nachdenken

- Welche Charaktereigenschaften unterscheiden Mann und Frau? Was war wohl Gottes Absicht dabei, den Männern gerade diese Eigenschaften zu geben? Welche finden Sie an Ihrem Mann besonders attraktiv? (Und sagen Sie jetzt nicht: »Gar keine.«)

- Lesen Sie die Geschichte von Abigail und ihrem Mann Nabal in 1. Samuel 25. Wie hat sich Abigail ihrem Mann gegenüber verhalten (und was hat sie vermutlich empfunden)? Und gegenüber David? Lesen Sie auch die Geschichte von Ester, der Königin, die mit einem heidnischen König verheiratet war. Wie hat sie sich ihrem Mann gegenüber verhalten (und was hat sie empfunden)?

- Übertragen Sie das Beispiel von der tüchtigen Hausfrau aus Sprüche 31,10-31 auf die heutige Ehe. Was sagt der Abschnitt über die Rolle der Frau in der Familie? Inwiefern unterscheidet sich ihre Rolle von der des Mannes?

- H. Norman Wright, Autor von *The Secrets of a Lasting Marriage*, schreibt Folgendes über die Unterschiede zwischen den Ehepartnern: »Wir sind alle verschieden. Wir sind eine Mischung verschiedenster Tendenzen und Vorlieben. Und keine davon ist richtig oder falsch.« Bitten Sie Gott im Gebet, Ihnen zu zeigen, wie Sie Ihren Mann auf kreative Weise in seinem Mannsein ermutigen und es lernen können, Ihre verschiedenen Rollen und Aufgaben in der Ehe ganz neu zu schätzen.

- »Die meisten Frauen wissen um das starke Ego des Mannes, aber sie halten [es] für eine Charakterschwäche. Es scheint ihnen zu entgehen, dass sie unser Ego auch als eine positive Eigenschaft betrachten können. Es zwingt uns nämlich dazu, Frauen zu führen, ihnen zu dienen und sie zu beschützen. Wir müssen als Leiter und Beschützer der Familie geschätzt und geachtet werden.«

  Zitiert in: *What Men Want* von H. Norman Wright

Kapitel 5

Vollkommen oder echt – das ist die Frage

Ich hatte eine schreckliche Sünde begangen. Nur drei Tage nachdem ich dem Ruf des Vaters gefolgt war und Jesus mein Herz übergeben hatte, nach nur drei Tagen frohen, sündfreien (dachte ich zumindest) Lebens vermasselte ich alles.

In der Küche stimmte etwas nicht. Wenn ich mich recht entsinne, war die Toilette im ersten Stock zum wohl achtzehnten Mal in ebenso vielen Tagen verstopft, und das Wasser war durch die Decke gesickert und hatte sich in der Küchenlampe gesammelt. Das Essen stand auf dem Herd. Baby Alison, auch bekannt als »Klammeräffchen«, hatte sich an mein Bein gehängt und wollte mich nicht mehr loslassen.

An die Einzelheiten kann ich mich nicht mehr genau erinnern. Doch nachdem ich drei Tage lang ununterbrochen auf Barry eingeredet und ihm erzählt hatte, dass ich von meiner Sünde erlöst, dass ich durch Christi Blut rein gewaschen und befreit und mir vergeben sei, und was ich sonst noch an frommen Floskeln in den christlichen Fernsehprogrammen aufgeschnappt hatte, stand ich nun genau in dem Moment, als er in die Küche kam, da und fluchte vor Gott und Barry und allen Engeln im Himmel.

Wie es sich für ein Kleinkind gehört, wiederholte Alison umgehend, was sie gerade aufgeschnappt hatte.

Ich war entsetzt. Barry hingegen amüsierte sich über meinen Ausbruch. Und damals sagte er – zum ersten, jedoch nicht zum letzten Mal –: »Ich dachte, du wärst Christ.«

Allerdings, das hatte ich auch gedacht.

Erschüttert und beschämt ließ ich den Kopf sinken. Ich war mir sicher, dass ich mein christliches Zeugnis ein für alle Mal vermasselt hatte. Ich wusste zwar nicht genau, was es überhaupt bedeutete, ein »Zeugnis« zu sein (auch so ein Wortfetzen, den ich in drei Tagen Fernsehen aufgeschnappt hatte), nur dass es wichtig war.

In den Tagen nach meiner Bekehrung hatten die Christen, mit denen ich bei der Luftwaffe zusammenarbeitete und die mit mir über ihren Glauben sprachen, mich mit Ratschlägen über ein Leben mit Jesus förmlich bombardiert. Da es nur noch wenige Wochen bis zum Ende meiner Dienstzeit waren und Barry und ich dann wegziehen würden, erhielt ich eine Art Crashkurs über das, »was man als Christ tut und was man nicht tut«.

Sie meinten es gut, und ich wusste es nicht besser, und so saugte ich alles, was sie sagten, auf wie ein Schwamm:

- Lies die Bibel von vorn bis hinten – und lass 4. Mose nicht aus, auch wenn es langweilig ist.
- Befolge die Zehn Gebote. Halte dich an die Seligpreisungen.
- Mach jeden Tag »Stille Zeit«.
- Geh so oft wie möglich zur Kirche – am Sonntagmorgen, Sonntagabend und auch am Mittwochabend.
- Frag, wo du in der Gemeinde mitarbeiten kannst, und dann tu es auch. Sei treu.
- Lerne Bibelverse auswendig.
- Du sollst nicht rauchen. Nicht trinken. Nicht tanzen. Keine Karten spielen.
- Lerne Eintopf zu kochen und Kirschkuchen zu backen, damit du etwas zum Gemeindepicknick mitbringen kannst.
- Bete ohne Unterlass.
- Gib jedem, der dir begegnet, ein Zeugnis.
- Achte auf das, was du sagst und tust, weil die Leute dich ständig beobachten werden.

Ich schrieb sogar mit, wenn sie mir ihre Weisheiten vermittelten. Ich wollte so gern vollkommen sein, weil ich ja die Einzige war, die Barry für den Herrn »gewinnen« konnte. Gewinnen oder darauf hinarbeiten. Jedenfalls lag es an mir, so viel bekam ich mit aus allem, was ich von meinen Glaubensgeschwistern hörte. Es war meine Aufgabe, ja geradezu meine Pflicht, dafür zu sorgen, dass Barry in mir Christus erkennen konnte, dass er sah, wie radikal ich mich verändert hatte, wie heilig ich geworden war.

Ich schwor, mich darum zu »bemühen …, [mich] vor Gott zu erweisen als einen rechtschaffenen und untadeligen Arbeiter, der das Wort der Wahrheit recht austeilt« (2. Timotheus 2,15). Ich wusste zwar nicht, was das bedeutete, aber ich hatte mir notiert, dass es wichtig sei. Ebenso wichtig, wie mich »fern von ungeistlichem losem Geschwätz« zu halten (Vers 16).

Und das bedeutete, nicht zu fluchen.

Die tugendhafte Frau … wohnt nicht *in unserem Haus!*

Ich hatte als christliches Vorbild versagt und schwor, dass mir das nie wieder passieren sollte. Ich bemühte mich nach Kräften, alles zu tun, was ich mir aufgeschrieben hatte, und Barry zu zeigen, was Christsein bedeutet. Das Rauchen war kein Problem, da ich auch früher nicht geraucht hatte. Und das Trinken hatte ich bereits aufgegeben, bevor ich Christ wurde. Zum Kartenspielen hatte ich ohnehin keine Lust, und es hatte mich sowieso noch nie jemand zum Spielen aufgefordert. Auch das war also kein Problem (obwohl ich nie recht einsehen konnte, wieso manche Leute Kartenspiel für »Sünde« halten).

Aber all das andere Zeug, das ich zu tun und zu lassen probierte, setzte mir gewaltig zu: der Kampf, täglich »Stille Zeit« zu halten, und zwar so, dass Barry es mitbekam. Laut zu beten, damit er es hörte. All die »Du-sollst-nicht«-Sätze zu lernen und zu beachten, die wohlmeinende Freunde mir genannt hatten. Als frisch Bekehrte konnte ich noch nicht sagen, was davon aus der Bibel stammte und was nicht, und so versuchte ich, alles zu befolgen.

Ich muss zugeben, dass es mich innerlich zerriss, wenn ich den ganzen Sonntagmorgen ohne Barry verbringen musste, nur um dann ein paar Stunden später schon wieder wegzugehen, damit ich den Abendgottesdienst nicht verpasste. Jede Woche fühlte ich mich hin- und hergerissen zwischen Gehen und Bleiben, Gehen und Bleiben. Ich fürchtete, wenn ich nicht ginge, würde das meiner Glaubwürdigkeit als Christ schaden und so aussehen, als wollte ich Gott nicht an die erste Stelle setzen, und dann würde Barry womöglich wieder sagen: »Ich dachte, du wärst Christ!«

Mein Ziel war, das beste christliche Vorbild zu werden, das es gab. Schließlich »sind wir nun Botschafter an Christi statt, denn Gott ermahnt durch uns« (2. Korinther 5,20). Man hatte mir auch gesagt, unter Umständen sei ich die einzige Bibel, die mein Mann je lesen würde.

Was für eine gewaltige Aufgabe. Was für eine enorme Last.

Ich suchte die Nähe älterer gläubiger Frauen, beobachtete sie und versuchte, sie nachzuahmen. Ich übernahm ihre Ausdrucksweise und entwickelte ein Gespür dafür, was »weltlich« oder »fleischlich« und was »geistlich« war.

In meinen Augen war jede Musik, in der der Name Jesus nicht vorkam, jedes Radio- oder Fernsehprogramm, das nicht über einen christlichen Sender lief, jede Aktivität, bei der nicht zumindest ein Bibelabschnitt verlesen oder ein Segen gesprochen wurde, »weltlich« und deshalb zu meiden. Das bedeutete: kein Kontakt zu »weltlichen« Menschen, kein Mitmachen bei »weltlichen« Vergnügungen. Und es lag mir sehr viel daran, dass niemand, vor allem niemand aus der Gemeinde, mich für »weltlich« hielt. Natürlich auch Gott nicht – und Barry sollte sehen, wie das geheiligte, abgesonderte Leben eines Christen aussieht.

Also sonderte ich mich ab und bemühte mich, heilig zu sein. Ich biss mir lieber auf die Zunge, als im Gespräch eine abweichende Meinung zu äußern, und auf meinem Gesicht lag ständig ein Lächeln. Ich versuchte zu verinnerlichen, was die fromme Frau tut, und legte Listen an:

- Steh früh auf und mach ihm Frühstück. *Erledigt.*
- Sorg dafür, dass du ihm immer ein warmes Essen auf den Tisch stellen kannst, wenn er es wünscht. *Erledigt.*
- Beschwer dich nicht, wenn er Schmutzspuren auf dem frisch geputzten Boden hinterlässt. *Erledigt.*
- Begrüß ihn an der Tür mit nichts als einem Lächeln. *Kein Kommentar.*

Ich versuchte, nicht zu zeigen, wenn ich wütend war. Ich versuchte, mich nicht zu beschweren. Ich versuchte, nie ein negatives Wort zu sagen.

Ich versuchte, nett, fröhlich, sparsam, treu und liebevoll zu sein, und dachte, das mache das Christsein aus. Christus nachahmen und die Regeln befolgen. Alle eigenen Bedürfnisse zurückstellen und möglichst vollkommen sein oder werden.

Doch alles, was ich erreichte, war, dass ich mir wie ein jämmerlicher Versager vorkam. Jedes Mal, wenn ich es nicht schaffte, diese Kriterien zu erfüllen, um die ich mich so sehr bemühte, war das für Barry ein gefundenes Fressen. Manchmal rieb er es mir unter die Nase, manchmal auch nicht. Aber ich wollte ihm überhaupt nicht die Möglichkeit dazu bieten. Ich war es Gott schuldig, so meinte ich, die Bibel meines Mannes zu sein. Er »las« mich ja sowieso, und ich wollte Gott nicht enttäuschen. *Sein* Ruf stand auf dem Spiel. Wenn ich versagte, dann fiel das zurück auf ihn und seine Macht, Menschenleben zu verändern.

Mein Mann sah allerdings in all den Versuchen, ihm ein heiliges, geistliches Leben vorzuführen, lediglich eine Reihe unmöglicher Vorschriften, die mir weder Leben noch Freude brachten, sondern nur das Gefühl, mit mir selbst nicht im Reinen zu sein. Ich wand mich hin und her. Verbog mich innerlich. Am liebsten wäre ich dem Druck, um meines Mannes willen ein vollkommenes Leben führen zu müssen und mich gleichzeitig nicht von seinem »weltlichen« Einfluss anstecken zu lassen, entflohen.

Mehr als einmal, wenn wir im Wohnzimmer saßen, ich mit der Nase in der Bibel oder einem frommen Buch, bemüht, fromm zu sein und mich vom Fußballspiel oder Film, den er im Fernsehen ansah, fern zu halten, musterte er mich nachdenklich und schüttelte voller Abscheu den Kopf. Ich schüttelte meinen und nannte ihn leise einen Heiden.

Wie arrogant! Wie selbstgerecht von mir!

Meiner Meinung nach hätte er durchaus mit mir in die Kirche oder zu einem Gemeindefest kommen können. Er hätte sich zu mir setzen und mit mir ein frommes Programm anschauen oder meine Musik hören können. Er könnte doch auf meine Seite, die heilige Seite, kommen. Aber ich hatte nicht die Absicht, ihn zu irgendeiner Aktivität zu begleiten, die mich beschmutzen konnte. Jesus hatte sich ja vielleicht mit Sündern und Prostituierten abgegeben. Aber ich hatte das nicht vor.

Irgendwie war meine Einstellung mit der Zeit ein bisschen abgedriftet, aber zum Glück hielt sie nicht lange an. Ich wollte plötzlich nicht mehr, dass mein Mann Jesus kennen lernte, damit er ewige Hoffnung, innere Heilung und Freude erfahren konnte. Ich hatte vergessen, dass ich ein Sünder war (und bin). Stattdessen tat ich so, als habe Gott mich gerufen, weil in mir ein Fünkchen Gutes war. Dass mein Mann dieses Gute auch sah und unbedingt für sich selbst haben wollte, wurde zu meinem Motiv. *Er muss Christus in mir sehen!* So konnte ich ihn für den Herrn »gewinnen«, und jeder würde sehen, was für eine fromme Frau ich war, und vielleicht sogar aufstehen und mich »gesegnet« nennen.

Eines Tages stand mein Mann auch auf, aber er nannte mich nicht gesegnet. Es war an meinem Geburtstag, 1978. Er hatte die Nase voll, und was er an diesem Morgen sagte, war: »Nur gut, dass wir kein Geld haben. Sonst würde ich noch heute die Scheidung einreichen und dich zu deinen Eltern zurückschicken.«

Er ging zur Arbeit, und ich konnte es nicht fassen. Mein erster Gedanke war, mich zu verteidigen und zu rechtfertigen. Nicht ich war schuld – sondern Gott. Jesus hatte selbst gesagt, dass er nicht gekommen sei, um Frieden in eine Familie zu bringen, sondern das Schwert, das häufig Trennung und Unfrieden schafft (Matthäus 10,34).

Aber es war nicht Gottes Schuld. Sicher, das Evangelium und der Geist Gottes führen zur Trennung zwischen Gläubigen und Ungläubigen. Aber das Hauptproblem in meiner Ehe war ich selbst. Ich war kein vollkommenes christliches Vorbild, sondern eine absolute Nervensäge.

Die »Scheidungsgeschichte« hatte einen erstaunlichen Ausgang, von dem ich in einem späteren Kapitel berichten werde.

»Oh, ihr unverständigen Galater!«

Wenn ich mich schriftlich oder mündlich mit Frauen austausche, die auch Probleme mit diesem Anspruch haben, ihrem Mann ein Vorbild des Glaubens zu sein, dann stoße ich nicht selten auf Verwirrung, Enttäuschung und gemischte Gefühle. Eine Frau sagte einmal: »Ich glaube, ich bin nur deshalb so depressiv, weil ich zu Hause ständig so tun muss, als sei ich vollkommen. Mein Leben ist so stressig, weil ich meinen Mann durch *mein* Verhalten und *meine* beispiellose Liebe für Christus gewinnen will. So viele wohlmeinende Gemeindeglieder haben mir gesagt, ich müsse Geduld haben. Er würde zu Gott finden, wenn er sieht, wie liebevoll ich zu ihm bin, selbst wenn er mich wie ein Stück Dreck behandelt. Aber ich muss gestehen, manchmal bin ich es einfach leid. Ich habe keine Kraft und keine Liebe mehr, und trotzdem muss ich ständig perfekt sein, weil er mich ja beobachten könnte. Ich will ja nicht zu einem Stein des Anstoßes für ihn werden!«

Eine andere berichtet: »Ich denke, ich müsste immer ein

perfektes christliches ›Zeugnis‹ oder Vorbild sein. Das wird mir auch in der Gemeinde vermittelt. Nicht offen, aber die spitzen Bemerkungen einiger Leute vermitteln mir das Gefühl, wenn ich ein guter Christ wäre, dann würde mein Mann das erkennen und sich auch bekehren.«

Sie fügt hinzu: »Es ist auch eine Waffe, die mein Mann gegen mich gebraucht. Er sagt zum Beispiel: ›Wenn du so ein toller Christ bist und Gott dich so liebt, warum hast du dann dies oder jenes getan?‹ Und das kann alles sein von: ›Warum hast du mich geheiratet?‹, bis: ›Warum hast du mich gestern angelogen?‹«

Wenn Ihr Leben ähnlich aussieht, wenn Sie sich unter ständigem Druck fühlen, weil Sie meinen, Sie müssten perfekt sein – ob der Druck nun von Ihrem Mann, wohlmeinenden Freunden oder Ihnen selbst kommt –, dann habe ich eine gute Nachricht für Sie: Im Brief an die Galater bezeichnet der Apostel Paulus Sie als »unverständig«. Und dann erklärt er, warum und wie Sie aufhören können, unverständig zu sein.

Wir kämpfen letztlich nicht so sehr mit unserem Mann als vielmehr mit uns selbst. Eigentlich sind wir zu Jesus gekommen, weil wir wussten, dass wir am Ende waren. »Nichts hab ich zu bringen. Alles, Herr, bist du«, heißt es in einem alten Gemeindelied.

Wir hatten begriffen, dass wir »aus Gnade selig geworden [sind] durch den Glauben, und das nicht aus [uns]: Gottes Gabe ist es, nicht aus Werken, damit sich nicht jemand rühme« (Epheser 2,8-9). Und wir waren so froh und unendlich dankbar, dass wir von der Strafe und Macht der Sünde frei wurden und nun eines von Gottes geliebten Kindern sein durften.

Aber dann geschah es irgendwie im Laufe der Zeit, dass wir meinten, Jesu Sterben sei nicht genug. Oh, wir hätten das natürlich nicht so gesagt oder noch nicht einmal gedacht, aber wir haben angefangen, so zu leben. *Sein Tod reicht zwar aus, damit ich in den Himmel komme, aber nun muss ich selbst schauen, wie ich mich durchs Leben schlage.* Vielleicht meinen wir, wir müssten eine Schuld abzahlen. Oder wir denken, Gott wäre böse, wenn wir uns nicht selbst darum bemühen, unser Leben in Ordnung zu bringen. Unseren Kindern sagen wir ja schließlich auch: »Du hast die Unordnung angerichtet, nun räum sie auch wieder auf!«

Außerdem haben wir es gern, wenn wir gut sind und die anderen das sehen und uns bewundern. Wir erfreuen uns an unseren guten Taten und vergleichen sie mit denen der anderen. »Neben dir mache ich gar keine schlechte Figur«, denken wir. »Neben ihr sehe ich noch besser aus. Und verglichen mit meinem Mann – dem ungehobelten Klotz da drüben auf der Couch mit der Bierdose in der einen und der Fernbedienung in der anderen Hand – stehe ich verdammt gut da.«

Wir sagen es natürlich nicht laut, aber wir denken es. Und der Kerl da auf der Couch bekommt es mit und denkt: »Wenn ein Christ so ist, dann besten Dank. Kein Bedarf.«

Und seien Sie einmal ehrlich. Können Sie ihm daraus einen Vorwurf machen?

Das hat der Apostel Paulus dazu zu sagen:

»Oh, ihr unverständigen Galater! Wer hat euch bezaubert, denen doch Jesus Christus vor die Augen gemalt war als der Gekreuzigte?
Das allein will ich von euch erfahren: Habt ihr den Geist empfangen durch des Gesetzes Werke oder durch die Predigt vom Glauben?
Seid ihr so unverständig? Im Geist habt ihr angefangen, wollt ihr's denn nun im Fleisch vollenden? Habt ihr denn so vieles vergeblich erfahren? Wenn es denn vergeblich war!
Der euch nun den Geist darreicht und tut solche Taten unter euch, tut er's durch des Gesetzes Werke oder durch die Predigt vom Glauben?«
(Galater 3,1-5)

Mit anderen Worten, bei unserem Kampf zwischen Vollkommenheit und Echtheit finden wir die Lösung in unserem Verständnis des Evangeliums. Die Galater begannen genauso wie wir. Christus allein. Sein vollkommenes Leben und Sterben für meine Unvollkommenheit. Punkt. Dann geriet im Denken der frühen Christen etwas durcheinander. Christus und die Beschneidung hieß es jetzt. Nun, für uns ist das heute keine Gefahr. Beschneidung ist ein medizinischer Eingriff, der manchmal aus gesundheitlichen Gründen an Jungen vorgenommen werden muss, aber keine religiöse Bedeutung für uns Christen hat. Doch »Beschneidung« ist für uns heute der Inbegriff der Sucht, Gott durch besondere Taten gefallen zu wollen, z.B. durch geistliche Disziplin, Mitgliedschaft in einer Gemeinde, Gottesdienstbesuch, krampfhafte Bemühung, möglichst perfekt zu sein. Und dazu sagt der Apostel Paulus: »Dass aber durchs Gesetz niemand gerecht wird vor Gott, ist offenbar; denn ›der Gerechte wird aus Glauben leben‹« (Galater 3,11).

Sobald ich mich nur noch krampfhaft auf mein Verhalten als Christ konzentriere, um ein »christliches Vorbild« zu sein, leugne ich den Tod Jesu. Und dann ist das, was ich meinem Mann vorlebe, nicht mehr das echte Evangelium, sondern nur noch Religion – ich tue etwas für Gott. Gerade wenn ich mich bemühe, ein Vorbild zu sein, bin ich es nicht. Mein Mann bekommt ein falsches Bild, und ich bringe mich um die Erfahrung, die Gnade und Freiheit zu erleben, die ich in Jesus habe. Und wir leiden beide.

Die tugendhafte Frau … wohnt doch *in unserem Haus*

Die Frage lautet: Wie kann ich von der Vorstellung wegkommen, ich müsste perfekt sein, und einfach echt werden? Vor kurzem habe ich meinen Pastor und Freund Ron danach gefragt. Er sagte, wir bräuchten dazu eine »Brücke«: das Wissen um die Liebe Gottes zu seinen Kindern. Und er erinnerte mich daran, was Paulus für die Gemeinde in Ephesus gebetet hat:

> »Deshalb beuge ich meine Knie vor dem Vater, der der rechte Vater ist über alles, was da Kinder heißt im Himmel und auf Erden, dass er euch Kraft gebe nach dem Reichtum seiner Herrlichkeit, stark zu werden durch seinen Geist an dem inwendigen Menschen, dass Christus durch den Glauben in euren Herzen wohne und ihr in der Liebe eingewurzelt und gegründet seid.«
> (Epheser 3,14-17)

Lesen Sie diesen Abschnitt am besten gleich noch einmal langsam durch. Bitten Sie den Heiligen Geist, Ihnen zu helfen, dass Sie ihn verstehen, erfahren, sich zu Eigen machen.

Und nun überlegen Sie einmal, wie es ist, mit einem Menschen zusammen zu sein, von dem Sie wissen, dass er Sie sehr, sehr gern hat. Sie fühlen sich wohl, sind ungezwungen. Sie können Sie selbst sein, mit all Ihren Fehlern und Schwächen. Genau so dürfen wir in Gottes Gegenwart sein. So voll von dem Wissen um seine Liebe und Annahme, dass wir uns ganz sicher fühlen und unbeschwert wir selbst sein können – ein Werk, das noch im Werden ist; Sünder, die allein aus Gnade errettet wurden.

Ja, aber mein Mann denkt, ein Christ müsste vollkommen sein, und er versteht nicht, was Gnade bedeutet.

Ich wusste, dass Sie das sagen würden. Deshalb habe ich Ron um ein paar praktische Ratschläge gebeten. Er hat gesagt, ich sollte Sie daran erinnern, dass Sie es sowieso nicht schaffen und dass Sie Ihren Glauben am besten – und echtesten – vor Ihrem Mann leben können, wenn Sie sich so verhalten, dass er das mitbekommt. Lassen Sie ihn sehen, wie Sie versagen (denn er sieht es ohnehin), und lassen Sie ihn wissen, dass es Ihnen Leid tut.

Zeigen Sie ihm, wie Buße aussieht. Wenn Sie aus der Haut fahren oder am Telefon lügen, dann sagen Sie ihm, bevor oder nachdem er es gemerkt hat: »Das war verkehrt. Ich hätte es nicht tun sollen.«

Lassen Sie ihn sehen, dass Sie Probleme haben, dass Sie z.B. zu viel essen, zu viel Geld ausgeben, zu schwach oder inkonsequent sind. (Er sieht es ohnehin.) Sagen Sie ihm, was Ihnen schwer fällt, aber dass Gott Sie verändern will. Dass Christsein heißt, noch im Entwicklungsprozess zu stehen. Zwei Schritte vorwärts, einer zurück – und manchmal auch drei. Aber dass Gott Sie trotzdem lieb hat, weil Sie ihm gehören.

Eine tugendhafte Frau weiß von Anfang an, dass alle Tugendhaftigkeit, über die sie verfügt, nicht von ihr kommt. Was sie an Gutem vorzuweisen hat, kommt von Jesus allein.

Eine tugendhafte Frau ist echt. Sie weiß, dass Gott sie nur aus Gnade für sich erwählt hat und nicht, weil sie es verdient hätte.

Wie Paulus macht es ihr zu schaffen, dass sie Dinge tut, die sie nicht tun sollte, und dass sie Dinge nicht tut, die sie tun sollte.

Wie König David bekennt sie ihre Sünde und lässt sich von Gott rein waschen.

Sie ist nicht vollkommen und behauptet auch nicht, es zu sein.

Sie kehrt immer wieder zu ihrer »Brücke« zurück und zum Kreuz und bittet Gott immer wieder, sie mit dem Wissen um seine Liebe zu füllen. Bis sie sich so sicher fühlt, dass sie sie selbst sein kann. Wenn sie das ist, ist sie frei, und zur Freiheit hat uns Christus berufen (Galater 5,1).

Und das, liebe Leserin, ist die Bibel, die unsere ungläubigen Männer lesen sollten.

Zum Nachdenken

- Wie schnell tappen Christen in die Falle, sie müssten »ein gutes Zeugnis sein«? Wo haben Sie von sich das Gefühl, Sie könnten Nichtchristen gegenüber nicht wirklich Sie selbst sein? Was vermitteln Sie damit für eine Botschaft?

- Lesen Sie nach, was die Bibel über das »Licht« zu sagen hat. In Matthäus 5,14-16 sagt Jesus, der Gläubige solle für seine Umgebung ein Licht sein. Versuchen Sie mit Hilfe einer Konkordanz herauszufinden, was es bedeutet, Licht in der Finsternis zu sein. Woher kommt unser Licht? Kann es je ausgehen?

- Was bedeutet es, für einen ungläubigen Mann ein Licht zu sein? Lesen Sie dazu 2. Korinther 4. In Vers 7 ist von »irdenen Gefäßen« die Rede. Inwieweit kann Echtheit – ein irdenes Gefäß – mehr dazu beitragen, das Evangelium zu vermitteln, als wenn wir etwas vorspielen, was wir gar nicht sind?

- Sie sind vielleicht die einzige Bibel, die Ihr Mann je lesen wird. Falls das so ist, was bekommt er dann zu lesen? Inwiefern stimmen Sie mit der Bibel überein? (Sie müssen nicht verzweifeln, wenn Sie das Gefühl bekommen, Sie hätten alles verdorben. Darum geht es gerade – wir verderben immer alles. Aber wir können auch immer wieder zum Kreuz zurückkommen und um Vergebung bitten. *Das* ist die Bibel, die unser Mann in uns »lesen« soll.)

- »Zu viele Frauen wurden so erzogen, dass sie immer allen alles recht machen sollen. Den Männern. Den Erwachsenen. Den Freunden. Allen? Es ist eine echte Befreiung, wenn eine Frau zum Glauben an Jesus Christus findet, innere Sicherheit gewinnt und ein gottgefälliges Leben führen will. Dadurch wird sie so stark, dass sie aus dem Schema ausbrechen, Gottes Bestimmung annehmen und dann ihre Welt radikal verändern kann.«

Aus: Bill Hybels, *Honest to God?*

Kapitel 6

Liebe ist …

Auf dem Flughafen von Tampa haben Barry und ich uns ineinander verliebt. Das wäre an sich nicht weiter erwähnenswert, wenn wir damals nicht schon zwölf Jahre verheiratet gewesen wären.

Kann sein, dass wir uns auch vorher schon geliebt haben, aber dort wurde es uns zum ersten Mal richtig bewusst. Wir kamen von einem eher schwierigen Besuch bei Barrys Eltern und waren nun auf der Rückreise nach Kalifornien, wo wir damals wohnten.

Ich hatte schon immer das Gefühl gehabt, dass Barrys Mutter mich nicht leiden konnte. Sie hielt mich für etwas überdreht und konnte meinen frommen Eifer nicht verstehen. Wieso konnte ich ihren Sohn nicht mit diesem ganzen Jesus-Zeug in Ruhe lassen? Mich um meinen eigenen Kram kümmern? Normal sein?

Barry war hin- und hergerissen. Sollte er um seiner selbst und der Töchter willen mit mir Frieden schließen oder zu seiner Mutter halten? Jener Besuch damals war noch aus einem anderen Grund schwieriger als sonst. Barrys Mutter war krank – was sie damals zwar noch nicht wusste –, und das beeinflusste ihre Gefühle.

Wir gerieten aneinander.

Alles, was sich in zwölf Jahren in uns angestaut hatte, kam nun auf einen Schlag heraus. Aber das ist nicht so wichtig. Wichtig ist: Nach all den Jahren, die wir zusammengelebt hatten, nach der übereilten Heirat und nachdem unsere Gefühlswelt ebenso wie die geistliche Haltung die meiste Zeit meilenweit auseinander gelegen hatte, stellte sich Barry damals auf meine Seite und gegen seine Eltern. Das hatte er noch nie getan.

Eines Abends explodierte er: »Sie ist meine Frau«, sagte er. »So könnt ihr nicht mit ihr umgehen!«

Am liebsten hätte er die Mädchen und mich sofort gepackt und wäre mit uns weggefahren, aber ich bat ihn, das nicht zu tun. Auch ich hätte mir zwar nichts lieber gewünscht, aber mir war klar, dass wir das nicht tun durften. Und ich bin froh darum – denn es war das letzte Mal, dass wir seine Mutter lebend sahen.

Nach ein paar äußerst ungemütlichen Tagen brachten Barrys Eltern uns zum Flughafen. Während wir auf den Flug warteten, schenkte Barry mir einen Ring – seinen Kinderring mit einem winzigen Diamanten und einem kleinen Rubinsplitter.

»Anfangs habe ich dich nicht geliebt«, sagte er. »Aber jetzt liebe ich dich.«

»Ich hab dich auch nicht geliebt«, bekannte ich. »Aber jetzt tue ich es auch.«

Es klingt lächerlich, aber genau an dem Tag, an dem wir einander beichteten, dass wir uns bisher »nicht geliebt« hatten, verliebten wir uns ineinander.

Wieso Liebe?

Es ist mir klar, dass Sie beim Lesen jetzt vielleicht denken: »Schön für sie. Sie liebt ihren Mann, und er liebt sie. Und nun leben sie herrlich und in Freuden. Aber mein Leben sieht ganz anders aus. Bei mir ist es gerade umgekehrt. Ich habe meinen Mann mal geliebt, aber jetzt tue ich es nicht mehr. Wir sind zu verschieden. Wir tolerieren uns gerade noch so. Und manchmal nicht mal das.«

Vielleicht haben Sie sogar schon mit dem Gedanken gespielt, sich scheiden zu lassen und einen gläubigen Mann zu suchen.

Und Sie wären nicht die Erste. Aber lesen Sie bitte noch etwas weiter. Ich habe, ehe ich mit dem Schreiben dieses Buches begann, dafür gebetet, dass Sie Hoffnung finden.

Und Liebe.

Ich habe Ihnen etwas von Gott auszurichten. Er weiß genau, was Ihnen wehtut und worunter Sie leiden:

> »Ich will euch ein neues Herz und einen neuen Geist in euch geben und will das steinerne Herz aus eurem Fleisch wegnehmen und euch ein fleischernes Herz geben. Ich will meinen Geist in euch geben und will solche Leute aus euch machen, die in meinen Geboten wandeln und meine Rechte halten und danach tun.« (Hesekiel 36,26-27)

Er sagt:

> »So zieht nun an als die Auserwählten Gottes, als die Heiligen und Geliebten, herzliches Erbarmen, Freundlichkeit, Demut, Sanftmut, Geduld; und ertrage einer den andern und vergebt euch untereinander, wenn jemand Klage hat gegen den andern.« (Kolosser 3,12-13)

Und:

> »Über alles aber zieht an die Liebe, die da ist das Band der Vollkommenheit.« (Kolosser 3,14)

Ist Ihnen die Reihenfolge aufgefallen? Gott nimmt unser Herz aus Stein weg und ersetzt es durch ein Herz aus Fleisch, ein biegsames, formbares, ein liebenswertes Herz.

Er nennt uns Auserwählte und Geliebte. Er freut sich über uns und ist über uns fröhlich mit Jauchzen (Zefanja 3,17).

Er liebt uns. Er liebt uns sehr. Oder, wie es mein Lieblingsbibellehrer Steve Brown sagt: »Er hat uns furchtbar gern.« Nicht, weil wir so tolle Typen sind – das sollten wir nie meinen –, sondern weil wir Gottes Kinder sind.

Das ist die Basis, auf der wir andere lieben. Wir lieben, weil wir geliebt werden. Gott liebt uns als Erster, am besten, voll und ganz. *Und dann* können wir auch unseren Ehemann lieben. Wir haben die Fähigkeit dazu, wir haben die Möglichkeiten. Weil wir selbst zum Überströmen voll mit Liebe sind.

Vielleicht denken Sie: »Danke, Nancy, dass Sie mir das sagen. Aber ich kann meinen Mann trotzdem nicht gern haben. Das ist einfach zu viel verlangt.«

Ich wusste, dass dieser Einwand kommen würde. Ich weiß auch, dass ich niemanden vom Gegenteil überzeugen kann. Aber der Heilige Geist, der in Ihnen wirkt, und Gottes Wort, das Sie verändert, können es. Wenn Sie also denken, Sie könnten nicht – was übrigens in Wahrheit heißt, Sie wollen nicht –, dann denken Sie daran:

- Wenn Gott ein gutes Werk in uns angefangen hat (und das hat er), dann will er es auch vollenden, das hat er gesagt (Philipper 1,6).
- Er schenkt uns nicht nur den Wunsch zu lieben, sondern auch die Fähigkeit dazu (Philipper 2,13).
- Er hat uns zu guten Werken geschaffen (Epheser 2,10).
- Er sagt uns klipp und klar, dass wir in seiner Kraft alles tun können (Philipper 4,13).
- Auch wenn wir Schweres durchmachen, ist er bei uns (Jesaja 43,2).
- Er hält uns an der Hand (Psalm 73,23).

Liebe Freundin, lesen Sie jetzt bitte nicht weiter, solange Sie nicht sicher wissen, dass Sie von Gott ganz wahnsinnig, tief und ewig geliebt werden. Denn solange Sie das nicht wissen, sind all die praktischen Rat- und Vorschläge nichts anderes als ein Katalog von Forderungen, die Sie zur Verzweiflung treiben. Darum legen Sie jetzt, wenn nötig, erst einmal dieses Buch zur Seite, nehmen Sie dann Ihre Bibel zur Hand und setzen Sie sich zu dem Einen, der sich selbst Ihr Mann nennt (Jesaja 54,5). Wenn Sie zurückkommen, wollen wir weiter davon reden, wie Liebe in einer Ehe aussieht.

Liebe ist eine Einstellung

Es ist schon seltsam mit Gott: Wenn wir ihm erst einmal gehören, dann verlangt er oft Dinge von uns, die in unseren Augen unmöglich sind. Für viele Frauen – und nicht nur für solche, die mit einem ungläubigen Partner verheiratet sind – fällt die Forderung, den eigenen Ehemann zu achten, in diese Kategorie.

»Ich würde ihn ja respektieren, wenn er nicht so ein gemeiner Kerl wäre«, sagt Christy. »Er ist unverschämt und bösartig. Jeden zweiten Abend ist er betrunken, und den Rest der Zeit hockt er auf der Couch und schaut sich irgendwelchen Schrott im Fernsehen an. Gott kann doch nicht von mir erwarten, dass ich so einen achte?«

Es geht aber nicht darum, dass wir das Verhalten unserer Männer achten, sondern den Mann als Person. Vielleicht nicht das, was er tut, aber auf jeden Fall das, was er ist, und seine Stellung in der Familie. Er ist ein Mensch, den Gott als sein Ebenbild erschaffen hat, und er ist der Mann seiner Frau.

In jeder Bibelübersetzung, die ich auftreiben konnte, heißt es in Epheser 5,33, dass die Frauen ihre Männer achten sollen. In manchen Ausgaben steht auch »ehren«, in anderen »Ehrfurcht haben«.

Selbst dann, wenn Ihr Mann sich aufführt wie ein Trottel.

In seinem Buch *Each for the Other: Marriage As It's Meant to Be* schreibt Bryan Chapell: »Weil wir das am meisten lieben, was wir am höchsten achten, möchte eine Frau gern hoch von ihrem Mann denken, weil sie intuitiv weiß, dass ihre Fähigkeit zu lieben aus dieser Achtung herrührt. Was die Bibel gebietet, steht in Einklang mit dem, was ein selbstloses und heiles Herz bestätigt.«

Wir wollen den Mann, den wir geheiratet haben, respektieren, aber wir tun es nicht. Wir sind selbstsüchtig und verletzt, also halten wir unsere Achtung zurück. *Er verdient sie nicht*, denken wir. *Wenn er sie verdient, kriegt er sie.*

Aber Gott sagt, er verdient sie, und zwar nicht auf Grund

seines Verhaltens oder seiner Person oder weil er zum Gemeindepicknick mitkommt oder nicht. Eine Frau (also Sie und ich) muss (es bleibt ihr keine Wahl) ihren Mann achten (wenn nötig, lesen Sie es noch mal in der Bibel nach). Es geht um eine Beziehung, nicht um Gefühle oder Verdienst.

»Ihr Mann mag Sie ärgern, geringschätzig behandeln, beleidigen, ignorieren oder Sie anwidern, unsere Bewunderung sieht aber über das, was er tut, hinweg auf das, was er ist. Sie ist bedingungslos«, schreibt Gary Smalley in seinem Buch *For Better or for Best*.

Das Gesetz der Bewunderung oder der Achtung, so Smalley, ist Grundlage jeder dauerhaften, wachsenden Beziehung. Außerdem müssen wir unseren Mann nicht unbedingt lieben, um ihn bewundern zu können. »Jemanden bewundern ist eine bewusste Entscheidung, eine Verpflichtung, ein Willensakt. Wir sagen uns: ›Gott liebt und schätzt diesen Menschen, also kann ich es auch.‹«

Unser Denken bestimmt unser Tun. Mit anderen Worten, unsere Gedanken bestimmen über unser Verhalten, das wiederum unser Handeln prägt. Wenn ich meinen Mann für einen Trottel halte, dann werde ich ihn auch wie einen behandeln. Wenn ich mir aber vor Augen halte, dass er als Ebenbild Gottes erschaffen wurde, dann gehe ich anders mit ihm um. Mit Respekt. Männer brauchen das Gefühl, respektiert zu werden.

Chapell sagt, eine Frau solle ihren Mann allerdings nicht nur achten, um sein Ego zu füttern. Ihre Einstellung kommt auch ihr selbst zugute. »Je mehr sie ihren Mann schätzt, umso kostbarer wird ihr auch die Verbindung mit ihm und umso lohnender die Beziehung. Die Frau, die sich nach Liebe sehnt, wird feststellen, dass sie gerade dann die tiefste Erfüllung erlebt, wenn sie sich selbst dafür einsetzt, dass die Beziehung, nach der sie sich sehnt, gefestigt wird. Andererseits steht sie sich selbst im Weg, wenn sie ihrem Mann keine Achtung entgegenbringt.«

Das habe ich auch Christy gesagt. »Nenn mir mal eine Sache,

die du an deinem Mann bewunderst oder respektierst«, forderte ich sie auf. »Und sag jetzt nicht, da gibt es nichts!«

Zuerst wollte sie mir nicht antworten. Sie war es gewohnt, ihn nur als »Faulpelz« zu bezeichnen. Aber dann sagte sie: »Er war einverstanden, dass ich die Kinder in einer christlichen Schule anmelde, und er geht auch hin, wenn es in der Schule eine Veranstaltung gibt.«

Das ist doch *toll!*

Ich sagte ihr, das beweise doch, wie viel ihm an den Kindern liege. Und das ist schon mal ein guter Ausgangspunkt. Jetzt hat sie etwas, worauf sie aufbauen kann. Sie war skeptisch, aber bereit, einen Versuch zu wagen. Denn *Miss*achtung gefällt keinem, am wenigsten aber Gott.

Wie sieht es bei Ihnen aus? Was ist mit Ihrem Mann? Nehmen Sie sich einmal Zeit und überlegen Sie, was Sie an ihm respektieren oder sogar bewundern können – und sagen Sie nicht, es gebe nichts. Selbst wenn es nur eine einzige Sache ist – vielleicht: »Er denkt daran, den Brotbeutel wieder zu verschließen« –, nennen Sie es. Und setzen Sie jeden Tag etwas auf Ihre Liste.

Und dann gehen Sie zur nächsten Frage über: Fragen Sie, wer er eigentlich ist.

Wenn es Ihnen schwer fällt, bitten Sie Gott um Hilfe. Er kennt Ihren Mann ganz genau.

Und er möchte, dass auch Sie ihn kennen lernen.

Liebe ordnet sich unter

Nie werde ich den Tag vergessen, an dem ich meinen Mann »umbrachte«. Nachdem wir aus der Luftwaffe entlassen wurden, zogen wir nach Portland in Maine. Ich fand dort eine Gemeinde, gewann Freunde und lebte mich ein. Als Barry drei Jahre später beschloss, wir sollten nach Kalifornien ziehen, beschwerte ich mich als pflichtbewusste, unterwürfige Frau (fast) nicht. Mein Vater hatte ihm eine Stelle und damit gleichzeitig die Möglichkeit angeboten, einen neuen Beruf als Mechaniker zu erlernen.

Also zogen wir um.

Ich fand eine Gemeinde, gewann Freunde, erneuerte und pflegte den Kontakt zu meiner Familie und lebte mich ein. Nach etwa einem Jahr stellte Barry fest, dass ihm die Arbeit in der Werkstatt nicht gefiel, und suchte sich eine andere Stelle.

Kein Problem. Das Leben war schön.

Dann wurde ich mit Laura schwanger – und zwei Wochen später wurde Barry entlassen.

Je länger er sich nach einer neuen Stelle umsah, desto deutlicher zeichnete sich ab, dass er dort, wo wir wohnten, vermutlich keine Arbeit finden würde. »Kann sein, dass wir wieder umziehen müssen«, sagte er.

Aber das wollte ich nicht. Ich wollte meine Eltern und Geschwister nicht schon wieder verlassen. Also wehrte ich mich mit einem entschiedenen: »Nein!«

Ich sagte ihm klipp und klar: »Ich will hier nicht weg. Du kannst hier eine Arbeit finden. Das weiß ich ganz genau.« Ich rief Gott zum Beistand und erklärte, er würde schon für uns sorgen.

Und das »brachte ihn um«, auch wenn ich es nicht sofort erfuhr, sondern erst am Ende eines Telefongesprächs, das er mit seiner Mutter führte und das ich mit angehört hatte. Es klang wie ein Todesseufzer: »Mama – es bringt mich um. Ich kann hier keine Arbeit finden, und Nancy will nicht von ihrer Familie weg. Ich weiß nicht mehr, was ich machen soll!«

Wenn Barry so etwas zu seiner Mutter sagte, dann musste es ihm schon ziemlich schlecht gehen, soviel wusste ich. Und ich war schuld. Mein Verhalten missfiel nicht nur meinem Mann, sondern auch dem Gott, den ich angeblich liebte. Ich verstieß ganz offensichtlich gegen sein Gebot, mich meinem Mann unterzuordnen »wie dem Herrn« (Epheser 5,22).

Chapell schreibt: »Man muss sich das so vorstellen, dass die Frau, wenn sie sich ihrem Mann unterordnet, gewissermaßen über die Schulter zu Jesus sieht, der ihr sagt: ›Letztlich tust du das nicht für ihn, sondern für mich.‹«

»Und wenn wir es für den Herrn tun, dann fällt es uns viel leichter«, erklärt Sherry. Ihr Mann ist inzwischen zum Glauben gekommen. Aber sie erinnert sich noch gut daran, wie vor Jahren schon die bloße Vorstellung, dass sie seine Unterwäsche zusammenlegen musste, Groll und Hass in ihr hervorrief. Sie sagt, ihr habe sich jedes Mal der Magen zusammengekrampft, wenn sie den Berg Wäsche auf dem Bett ausbreitete – Zeichen für den tiefen Widerwillen dagegen, sich einem Mann unterzuordnen, der es ihrer Meinung nach nicht verdient hatte.

Dann ging ihr eines Tages auf, dass sie die Wäsche nicht für Dennis faltete, sondern eigentlich für Jesus. »Okay, Herr«, sagte sie. »Ich lege diese Sachen für dich zusammen.« Nach einer Weile ließ der Widerwille nach, und sie stellte fest, dass sich auch der Groll gegen ihren Mann gelegt hatte.

Chapell betont: »Unterordnung ist ein Akt der Anbetung, bei dem es in erster Linie darum geht, Gott zu ehren.« Außer in Dingen, die von der Bibel eindeutig verboten werden, soll sich eine Frau dem Mann unterordnen *wie dem Herrn*. In allen Dingen. Das heißt nicht, dass sie jede Sünde mitmacht oder sich am Bösen beteiligt. Und auch nicht, dass sie sich misshandeln oder wie ein Fußabtreter behandeln lässt. (In Kapitel 12 werde ich noch näher darauf eingehen, was Sie tun sollten, wenn Ihr Mann etwas von Ihnen verlangt, was gegen Gottes Gebot geht.)

Unterordnung bedeutet auch nicht, dass wir keine eigene Meinung haben oder beisteuern dürfen. Es geht vielmehr um eine Art freiwilliges Nachgeben. Wie beim Vizechef einer Firma. Beim Co-Piloten im Flugzeug, dem ersten Ingenieur auf See. Beide haben verschiedene Funktionen, die aber den gleichen Wert haben.

In der Ehe geht es darum, dass die Frau bereitwillig der

Führung ihres Mannes folgt – sofern es eine gute Führung ist – und gleichzeitig darauf vertraut, dass Gott die Verheißungen, die er ihr als seinem Kind gegeben hat, hält – nämlich: sie vor Sünde zu bewahren und ihr beizustehen.

Was mich betrifft, so ging mir damals auf, dass ich Barry mit meiner Weigerung, von meiner Familie wegzuziehen, regelrecht erstickte. Ich sagte ihm sofort, wie Leid mir mein Verhalten tat und dass ich ihm überallhin folgen würde.

Schließlich zogen wir etwa dreihundert Meilen weiter und sieben Jahre später von Kalifornien nach Florida. Bei jedem Umzug erlebte ich, wie ich reichlich gesegnet wurde und Gott mich mit seiner Gnade überschüttete. Ich lernte meine Lektion: Sich unterzuordnen ist nicht immer leicht, aber in den meisten Fällen ist es das Beste. (Ich muss allerdings zugeben, dass es nicht schwer ist, sich Barry unterzuordnen, weil er ein guter Mensch ist.)

Wenn Sie meinen, Ihre Situation sei zu kompliziert, dann blättern Sie noch einmal zurück an den Anfang dieses Kapitels. Lassen Sie sich von Gott lieben, suchen Sie etwas, was Sie an Ihrem Mann bewundern und achten können, und dann bitten Sie den Heiligen Geist, Ihre Haltung im Hinblick auf die Unterordnung zu ändern.

Und dann lassen Sie sich verändern. Tun Sie es aus einem Herzen der Dankbarkeit heraus. Tun Sie es für Jesus – und Sie werden gesegnet werden.

Liebe handelt

In Kapitel 13 des 1. Korintherbriefs beschreibt der Apostel Paulus die Liebe so:

> Liebe ist langmütig und freundlich,
> die Liebe eifert nicht,

die Liebe treibt nicht Mutwillen,
sie bläht sich nicht auf,
sie verhält sich nicht ungehörig,
sie sucht nicht das Ihre,
sie lässt sich nicht erbittern,
sie rechnet das Böse nicht zu,
sie freut sich nicht über die Ungerechtigkeit,
sie freut sich aber an der Wahrheit;
sie erträgt alles,
sie glaubt alles,
sie hofft alles,
sie duldet alles.
(1. Korinther 13,4-7)

Liebe bleibt nicht bei den Gefühlen stehen, sondern schreitet zur Tat. Es ist sogar möglich, jemanden zu lieben, den man eigentlich gar nicht besonders mag, weil Liebe ein bewusster Akt ist, eine willentliche Entscheidung. Gott hat sich dafür entschieden, Sie und mich zu lieben, aber nicht, weil wir so nett und reizend sind, dass er gar nicht anders konnte. Wenn seine Liebe zu uns davon abhängig wäre, dann könnten wir sie vergessen.

Nein, die Liebe sucht sich ein Objekt aus und sagt: »Dich habe ich erwählt.« Und dann tut sie etwas. Sie macht etwas, etwas ganz Konkretes, Praktisches, was allein dem Geliebten zugute kommt und ohne eine Gegenleistung dafür zu erwarten. Ohne Bedingungen, ohne Vorbehalte. Sonst wäre sie keine Liebe.

Ein Buch, das sich auf sehr hilfreiche Weise mit den praktischen Ausdrucksformen der Liebe befasst, ist *Die fünf Sprachen der Liebe* von Gary Chapman. Chapman führt darin aus, dass die Menschen Liebe auf verschiedene Arten ausdrücken, empfangen oder begreifen, und unterscheidet fünf Arten oder »Sprachen« der Liebe: Zuwendung, Loben, Schenken, Dienen, Zärtlichkeit.

Er sagt auch: »Wenn wir unsere Liebe auf eine Art zum Ausdruck bringen, die unser Partner nicht versteht, dann wird er gar nicht erkennen, dass wir ihm Liebe zeigen wollten!« Wichtig ist darum, dass wir wissen, welche Sprache unser Mann vor allem spricht, damit wir ihn dann in dieser Sprache »ansprechen« können.

Meine Sprache der Liebe ist vor allem Lob und Anerkennung. Wenn mir jemand sagt, dass ich meine Arbeit gut mache oder dass er etwas Bestimmtes an mir besonders mag, dann kann ich eine Woche davon zehren. Bei Barry funktioniert das nicht. Nicht, dass er sich nicht auch über ein ernst gemeintes Kompliment freuen kann, aber seine Sprache der Liebe ist das Helfen und Dienen.

Für ihn gilt: »Wenn ich aus vollem Halse Liebesgedichte vom Dach aus rezitiere, aber dem Nachbarn das Unkrautbekämpfungsmittel nicht zurückbringe, obwohl er mich darum gebeten hat, dann mache ich nur viel Lärm, aber ich habe keine Liebe« (1. Korinther 13,1; in eigener Umschreibung).

Weil ich weiß, dass mein Mann auf die Sprache des Helfens und Dienens anspricht, fällt es mir viel leichter, meine Liebe zu ihm ganz praktisch zum Ausdruck zu bringen. Das heißt nicht, dass ich die anderen »Sprachen« völlig außer Acht lasse. Aber ich konzentriere mich auf das, was er am meisten braucht.

Manchmal bedeutet das, dass ich Dinge tue, die ich sonst nicht tun würde – dass ich die Einfahrt fege, dass ich selbst den Ölstand in meinem Auto prüfe, dass ich in die Bäckerei am anderen Ende der Stadt fahre, weil ich weiß, dass er das Brot von dort besonders gern hat. Kleine Dinge, die aber Bände sprechen.

Bände der Liebe.

Letztlich ist es die Liebe, die ein hartes Herz erweichen kann. Es ist die Liebe, die den Willen bricht und bewirkt, dass ein steifes Knie sich beugt. Es ist die Liebe – Gottes Liebe –, die den unbußfertigen Sünder in seine Nähe zieht. Und ich spreche jetzt nicht nur von unseren Männern, sondern auch von uns selbst.

»Ihr Lieben«, schreibt der Apostel Johannes, »hat uns Gott so geliebt, so sollen wir uns auch untereinander lieben« (1. Johannes 4,11). Für ihn ist Liebe:

– in einem Herzen, das sich von Gott geliebt weiß;
– voller Respekt für den anderen;
– bereit, sich unterzuordnen;
– darauf bedacht, Gutes zu bewirken;
– auf das Ziel hin ausgerichtet, Gott zu ehren.

Zum Nachdenken

- Nennen Sie einige der üblichen Argumente (oder Missverständnisse) in Bezug auf die Ermahnung, dass die Frau sich ihrem Mann unterordnen soll. Was mag Gott sich dabei gedacht haben? Nennen Sie einige Gründe.

- Lesen Sie, was die Bibel (und nicht irgendwer sonst) über das Unterordnen sagt. Fangen Sie mit dem besten Beispiel an, nämlich Jesus, in Philipper 2,1-16. Lesen Sie auch Epheser 5,21-24, Kolosser 3,15-18, Jakobus 4,6-8 und 1. Petrus 3,1-6. Wie können Sie zeigen, dass Sie sich Ihrem Mann unterordnen wollen? Nennen Sie einige Beispiele. (Anmerkung: Wenn Ihr Mann etwas von Ihnen verlangt, was den Geboten Gottes widerspricht, müssen Sie sich ihm widersetzen. Ihre oberste Richtschnur ist immer Gott. Ihm müssen wir uns in jedem Fall unterordnen.)

- Versuchen Sie das biblische Prinzip der Unterordnung für sich umzusetzen, indem Sie stattdessen das Wort »anpassen« benutzen. Wir sollen uns den Plänen unseres Mannes anpassen, uns einordnen. Die Bibel nennt uns Sara als Beispiel (1. Petrus 3,6). Lesen Sie dazu 1. Mose 12 und 1. Mose 16–21.

Wie hat sie sich den Plänen ihres Mannes angepasst? Was verrät uns das über die Achtung, die sie ihrem Mann entgegenbrachte?

- Überlegen Sie, wo Gott Sie berufen hat, sich den Plänen Ihres Mannes anzupassen und ihm durch das, was Sie tun, Liebe und Achtung entgegenzubringen. Was können Sie ganz konkret tun? Gibt es etwas, wozu Gott Sie auffordert, womit Sie aber bis jetzt gezögert haben? Denken Sie daran: Sie wissen nie, was Ihre Unterordnung im Herzen Ihres Mannes bewirken kann. (Aber tun Sie es für den Herrn.) Bitten Sie Gott, dass er Sie dazu bereitmacht, sich nach seinen Vorstellungen formen zu lassen.

- »Rationale, bereitwillige Liebe … das ist die Art von Liebe, zu der die Weisen uns schon immer ermahnt haben. Sie geschieht bewusst. Das ist für das Ehepaar, bei dem das ›Gefühl‹, verliebt zu sein, verloren gegangen ist, eine gute Nachricht. Wenn Liebe von unserer eigenen Entscheidung zu lieben abhängt, dann haben Sie die Fähigkeit, einander zu lieben … Liebe ist eine Haltung, die sagt: ›Ich bin mit dir verheiratet, und ich interessiere mich für das, was dir wichtig ist.‹ Dann wird der, der lieben will, auch Mittel und Wege finden, seinen Entschluss umzusetzen.«

Aus: Gary Chapman, *Die fünf Sprachen der Liebe*

Kapitel 7

Hausbau

In unserer Ehe bin ich der »Offizielle Lampenhalter«. Wenn Barry auf den Dachboden oder unter sein Auto kriecht, dann ist es meine Aufgabe als OLH, für ihn die Taschenlampe zu halten.

Ich mache auch noch andere Sachen. Zum Beispiel reiche ich ihm die Werkzeuge, renne von der Garage in die Küche und zurück, um ihm eisgekühltes Wasser oder Limonade zu bringen, fahre zur Autowerkstatt, um Ersatzteile zu besorgen oder Ähnliches. Manchmal muss ich die Leiter halten, damit sie nicht umkippt. Ein anderes Mal, wenn er die Sicherungen auswechselt, muss ich »Jetzt!« rufen, wenn er den Schalter betätigt, mit dem in einem der Zimmer der Strom eingeschaltet wird.

Aber am häufigsten muss ich die Lampe halten.

Das ist eine wichtige Aufgabe. Schließlich kann Barry das, was er vorhat, nicht tun, wenn er nichts sieht.

Probleme gibt es dann, wenn ich noch mehr machen will. Oder so, wie ich es will. Oder wenn ich denke, ich wüsste es am besten und sei der bessere Elternteil und Ehepartner. Wenn ich meine, die Lampe zu halten und damit meinem Mann Hilfe und Ermutigung zu sein, sei nicht genug, dann provoziere ich damit jede Menge Unannehmlichkeiten für mich selbst und für meinen ganzen Haushalt.

Wenn ich das je in Frage stelle, dann muss ich nur die scheckige Decke in unserer Garage ansehen. Ich will hier keine Einzelheiten nennen. Nur einen Rat gebe ich Ihnen: Wenn Sie jemals auf dem Dachboden stehen und die Lampe halten sollen, während Ihr Mann eine elektrische Leitung legt, und er zu Ihnen sagt: »Bleib da auf dem Balken stehen«, dann tun Sie es!

Tun Sie es nicht, sondern klettern von Ihrem Balken herunter, weil Sie meinen, Sie wären ihm eine bessere Hilfe, wenn Sie sich auf das Abdeckblech stellen, und sagen auch noch, Sie wüssten besser, wie er es machen soll, dann kann es durchaus sein, dass Sie auf einmal ein Oberlicht haben, wo Sie es gar nicht haben wollten. Und Ihr Bein baumelt durch das Loch, das Sie gerissen haben – und Ihr Mann ist alles andere als begeistert. Und nicht nur das. Durch Ihr dummes Verhalten haben Sie Ihr Haus beschädigt. Und ich rede jetzt nicht nur vom Loch in der Decke.

In Sprüche 14,1 heißt es: »Die Weisheit der Frauen baut ihr Haus; aber ihre Torheit reißt's nieder mit eigenen Händen.« Wenn wir uns im Folgenden etwas näher ansehen wollen, was es mit dem »Hausbau« auf sich hat, vor allem im Hinblick auf die Ehe mit einem Ungläubigen, dann wollen wir zunächst mit der zweiten Hälfte des Verses beginnen, nämlich damit, wie wir als Frauen unser Haus mit eigenen Händen niederreißen. Danach wollen wir darüber sprechen, wie wir es bauen bzw. wieder aufbauen können.

Königin der Zerstörung

Ich habe meinen Beruf verfehlt. Was für ein Vermögen ich bei einer Abbruchfirma verdienen könnte! Einmal habe ich einen ganzen Topf voll mit rotem, heißem Wachs in den Abfluss geschüttet und dann kaltes Wasser darüber laufen lassen. (Das war, nachdem ich auf dem Herd ein Feuer entfacht hatte und beim Versuch, es zu löschen, die ganze Küche mit Stärkemehl und Backpulver eingestaubt hatte.) Danach waren die Waschmaschine und der Geschirrspüler verstopft und überschwemmten Waschküche und Küche. Ganz zu schweigen davon, dass natürlich auch alle Abflussrohre in der Küche verstopft waren. Als der Klempner fertig war, hatten wir die teuerste rote Kerze, die es je gegeben hatte.

Wie gesagt, im Abbruch bin ich prima. Das ist leicht und geht fast von selbst.

Zum Glück sind ein Loch im Dach oder verstopfte Rohre noch verhältnismäßig leicht zu reparieren. Und selbst im schlimmsten Fall – wenn ich aus Versehen mein ganzes Haus niederbrennen würde –, mit etwas Zement, Steinen und Holz könnte man es wieder aufbauen.

Bei einer Ehe ist das jedoch ein bisschen anders.

Vor einigen Jahren habe ich für eine lokale Zeitung einen Artikel über Evangelisation durch Dienen geschrieben. Es ging darum, dass Christen an ihrem Ort die Liebe Gottes auf ganz praktische Weise vorleben – ohne Hintergedanken. Ohne Traktate zu verteilen oder Predigten zu halten. Einfach dadurch, dass sie dienen.

Der Pastor, der das Projekt leitete, erzählte mir von einer Untersuchung, die eine andere Gemeinde durchgeführt hatte. Dort hatte man festgestellt, dass etwa sieben bis acht positive Berührungen mit dem Evangelium nötig sind, bevor ein Mensch bereit ist, sich dem Glauben zu öffnen. (Anmerkung: Es geht hier nicht um eine wissenschaftlich korrekte Aussage, sondern nur um ein Ergebnis, das auf Beobachtungen innerhalb o.g. Gemeindeprojektes basiert.)

Nehmen wir beispielsweise Ihren Mann – wir wollen ihn einmal Bob nennen – und sehen wir uns an, was diese Theorie für eine Ehe mit unterschiedlicher geistlicher Einstellung der Partner bedeutet. Stellen Sie sich vor, Sie ziehen eine gerade Linie und markieren in der Mitte die Null. Bob setzen wir auf –12.

Damit sein Herz sich öffnet und er bereit wird, Christus anzunehmen, muss er auf +8 sein. Nun wird er vielleicht im Betrieb während der Frühstückspause von einem gläubigen Kollegen angesprochen, der ihm ein Traktat in die Hand drückt und sagt: »Tu Buße – oder du gehst verloren.« Bob ist angewidert und rutscht runter auf –13.

In der nächsten Woche sieht er vielleicht, wie jemand an der

Kasse im Supermarkt Geld zurückgibt, weil die Kassiererin zu viel Geld herausgegeben hatte, und beobachtet dann, wie dieselbe Person in ein Auto mit frommem Aufkleber steigt. Bob zählt eins und eins zusammen, ist gerührt und rückt wieder etwas vor.

Nur leider weiß bei diesem ständigen Hin und Her von positiven und negativen Einflüssen niemand außer Gott, an welchem Punkt auf unserer Linie Bob sich im Moment befindet. Trotzdem hat Gott Sie als Bobs Frau und mich als Frau von Barry dazu berufen, einen positiven Einfluss auszuüben, zu ermutigen anstatt zu entmutigen, Hausbauer, nicht Zerstörer zu sein.

Wenn es darum geht, unser Haus abzureißen, dann neigen wir dazu, uns zum persönlichen Heiligen Geist für unseren Mann aufzuspielen. Das funktioniert so: Ich weiß genau, dass der Heilige Geist einen Menschen der Sünde überführt, dass er die Augen öffnet und ein kaltes Herz anrührt. Ich weiß das alles. Aber … mal ehrlich, er macht das für meine Begriffe nicht schnell genug. Deshalb denke ich, ich sollte ihm ein bisschen helfen.

Wenn Sie, liebe Leserin, mir auch nur ein kleines bisschen ähnlich sind, dann ist es für Sie genauso schwer wie für mich, gerade an diesem Punkt loszulassen. Da ist eine Veranstaltung, ein Seminar, ein Kurs, ein Konzert, und Sie wissen ganz genau, wenn Ihr Mann nur hingehen würde, dann würde er sich auf dem Heimweg vor Begeisterung gar nicht mehr beruhigen und Sie müssten ihm sofort erklären, wie er sein Leben Jesus übergeben kann.

Oder da ist der Typ in der Gemeinde, der so ein tolles Vorbild ist, und Sie wissen, wenn Ihr Mann sich bloß einmal zum Golfen mit ihm verabreden würde, er würde ihn schon beim dritten Loch zu Jesus führen. Also machen Sie Pläne und überlegen, wie Sie der Sache etwas nachhelfen können, und wenn dann all Ihre Pläne misslingen oder nach hinten losgehen – der fromme Typ schummelt oder der Redner leiert seinen Vortrag dermaßen herunter, dass sogar seine eigene Frau darüber einschläft –, dann sind Sie enttäuscht und verärgert. Auf Gott, auf sich selbst und auf Ihren Mann.

Ein Ziegel ist vom Dach gefallen. Wir reißen unser Haus mit unseren eigenen Händen nieder.

Eine andere Methode, dem Heiligen Geist ein wenig nachzuhelfen, besteht darin, dass wir das Gewissen unseres Mannes spielen. Wir jammern: »Du hast mir versprochen, du würdest bald mit mir in die Kirche gehen. Und das ist schon drei Monate her. Du willst vor deinen Kindern doch nicht als Lügner dastehen, oder?«

Das war die Hintertür.

Oder Sie werfen ihm einen missbilligenden Blick zu, wenn er etwas tut, was in Ihren Augen »weltlich« ist.

Das war die Haustür.

Und so geht Ihr Haus dahin, und auch Ihr Mann geht, weil er versucht, Ihnen zu entfliehen.

Ein Mann namens Rick berichtete mir: »Bei meiner Frau ist pausenlos christliches Programm. Wenn sie keine fromme Musik laufen lässt, hat sie ein christliches Fernsehprogramm eingeschaltet. Ständig liest sie mir was aus der Bibel vor und will mich zum Zuhören zwingen. Ich halte das nicht mehr aus! Selbst wenn ich früher vielleicht mal glauben und in die Kirche gehen wollte, dann habe ich jetzt die Nase voll davon. Wenn sie anfängt, gehe ich einfach raus und fange selbst an, mit Gott zu reden. Ich sage zu ihm: ›Wahrscheinlich muss sie alles erst mal für sich selbst verarbeiten. Aber ich wünschte, es ginge ein bisschen schneller.‹«

Später bekannte Ricks Frau: »Ich weiß, dass ich es manchmal etwas übertreibe. Aber wer sonst soll ihn denn zu Jesus führen? Ich bin der einzige Christ, den er kennt, und außerdem bin ich seine Frau. Und überhaupt, wenn es heißt, der Glaube kommt aus dem Hören, das Hören aber aus dem Wort Christi, ist es dann nicht meine Aufgabe, ihm das Wort zu bringen?«

Der Apostel Petrus hat diese Frage in seinem ersten Brief

beantwortet. Er sagt den Frauen: »Desgleichen sollt ihr Frauen euch euren Männern unterordnen, damit auch die, die nicht an das Wort glauben, *durch das Leben ihrer Frauen ohne Worte gewonnen werden, wenn sie sehen, wie ihr in Reinheit und Gottesfurcht lebt*« (1. Petrus 3,1-2).

Und Salomo warnt in seiner Weisheit: »Ein zänkisches Weib [ist] wie ein ständig triefendes Dach« (Sprüche 19,13). Wir müssen nur laut oder lange genug tropfen, dann wird uns unser Mann schon sagen, dass wir endlich versiegen sollen.

Letztlich ist doch nur das eine entscheidend: Vertrauen wir Gott oder nicht? Wenn wir seinem Wort glauben und an der Erkenntnis festhalten, dass es *sein* Heiliger Geist ist, der den Menschen seiner Sünde überführt und zum Vater zieht, dann können wir uns getrost von der Vorstellung lösen, wir müssten alles unter Kontrolle behalten. (Randbemerkung: Wir haben sowieso nichts unter Kontrolle.)

Paula erinnert sich noch daran, wie sie im Weihnachtsgottesdienst neben ihrem Mann saß und ständig darüber nachsann, ob der Pfarrer in seiner Predigt wirklich alles erwähnte, was ihrer Meinung nach nötig war, und ob ihr Mann auch aufmerksam zuhörte. »Ich saß mit der aufgeschlagenen Bibel in der Hand und verfolgte den Text mit dem Finger für den Fall, dass Alan hersah und mitlesen wollte«, berichtet sie.

Ihr krampfte sich der Magen zusammen, weil sie meinte, ihr Mann habe nicht alles »mitgekriegt«. Aber dann, so sagt sie, hörte sie die mahnenden Worte, die Jesus an Petrus richtete, als dieser sich über den Jünger Johannes aufregte. »Was geht *er* dich an?«, hatte Jesus gefragt. »Folge *du* mir nach!« (vgl. Johannes 21,22).

In dem Moment beschloss Paula, dass alle unsere jämmerlichen Versuche, im Leben unseres Mannes die Rolle des Heiligen Geistes zu übernehmen, geradezu lächerlich sind, wenn dieser Heilige Geist tatsächlich Gott und allmächtig ist – und das ist er. Im schlimmsten Fall bewirken sie das genaue Gegenteil von dem, was wir beabsichtigen, und wir machen unser Haus zu einem wahren Trümmerfeld. Um wie viel größer wäre unser Friede, wenn wir Gott einfach vertrauen würden, dass er durch den Glaubensbund, den er mit uns geschlossen hat, unseren Partner bereits geheiligt und auserwählt hat. Wir dürfen darauf vertrauen, dass er auch unseren Mann zu sich ziehen und überzeugen wird.

Eine andere, genauso zerstörerische Tendenz ist die, unseren ungläubigen oder dem Glauben fern stehenden Ehemann zu behandeln, als wäre er unser Gegner. Er macht sich über unseren Glauben lustig und redet abschätzig über unsere gläubigen Freunde. In der Kirche säßen sowieso nur Heuchler, sagt er. Und der fromme Radiosender ist zum Totlachen. Und so gehen wir in die Defensive. Wir ziehen uns ins Schlafzimmer zurück, um unsere frommen CDs zu hören, während er im Wohnzimmer vor dem Fernseher sitzt. Jeden Angriff nehmen wir persönlich. Wir blasen zum Rückzug, lassen den Kopf hängen und laufen nur auf Zehenspitzen herum, um ja keine der Tretminen auszulösen, die überall herumliegen.

Oder wir werden offensiv. *Sehr* offensiv. Auf alles, was er tut, reagieren wir mit Kopfschütteln und einem bedeutungsvollen »Ts, ts, ts«. Wir funkeln ihn an, wenn er flucht. Wir lassen ihn die Kinder nicht mehr ins Bett bringen, weil er ja etwas sagen könnte, was uns nicht passt. Wir ordnen alles ein in weltlich oder geistlich, fromm oder gottlos. Wir warten förmlich darauf, dass er etwas »Gottloses« tut, damit wir es ihm vorhalten können. »Aha!«, sagen wir. »Ich habe es ja gewusst!« Und machen einen weiteren Strich auf unserer Liste:

Aktueller Punktestand für gute und schlechte Taten: Ich: +3.654. Er: –6.298.

Egal, ob defensiv oder offensiv, wir haben den Sinn dafür verloren, dass wir mit unserem Mann eins sind – und geben *ihm* die Schuld. Er ist schließlich unser Gegner. (Noch eine Anmerkung: Was unsere Strichliste angeht, sagt Jesus, müssten wir

»siebzigmal siebenmal« vergeben, wenn unser Ehemann uns etwas Böses tut. Bei 490-mal pro Vergehen macht das bei obigem Punktestand 3.086.020-mal.)

Und nicht nur das, Gott hat uns Christen den Dienst der Versöhnung aufgetragen (2. Korinther 5,18), damit wir die, die fern von ihm sind, zu ihm führen. Wir sind Botschafter Christi, Missionare, Gesandte. Eine Missionarin liebt die Menschen, denen sie dienen will. Wenn sie mit Speeren nach ihr werfen oder in die Reifen von ihrem Jeep schießen, dann nimmt sie das nicht persönlich. Sie weiß, dass wir »nicht mit Fleisch und Blut zu kämpfen [haben], sondern mit Mächtigen … die in dieser Finsternis herrschen« (Epheser 6,12).

Dasselbe gilt für eine Ehe mit einem gläubigen und einem ungläubigen Partner. Sicher, es gibt persönliche Differenzen. Sicher, es gibt Verhaltensprobleme. Die Schlampigkeit unseres Mannes ist nicht unbedingt ein geistliches Problem. Aber auch wenn seine Worte und sein Handeln uns als Christ treffen wollen, wenn die Wortpfeile fliegen, ist er trotzdem nicht unser Feind. Unser wahrer Feind ist unsichtbar, und er benutzt unseren Mann nur als Schachfigur.

Wenn wir das Unsichtbare vergessen und der Schachfigur die Schuld geben, dann reißen wir unser Haus ein, Stein für Stein. Und wenn wir das tun, werden auch wir zur Spielfigur.

Bitten Sie Gott um seine Hilfe, damit Sie die Abbrucharbeiten einstellen können und er Ihnen neue Augen schenkt. Denn vermutlich ist Ihr Mann – Ausnahmen bestätigen die Regel – ein ganz normaler Mensch, der auf die Arbeit geht und sich abends, wenn er nach Hause kommt, auf ein leckeres Essen freut und glücklich ist über frische Handtücher und saubere Wäsche, eine Frau, die er in den Arm nehmen, und Kinder, mit denen er Ball spielen kann. Er will seine Familie versorgen und Sinn und Ziel in seinem Leben haben. Er ist kein schlechter Mensch. Er ist nicht Ihr Feind. Er ist der eine, den Gott Ihnen gegeben hat, um das Amt der Versöhnung auszuüben.

(Wieder-)Aufbau

Eine der wichtigsten Aufgaben der Frau ist es, Hilfe und Ergänzung zu sein. Als Adam Eva zum ersten Mal sah, sagte er: »Das ist doch Bein von meinem Bein und Fleisch von meinem Fleisch; man wird sie Männin nennen, weil sie vom Manne genommen ist« (1. Mose 2,23). Was für eine Aussage! *Meine Frau – ein Teil von mir.*

Barry drückt sich nicht ganz so poetisch aus, aber auch er sagt immer, dass wir beide eigentlich erst zusammen eine komplette Person abgeben. Was für eine geistliche Erkenntnis! Wo ihm etwas fehlt, mache ich es gut und umgekehrt. Wir werfen unsere Talente, Stärken und Schwächen in einen Topf und ergänzen uns. So ist es in jeder Ehe oder sollte es zumindest sein. Die Frau ist vom Mann genommen. Das heißt, ohne sie fehlt ihm ein Teil von sich selbst.

In einer idealen Verbindung suchen beide, Mann und Frau, die Ergänzung bei Gott und beschenken sich dann gegenseitig aus dieser Fülle. In einer Ehe, in der nur die Frau gläubig ist, braucht der ungläubige Mann viel mehr Ergänzung, weil er seine Erfüllung nicht bei Gott sucht.

Was für eine großartige Gelegenheit für die gläubige Frau! Ihre Rolle als Ergänzung birgt noch ein anderes Privileg – sie kann Gottes Erbarmen und seinen Segen mit ihrem Mann teilen. Wenn Sie so denken können – mein Mann braucht mich als Hilfe und Ergänzung –, dann ist es für Sie eine Freude, alles für ihn zu tun, was in Ihrer Macht steht. Und wie ich schon früher gesagt habe: Alles, was Sie für ihn tun, tun Sie letzten Endes für Jesus.

Eine der besten Methoden, Ihr Haus aufzubauen, besteht darin, Ihren Mann aufzubauen. Nicht durch platte Lobhudelei und Schmeicheleien, sondern indem Sie ihm echte Ermutigung sind. Ich habe einmal ein Experiment gemacht: Als Barry gerade im Vorgarten das Laub rechte, bin ich hinausgegangen, habe mir auch einen Rechen genommen und – ohne ein Wort zu sagen – angefangen, ihm zu helfen. Irgendwann habe ich, als sei es mir gerade eingefallen, ganz beiläufig gesagt: »Ich glaube nicht, dass ich das alles könnte, was du für die Familie machst.« Und dann habe ich aufgezählt, was er für die Mädchen und mich alles tut. Auf einmal stand er ein bisschen gerader und reckte den Kopf in die Höhe. Er machte ein paar schlaue, witzige Bemerkungen, wie unglaublich glücklich ich mich doch schätzen könnte, ihn zu haben. Aber ich wusste, dass ich ihm Mut gemacht hatte – und es war ganz einfach.

Jeder braucht Ermutigung, vor allem Ehemänner, die noch nicht gelernt haben, sich von Gott ermutigen zu lassen. Eine Frau ist in der einzigartigen Lage, dass sie ihren Mann besser kennt als irgendjemand sonst und darum auch weiß, was er braucht. Mancher braucht Ermutigung für seine Aufgabe als Ernährer: »Schatz, du arbeitest so schwer, damit wir durchkommen. Ich finde das ganz toll.« Ein anderer braucht dies für seine äußere Erscheinung: »Das neue Hemd steht dir aber wirklich gut.« Oder: »Du hast aber tolle Muskeln von der Gartenarbeit gekriegt!«

Die meisten Männer verstecken ihre Unsicherheit oft hinter einem großspurigen Auftreten. Wenn Sie herausfinden wollen, wo Ihr Mann besondere Ermutigung braucht, dann horchen Sie auf seine »Macho«-Sprüche, und setzen Sie dort an. Es könnte sein, dass dies seine Art Hilferuf ist.

Eine andere Methode, unser Haus zu bauen, besteht darin, dass wir auf unsere Erscheinung achten. In seinem Buch *His Needs, Her Needs* nennt Autor Willard Harley jr. fünf Grundbedürfnisse von Männern und Frauen.

Bei Frauen sind das:

1. Zärtlichkeit,
2. Gespräche,
3. Ehrlichkeit und Offenheit,
4. finanzielle Unterstützung,
5. Familiensinn.

Ein Mann braucht:

1. ein erfülltes Sexualleben,
2. Freizeitpartner,
3. eine attraktive Ehefrau,
4. Unterstützung bei der Hausarbeit,
5. Bewunderung.

Wenn man heute über Äußerlichkeiten spricht, dann gilt man schnell als altmodisch und rückschrittlich. Und überhaupt, ist es nicht die innere Schönheit, die zählt? Sicher. Aber wir müssen auch sehen: Männer sind visuell veranlagt und schätzen äußere Schönheit. Ein Mann wird gestärkt, wenn seine Frau gut aussieht. Er erwartet meist keine Vollkommenheit, aber er möchte sich wohl fühlen und auf seine Frau stolz sein können, wenn er sich mit ihr zeigt. Dazu gehört oft nicht mehr als saubere Kleidung und gekämmtes Haar. Es tut dem Mann gut, wenn er weiß, dass wir uns extra für ihn schön machen. Und wir sollten uns nichts vormachen. Es gibt genug andere Frauen, die bereit sind, einzuspringen und unseren Platz zu übernehmen. Unser Mann könnte uns bestimmt mindestens eine nennen, die ihm den Kopf verdreht und der es völlig egal ist, dass er schon verheiratet ist. Barry erzählt mir ständig, welche Angebote er erhält. Ich bin keine Schönheit, aber ich achte auf mein Äußeres, und ich weiß, dass ihm das gefällt.

Neugier wecken

Der beste Rat, den ich je von einem Pastor gehört habe, wie man dem ungläubigen Partner Mut machen kann, Jesus zu suchen, ist der: Lebe so, dass er mehr wissen will. Wenn er Interesse zeigt und anfängt, Fragen zu stellen, dann gib ihm eine ehrliche Antwort, aber halte keine Predigt. (Darauf kommen wir später noch.) Eine einfache Antwort ermuntert ihn weiterzufragen.

Daneben ist es wichtig, ihm Raum für eigene Nachforschungen zu lassen. (Und hinter den Kulissen wie verrückt zu beten.) Damit zeigen wir unserem Mann, dass wir ihm vertrauen und glauben, dass er schon ein großer Junge ist und kein Fläschchen mehr braucht.

Ich habe zwar noch nicht herausgefunden, woran es liegt, aber ich weiß, dass es normalerweise nicht die aktiven Bemühungen der eigenen Frau sind, die einen Mann zu Jesus führen, sondern die einer anderen Person. Alle Männer, mit denen ich geredet habe und die lange nach ihrer Frau zum Glauben kamen, haben jedoch bestätigt, dass die Art, wie ihre Frauen ihr Christsein lebten, sie mehr zum Glauben hingeführt hat als irgendetwas anderes. (Da haben wir wieder die Sache aus 1. Petrus 3!)

Keeth Staton, heute Pastor in Florida, hat sich früher als Atheist bezeichnet. Er sagt, er habe keine Gelegenheit versäumt, um sich über den Glauben seiner Frau lustig zu machen. Die Tatsache, dass sie ihm ihren Glauben nicht aufdrängte, habe ihn fast verrückt gemacht, ihn gleichzeitig aber auch veranlasst, selbst nachzuforschen. Jedes Mal, wenn sie in die Kirche ging, habe er sich daheim hingesetzt und in der Bibel gelesen.

Eine Bekannte von mir fand einmal im Auto ihres Mannes ein Gottesdienstprogramm – von einer rund sechzig Meilen entfernten Kirche. Später erwähnte er etwas aus der Predigt, die er dort gehört hatte. Sie sagt, in einem seltenen Anflug von Weisheit sei es ihr gelungen, sich zurückzuhalten und ihn nicht mit Fragen zu bombardieren. (Obwohl es ihr, wie sie gesteht, nicht gelang, ihre freudige Überraschung zu unterdrücken.)

»Ich weiß nicht mehr, was ich gesagt habe«, berichtet sie. »Aber ich weiß noch, dass ich so tat, als sei es etwas völlig Normales, eine so weit entfernte Kirche aufzusuchen. War es ja vielleicht auch.« Nur Gott weiß, was im Herzen eines Menschen vorgeht. Aber ist es nicht beruhigend, dass wir nicht das Zepter übernehmen und die Dinge dirigieren müssen, wenn er angefangen hat zu wirken?

Andererseits ist es wichtig, dass wir eine sichere Umgebung schaffen und unserem Mann genügend Freiraum lassen, wenn er die ersten Schritte auf Jesus zu macht. Er muss spüren, dass wir nicht hinter ihm her sind, um ihm auf die Sprünge helfen zu wollen. Denn das ist die beste und schnellste Methode, ihn in die andere Richtung zu jagen. Das können Sie mir glauben.

»Wenn der Herr nicht das Haus baut …«

»Wenn der Herr nicht das Haus baut«, schreibt der Psalmist, »so arbeiten umsonst, die daran bauen. Wenn der Herr nicht die Stadt behütet, so wacht der Wächter umsonst« (Psalm 127,1). Dieses Bild fällt mir normalerweise immer ein, wenn ich irgendeinen Schaden angerichtet, die Dinge selbst in die Hand genommen und versucht habe, den Prozess etwas zu beschleunigen oder in Barrys Leben selbst Gott zu spielen. Mein Ziel ist, daran zu denken, *bevor* ich an den Ziegeln zerre.

Es hilft mir, wenn ich mir ins Gedächtnis rufe, dass Gott der beste Architekt ist. Er hat mit einem einzigen Wort die Schöpfung ins Sein gerufen. Er ist derjenige, der auch mein Haus – meine Familie – plant und baut, vom Fundament aus nach oben.

Bauen braucht Zeit. Wenn ich helfen will, stehe ich meist nur im Weg, ich arbeite »umsonst«. Ich richte ein Durcheinander an und klopfe mir mit dem Hammer nur selbst auf die Finger. Der Herr baut das Haus. Das heißt jedoch nicht, dass ich nicht auch eine Rolle spiele. Er hat mir eine wichtige Aufgabe übertragen: Ich soll meinem Mann Ergänzung und Hilfe sein, soll ihm Mut machen, ihn stärken und für ihn zum Segen sein.

Die törichte Frau reißt das Haus mit ihren eigenen Händen nieder. Doch wenn sie Gott ihre Hände zur Verfügung stellt, dann kann sie ihm beim Bauen helfen, indem sie ihren Mann aufbaut. Nicht, weil sie meint, das würde ihn schneller zu Jesus bringen, sondern weil sie Gott damit Freude macht.

Zum Nachdenken

- Manchen Frauen gelingt es auf geradezu brutale Weise, das Haus ihres Mannes niederzureißen. Wir haben alle schon miterlebt, wie Paare sich in der Öffentlichkeit schlecht machen. Es gibt aber auch noch andere, subtilere Verhaltensweisen, die dem Mann schaden können. Nennen Sie einige. (Wenn Sie hier selbst an dem einen oder anderen Punkt schuldig geworden sind, denken Sie daran, dass es nie zu spät ist, mit Gottes Hilfe wieder von vorn zu beginnen.)
- Lesen Sie die folgenden Bibelstellen, in denen es um das »Aufbauen« geht:
  Sprüche 31,12
  Matthäus 7,1-5
  Galater 5,22-26
  Epheser 4,25–5,2
  Epheser 5,15-16
  Titus 2,4-5
- Überlegen Sie, wie Sie Ihren Mann aufbauen können. Bitten Sie Gott, Ihnen kreative Ideen, ein williges Herz und viele Gelegenheiten zu schenken, sein Wort in die Praxis umzusetzen.
- Bryan Chapell schreibt in *Each for the Other*: »Wenn eine Frau ihren Ehepartner bestätigt und unterstützt, wächst damit ihre Liebe zu ihm. Die Achtung, die sie ihrem Mann entgegenbringt, ist nicht nur Ausdruck ihrer Liebe, sondern lässt sie

gleichzeitig wachsen. Wo die Achtung abnimmt, nimmt die Liebe selbst ab.« Wir können allerdings nicht aus einem leeren Brunnen schöpfen. Was ist Ihre Quelle? (Lesen Sie Jesaja 40,28-31.)

- »Weiß mein Mann, dass ich seinen Ruf wahre, indem ich ihn nie vor anderen kritisiere? Weiß er, dass ich da bin, um seinen Fall abzufedern, wenn er einmal fallen sollte? Weiß er, dass er auch dann, wenn er auf der Arbeit Probleme hat, in ein sicheres Zuhause zurückkommen kann, in dem er geliebt und geschätzt wird?«

Aus: Susan Hunt, *By Design*

Kapitel 8

Ein enger Verbündeter

Sex ist für die meisten Frauen ein heikles Thema. Es berührt uns da, wo wir besonders empfindlich sind – im Kern unseres Wesens. Es berührt Seele und Geist. Einem Mann, so wurde mir gesagt, genügt es für eine sexuelle Beziehung, wenn seine Frau eine positive Ausstrahlung hat. (Ich habe das von einem Mann und nehme an, dass er es stellvertretend für alle seine Geschlechtsgenossen sagte, obwohl es vermutlich Ausnahmen gibt.)

Bei Frauen ist das anders. Ehe wir überhaupt eine positive Ausstrahlung haben können, müssen wir eine emotionale Bindung spüren. Wir müssen wissen, dass wir geliebt und geachtet werden, bevor wir körperlich reagieren können. Wir wollen schon *vorher* verstanden werden.

Wie Sie wohl wissen, ist das nicht so einfach, wenn zwischen Ihnen und Ihrem Mann, was den Glauben betrifft, wahre Welten liegen. Dann ist Sex keine einfache Sache mehr. Eine Frau formulierte es so: »Als ich Jesus mein Leben übergab, begann unser Sexualleben zu leiden. Ich weiß nicht, ob mein Mann mich bestrafen will. Ich weiß nicht einmal, was in ihm vorgeht, weil er nichts sagt. Aber wir schlafen nur noch selten miteinander, und an eine intime Beziehung ist nicht zu denken. Alles, was ich jetzt noch tue, ist, für ihn und unsere Ehe zu beten. Etwas anderes scheint mir kaum mehr möglich.«

Eine andere sagt: »Ich fühle mich innerlich zerrissen. Ich liebe meinen Mann wirklich, aber weil er oft so gegen meinen Glauben ist, stelle ich mich manchmal schlafend, wenn ich denke, dass er etwas von mir will – vor allem, wenn er mit Freunden einen trinken war und erst spät heimkommt. Ich hasse es, dass ich so bin … aber ich kann es nicht ändern.«

Verschiedene andere Frauen, mit denen ich geredet habe, empfinden beim Thema Sex nur Wut oder Schmerz. »Bei uns gibt es keinen Sex mehr«, sagt eine, »und mir ist das mehr als recht, weil ich meinen Mann nicht mehr liebe und nicht einfach etwas vortäuschen kann.«

Sie berichtet, dass ihr Mann den Sex als Druckmittel benutzt, wenn er mit in die Kirche kommen soll. (»Ich komme mit, wenn du mit mir schläfst.«) Oder er schiebt ihre Weigerung als Grund vor, warum er nicht mitkommt. Sie ist wütend, er ist wütend, und sie gibt seinem Unglauben die Schuld an ihren sexuellen (und anderen) Problemen.

Viele Frauen, mit denen ich bei der Recherche für dieses Buch sprach, empfanden Sex als abstoßend oder im besten Falle als »nicht schlecht«. Viele andere allerdings lächelten, wenn ich sie nach ihrer Meinung fragte. Doch bei allen folgte nach den ersten Sätzen meist ein »Aber«.

Eine Hausfrau und Mutter von zwei Kindern sagte: »Unser Sexualleben ist ganz gut, *aber* ich wünschte, ich könnte dabei mehr Nähe empfinden. Seit ich Christ bin, bestehen zwischen uns so viele Differenzen. Ich liebe meinen Mann von ganzem Herzen, aber manchmal wünschte ich mir, ich könnte ihn ändern, damit er so wird, wie ich mir das vorstelle. Ich habe sogar schon gebetet, während wir Sex hatten. Ich will nicht sagen, dass es mir nie Spaß macht oder dass ich es nur aus Pflichtgefühl tue. Das würde nicht stimmen. Aber seit ich Christ bin, fühle ich mich ihm einfach nicht mehr so nah wie früher.«

Ungestillte Bedürfnisse

Die Zeitschrift *Cosmopolitan* hat bei einer entsprechenden Umfrage herausgefunden, dass 70 Prozent der befragten Frauen ihr

Liebesleben als unbefriedigend oder nicht erfüllend empfinden. Wir könnten einwenden, der Prozentsatz sei deshalb so hoch, weil die Umfrage von einer säkularen Zeitschrift erhoben wurde und deshalb ein großer Teil der Antworten von Frauen stammt, die keine Christen sind.

In einer anderen Umfrage kam zutage, dass zweiundsechzigtausend von dreiundachtzigtausend Frauen, die sich als »religiös« bezeichneten, die sexuelle Beziehung zu ihrem Mann als »sehr befriedigend« bezeichneten. Viele gaben an, der Glaube würde zu ihrem allgemeinen Wohlbefinden beitragen, was ihnen wiederum ermöglichte, sich an ihrer Sexualität zu erfreuen.

Das mag stimmen. Dennoch gibt es viele gläubige Frauen, die mit ihrem Sexualleben nicht zufrieden sind – sogar solche, deren Männer im christlichen Dienst stehen, wie die christliche Ehetherapeutin Melissa McBurney berichtet. Viele, so sagt sie, sind beim Gedanken, mit ihrem Mann zu schlafen, angewidert.

Leider ist das Problem also weit verbreitet, und die Gründe dafür sind so verschieden wie die Frauen selbst. Eine oft gehörte Klage ist, dass sie sich »benutzt« vorkommen. Eine Frau denkt: »Mein Mann interessiert sich überhaupt nicht für mein Leben. Wenn es um den Glauben geht, ist er kühl und abwehrend. Aber sobald wir ins Bett gehen, stürzt er sich auf mich. Er hat überhaupt keine Ahnung, wie benutzt ich mir dabei vorkomme. Und wenn ich mich ihm verweigere, wird er verrückt und nennt mich frigide oder Schlimmeres.«

Er ist wütend. Wir sind wütend. Er denkt an seine »alte« Frau; die Frau, die wir waren, bevor Jesus in unser Leben kam und uns veränderte. Wir denken an einen »neuen« Mann; einen gläubigen Mann, und sind wütend, weil die Dinge nicht so sind, wie sie sein sollten. Und wir weisen die Annäherungsversuche unseres Mannes ab, weil uns die Alternative seelisch zu sehr bedrückt.

»Sex wird häufig als Waffe gewählt, um seinen Zorn auszudrücken, denn der sexuelle Akt macht in einer Weise verwundbar, die den ganzen Menschen betrifft«, schreibt Bob Moeller in seinem Buch *For Better, for Worse, for Keeps.* »Sex entblößt uns buchstäblich in allen Bereichen. Wenn wir nackt neben einem anderen Menschen liegen, dann lassen wir es zu, dass er uns sieht wie kein anderer. Wenn wir unseren Mann oder unsere Frau auf sexuellem Gebiet zurückweisen, sagen wir damit deutlicher als irgendwo sonst: ›Ich lehne dich ab.‹«

»Sex ist eher ein Thermometer als ein Thermostat. Er zeigt eher die emotionale Temperatur einer Beziehung an, als dass er sie ändert. Wenn wir wütend sind, dann fällt das Quecksilber dramatisch. (Ist die Verwendung des Wortes ›gefühlskalt‹ Zufall?)«

Moeller meint weiter: »Wenn Mann oder Frau sich einander sexuell entziehen, dann sagen sie oft: ›Ich fühle mich mit dir nicht verbunden. Ich will diesen Akt nicht einfach nur so vollziehen. Wir stehen uns nicht nahe. Es wäre eine Lüge.‹«

Larry Crabb betont in seinem Buch *In guten wie in schlechten Tagen*, dass für einen Christen die Grundbedürfnisse nach Liebe und Sicherheit in einer Beziehung zwischen Mann und Frau von Jesus gestillt werden. Wenn die Ehepartner ihre Erfüllung nicht in Christus suchen, sondern vielmehr beieinander, dann kommt es zu Problemen. Vor allem auf dem Gebiet der Sexualität können diese Probleme zu Wut, Verletzungen und Bitterkeit führen, die dann eine sexuelle Erregung verhindern. Es ist schwierig, auf den Partner ärgerlich zu sein und zugleich Sinnlichkeit aufkommen zu lassen, sagt Crabb.

Und weiter: »Man kann mit Fug und Recht behaupten, dass zwischenmenschliche Probleme, die lustvollen Sex verhindern, in der Regel auf egoistische Zielsetzungen zurückgeführt werden können. Kommunikationsprobleme, zu wenig Zeit füreinander und ein fehlender offener Austausch sind alles Ergebnisse selbstsüchtiger Zielsetzungen.«

Der Apostel Paulus mahnt Ehepartner, dass ihre Körper nicht ihnen selbst gehören, sondern füreinander geschaffen wurden, und dass keiner sich sexuell vom anderen zurückhalten sollte, es sei denn, wenn beide es wollen, damit sie zum Beten Ruhe haben (1. Korinther 7,1-6). Doch das zu wissen ist eine Sache, und es auch umzusetzen eine andere.

Im Idealfall sieht dieses Einander-Gehören so aus, dass man sich dem anderen bereitwillig und selbstlos schenkt. Ich vermute allerdings, dass dies selbst in den besten, frömmsten Ehen nicht immer der Fall ist, weil wir im Prinzip alle eigensüchtige und fehlerhafte Menschen sind.

Befriedigender Sex beginnt mit einem erneuerten Geist

Als wäre das Leben in einer Ehe mit einem ungläubigen Partner nicht schon Herausforderung genug, bringt eine Frau, wenn sie sich im Erwachsenenalter für Jesus entscheidet, häufig auch noch die sexuellen Verletzungen früherer Jahre mit sich, ob als Folge eigener Fehler oder verursacht durch sexuellen Missbrauch. Auf jeden Fall hat sie dann keine Freude am Sex.

Was aber nun wichtiger ist als ein Handbuch zur Ehe, ein neues Nachthemd oder ein neues Schlafzimmer, ist, dass wir lernen umzudenken. Es gibt viele Frauen, die ihr Gewissen jahrelang betäubt und ein recht aktives voreheliches Sexualleben gepflegt haben. Und dann werden sie auf einmal mit Gottes Wahrheit und seinem heiligen Plan konfrontiert und erfahren, warum er den Sex für die Ehe gedacht hat.

Doch jetzt, wo sie verheiratet sind und den Sex als Geschenk eines liebenden Vaters annehmen sollten, können sie die falschen Schuldgefühle, die sie bei Gedanken an die Vergangenheit quälen, nicht abschütteln. Sie denken in die falsche Richtung. »Es war falsch, was ich als Ledige getrieben habe. Aber jetzt, wo alles stimmt, fühle ich mich schuldig. Ich spüre die Folgen meiner Sünde und komme mir schmutzig vor. Ich wünschte, ich könnte noch mal neu anfangen! Ach, wenn ich noch mal Jungfrau wäre und alles richtig machen könnte!«

Wenn Sie sich in diesen Gedanken wiedererkennen, wenn Sie sich wegen falscher Schuldgefühle nicht am Sex mit Ihrem Mann freuen können, dann rufen Sie sich immer wieder ins Gedächtnis, dass Sie in Christus eine neue Kreatur sind (2. Korinther 5,17), dass es für Sie keine Verdammnis gibt (Römer 8,1) und Ihr Ehebett jetzt unbefleckt ist (Hebräer 13,4).

Es kann aber auch sein, dass Sie falsche Vorstellungen vom Sex haben, obwohl Sie überzeugt davon sind, dass Jesus Ihnen vergeben hat. Vielleicht meinen Sie, Sex sei Sünde, sei schmutzig. Tierisch. Lästig. Zu heilig, um sich mit einem ungläubigen Ehemann darauf einzulassen. Nichts weiter als ein Zeitvertreib. Ein Druckmittel oder eine Belohnung für »gutes« Verhalten Ihres Mannes.

Egal, was Ihr Problem ist und was Sie davon abhält, sich frei auszudrücken, die Lösung beginnt immer im Kopf und in unserem Denken. Was sagt Gott über die Sexualität?

Versuchen Sie es einmal selbst herauszufinden, mit Hilfe von Bibelstellen wie Sprüche 5,18-19, 1. Korinther 7, Hebräer 13,4 und dem Hohenlied der Liebe (1. Korinther 13). Ich möchte Sie nur darauf hinweisen: Gott ist für die Sexualität in der Ehe. Schließlich hat er uns schon auf der ersten Seite seines Buches befohlen, dass wir uns »mehren« sollen (1. Mose 1,28). Aus der sexuellen Vereinigung entsteht »Leben«. Kein Wunder, dass der Feind dieses Geschenk, das Gott dem Ehepaar macht, verderben oder kaputtmachen will.

Gott ist auch für Sie und möchte Sie von Ihren falschen Vorstellungen über eines seiner schönsten Geschenke frei machen. Wenn Sie sich »durch Erneuerung [Ihres] Sinnes« ändern, dann werden Sie erkennen, was Gottes Wille für Sie ist, »nämlich das Gute und Wohlgefällige und Vollkommene« (Römer 12,2), selbst im Hinblick auf Sex. (Wer in der Vergangenheit missbraucht worden ist und deshalb unter schweren sexuellen Störungen leidet, sollte jedoch die Hilfe eines christlichen Therapeuten in Anspruch nehmen. Dennoch dürfen Sie Mut schöpfen. Keine Sünde und kein Trauma ist so groß, dass Gott es nicht vergeben könnte. Kein Geist ist so zerschlagen, dass Gott ihn nicht erneuern könnte.)

Wenn Sex das Letzte ist, was wir uns wünschen, weil wir wütend oder verbittert sind, dann besteht einer der ersten Schritte zur Erneuerung unseres Denkens darin, dass wir unsere Zielsetzung ändern. Crabb schreibt:

»Geben Sie es auf, Ihren Partner zur Befriedigung Ihrer Bedürfnisse manipulieren zu wollen, und versuchen Sie vielmehr, seinen Bedürfnissen zu dienen, dann weichen diese hemmenden Gefühle langsam einem Empfinden der Verbundenheit und Wärme. Warum?

1. Das Ziel, dienen zu wollen, kann der Partner nicht blockieren. Darum gibt es keinen Anlass, Groll gegen ihn zu hegen.
2. Es hängt einzig und allein von Ihrer eigenen Bereitschaft ab, ob Sie das Ziel, zu dienen, erreichen.
3. Das Ziel, den Partner mit der Liebe Christi zu lieben, ist sicher zumindest in Ansätzen erreichbar.«

Eine der Frauen, die ich danach fragte, welche Rolle der Sex in ihrer Ehe mit einem ungläubigen Partner spielt, sagte: »Ich habe zwar das Gefühl, dass eine bestimmte Dimension in unserer sexuellen Beziehung fehlt, aber sie ist trotzdem befriedigend. Mir fehlt die geistliche Vertrautheit, aber die habe ich ja mit Jesus.

Wenn mein Mann merkt, dass ich Freude am Sex haben kann, obwohl wir unterschiedlicher Meinung sind, hilft ihm das. Ich habe ihm gegenüber keine Vorbehalte, und ich glaube, dass er durch mich Gott gegenüber offener ist, wenn ich auf ihn eingehe.«

Eine andere Frau sagte, für sie sei Sex mit ihrem Mann ein »Dienst im Schlafzimmer«. Sie betet oft, wenn sie miteinander schlafen, dass Gott sie gebraucht, um ihrem Mann durch sie seine Liebe zu zeigen. So bringt sie sich selbst, ihren Mann und sie beide als Paar Gott nahe. Sie sagt, es bewahrt sie auch davor, ihre verschiedenen Auffassungen vom Glauben als etwas Trennendes zu empfinden. Nach Larry Crabb fühlt sich eine Frau, wenn sie so denken kann, gebraucht und nicht benutzt.

Und Gott sagt: »Es ist gut.«

Was Sex für den Mann bedeutet

Im vorigen Kapitel habe ich Willard F. Harley jr. und seine Liste der fünf Grundbedürfnisse von Mann und Frau in der Ehe erwähnt. An der Spitze der männlichen Liste steht ein erfülltes Sexualleben. Das heißt, wenn ich als Frau die Bedürfnisse meines Mannes stillen und dabei Gott die Ehre geben möchte, muss ich wissen, wie wichtig der Sex für meinen Mann ist.

Norman Wright erklärt in *What Men Want*, dass Sex für den Mann zwar wichtig ist, er aber mehr davon erwartet als nur sexuelle Erfüllung. Die meisten Männer möchten eine umfassende, innige Beziehung. »Männer sehnen sich nach Nähe, auch wenn sie Gefühle und Gespräche häufig durch Sex ersetzen«, schreibt Wright.

Die meisten Männer, die seelische und sexuelle Bedürfnisse miteinander verwechseln und meinen, Sex sei schon Nähe, reagieren frustriert und verärgert, wenn sie kein sexuelles Ventil haben. »Sex«, so Wright, »ist für sie meist die einzige Möglichkeit, Nähe zu schaffen.«

Das ist für Frauen, die sich an erster Stelle Zärtlichkeit wünschen, im Grunde eine gute Nachricht. Die sexuellen Annäherungsversuche des Mannes sind, selbst wenn sie eine physiologische Ursache haben, für ihn der einzige Weg, eine seelische Verbindung zu seiner Frau herzustellen. Ich weiß nicht, wie es bei Ihnen aussieht, aber je besser ich lerne, wie die Männer ticken, umso lieber wird mir mein Mann. Er ist nicht jemand, den ich abwehren oder dem ich nachgeben muss, sondern einer, der meine Umarmung braucht.

Sex befriedigt nicht nur die körperlichen und seelischen Bedürfnisse des Mannes, schreiben Tim und Beverly LaHaye in *The Act of Marriage*, sondern ist für ihn die Bestätigung seines Mannseins. Sex macht den Mann in seinen Augen erst zum Mann. Er gibt ihm Selbstvertrauen. »Echte Liebe wächst, wenn sie geben kann«, schreiben sie. »Deshalb bereitet es dem Mann große Freude, wenn seine Frau sich an seiner körperlichen Liebe freuen kann.«

Melissa McBurney meint, Frauen, denen es schwer fällt, sexuell zu reagieren, sollten einmal daran denken, wann sie den (sexuellen) Kontakt mit ihrem Mann als schön empfunden haben. »Sagen Sie ihm, was für ein toller Liebhaber er ist, und Sie werden staunen, wie sich sein Verhalten ändert«, schreibt die Ehetherapeutin aus Colorado. »Der Mann, der als Gottes Ebenbild geschaffen wurde, hat es gern, wenn man ihn lobt, ja, er braucht es sogar.« Und sie warnt davor, ihm das, was er so sehr braucht, womöglich aus Wut vorzuenthalten.

Gemäß den LaHayes wird die Liebe des Mannes zu seiner Frau durch Sex stärker. »Der Mann wurde von Gott mit einem starken Sexualtrieb und einem Gewissen ausgestattet. Wenn er die Gelegenheit erhält, seinen Trieb auf eine Weise auszuleben, die ihn befriedigt, ohne sein Gewissen zu belasten, wächst seine Liebe zu der Person, die ihm das möglich macht.«

»Und das kann nur seine Ehefrau sein«, fügen sie hinzu. »Weil die Sexualität ein so wichtiger Teil im Leben des Mannes ist und die Liebe innerhalb der Ehe sein Gewissen rein hält, wird die Frau, die ihm diese Liebe bietet, immer mehr auch zum Gegenstand seiner Liebe werden.«

Sicher gibt es Männer (und Frauen), die ihr Herz verhärten und nicht auf die Stimme ihres Gewissens hören. Andere aber wollen wirklich gern das tun, was für ihre Frauen und Familien das Beste ist. Eine Frau, die ihre Familie gern zusammenhalten möchte, tut sich darum selbst einen Gefallen, wenn sie, was Sex betrifft, positiv auf ihren Mann reagiert.

»Der sexuell zufriedene Mann ist normalerweise auch sonst zufrieden«, schreiben die LaHayes. Zwar sind damit nicht alle großen Probleme gelöst, aber manche kleineren Ärgernisse können so aus dem Weg geschafft werden.

Und vielleicht lernen beide Partner wieder lächeln.

Mein Geliebter und mein Freund

Nummer zwei auf Willard Harleys Liste sind für den Mann die Freizeitpartner. Leute, mit denen er etwas unternimmt. Frauen sitzen gern zusammen und reden, trinken Kaffee oder gehen spazieren. Männer unternehmen etwas. Sie gehen angeln oder jagen, werkeln gerne, spielen Basketball oder sehen sich ein Fußballspiel an. Sie sitzen beieinander, manchmal ohne ein Wort miteinander zu wechseln, doch solange dabei irgendeine Aktivität läuft, fördert das die Freundschaft.

Im Idealfall sollten Mann und Frau einander die besten Freunde sein. Vielleicht sind Ihr Mann und Sie auch noch immer Freunde. Vielleicht aber waren Sie es nie. Oder Sie waren es, ehe Jesus in Ihr Leben kam, jetzt aber gehen Sie getrennte Wege und pflegen Freundschaften außerhalb Ihrer Ehe.

Kann sein, dass Sie jetzt denken: *Was will sie denn noch? Erst sagt sie, ich soll mit ihm schlafen. Nun sagt sie, ich soll auch noch seine beste Freundin sein. Was soll ich denn noch machen?*

In Christus gibt es keine Grenzen. Die Antwort lautet also: Ja, Sie sollen auch noch seine beste Freundin sein. Betrachten Sie es doch einmal so: Je mehr Sie die Freundschaft mit Ihrem Mann pflegen und je mehr Schönes Sie gemeinsam erleben, desto näher kommen Sie sich. (Habe ich da ein spöttisches »Ach, nee?« gehört?) Je näher Sie sich kommen, desto entspannter sind Sie in der Gegenwart des anderen. Wenn Sie entspannt sind und sich an der Nähe des anderen freuen, empfinden Sie einander nicht mehr als Bedrohung. Er kommt sich nicht mehr vor wie das Opfer Ihrer Bekehrungsversuche, und für Sie ist er nicht mehr der Feind Nr. 1. Sie sind ganz einfach verheiratete Freunde, die etwas miteinander unternehmen.

Spaß ist wichtig für jede Ehe, vor allem aber für die mit einem Ungläubigen. »Wenn wir das missachten und uns nicht regelmäßig Zeit füreinander nehmen, in der wir uns an der Gesellschaft des anderen freuen können, bringen wir nicht nur die Beziehung in Gefahr, sondern machen es dem ungläubigen Partner auch schwerer, zum Glauben zu finden«, sagt Michael Fanstone in *Unbelieving Husbands and the Wives Who Love Them.* »Ein Mann, der Jesus noch nicht nachfolgt, wird dem Glauben seiner Frau offener gegenüberstehen, wenn die Beziehung frisch und lebendig ist.«

Wenn der Gedanke, Freundschaft mit Ihrem Mann zu pflegen, Ihnen im Moment unmöglich erscheint, dann muss das nicht unbedingt schlecht sein. Denn Gott hat damit nur noch größere Möglichkeiten, an Ihrer Beziehung zu arbeiten. Wenn Sie sich jedoch die Dinge, die ich in den vorhergehenden Kapiteln geschrieben habe, bereits zu Herzen genommen haben, und bereit sind umzudenken, dann sind Sie bestimmt auch offen für diese Gedanken.

Womit sollen Sie anfangen? Wie immer, mit einem Gebet. Bitten Sie Gott, Ihnen eine innige Freundschaft mit Ihrem Mann zu schenken. Und dann nehmen Sie sich Zeit. Sie wollen ihn ja nicht abschrecken oder ihm Grund zur Vermutung geben, dass dies nur so ein neuer Trick ist, um ihm die Sache mit Jesus überzustülpen. Ihr Ziel ist es, eins mit ihm zu sein und alles für den Herrn zu tun.

Als Nächstes bitten Sie Gott um seine Hilfe. Lassen Sie sich von ihm zeigen, was Sie gemeinsam unternehmen und woran Sie beide Freude haben können. Um Ihnen etwas auf die Sprünge zu helfen, hier ein paar Anregungen:

1. Wandern Sie zusammen.
2. Legen Sie einen Garten an.
3. Machen Sie einen Ausflug.
4. Besuchen Sie ein Museum.
5. Planen Sie eine Reise (und wenn es auch nur in der Fantasie ist).
6. Träumen Sie zusammen.
7. Leisten Sie zusammen einen sozialen Einsatz.
8. Pflegen Sie ein gemeinsames Hobby.
9. Erkunden Sie einen Flohmarkt.
10. Restaurieren Sie gemeinsam ein Möbelstück.
11. Spielen Sie Scrabble.
12. Besuchen Sie einen Freizeitpark.
13. Gehen Sie Inline-Skaten.
14. Fahren Sie Fahrrad.
15. Machen Sie ein Lagerfeuer.
16. Gehen Sie schwimmen in einem entlegenen See.
17. Gehen Sie fischen.
18. Kochen Sie zusammen.
19. Machen Sie eine Busfahrt.
20. Besuchen Sie zusammen einen Fitnesskurs.
21. Legen Sie sich auf eine Wiese und betrachten Sie den Nachthimmel.
22. Lernen Sie eine Fremdsprache (auch wenn Ihnen das recht schwer fallen sollte).
23. Machen Sie Fotos.
24. Spielen Sie Frisbee.
25. Spielen Sie ein Ballspiel.
26. Gehen Sie reiten.
27. Fahren Sie Kanu.
28. Sammeln Sie Beeren.
29. Besuchen Sie ein Fußballspiel.
30. Gehen Sie gemeinsam Sushi essen (oder mexikanisch oder was Sie noch nicht kennen).

Ich kann Ihnen nicht versprechen, dass Ihr Leben leicht wird, wenn Sie die Freundschaft mit Ihrem Mann pflegen, aber es wird leichter. Ich kann Ihnen auch keinen todsicheren Plan aufzeigen, der Sie mit fünf einfachen Schritten zu einem erfüllten Sexualleben führt. Ich kann Ihnen aber versprechen, dass Gott für Sie ist und dass er Ihnen alles geben wird, was Sie brauchen, um seine Liebe und Gnade an den Menschen weiterzugeben, den er Ihnen anvertraut hat.

Ich bete darum, dass Gott Sie mit seiner Freude erfüllt, wenn Sie versuchen, zu seiner Ehre zu leben, und dass Sie erfahren, dass Sie Dinge tun können, die Sie bislang für unmöglich gehalten haben.

Denn bei Gott ist schließlich nichts, aber auch *gar nichts*, unmöglich.

Sie werden sehen.

Zum Nachdenken

- Was halten Sie von dieser Aussage von Kathy Peel: »Gebet und Sex werden nur selten in einem Atemzug genannt. Das sollten sie aber!« Welchen Einfluss könnte das Gebet auf die sexuelle Beziehung einer Frau mit einem ungläubigen Mann haben?

- Lesen Sie nach, was Gott über die Ehe und den Sex sagt:

  1. Mose 1,28

  1. Mose 2,24-25

  1. Mose 24,67; 2. Samuel 12,24

  5. Mose 24,5

  1. Korinther 7,3-5

  1. Korinther 13, das Hohelied der Liebe (am besten in einer modernen Übersetzung oder Übertragung)

- Setzen Sie das Gelesene um. (Das ist der schöne Teil!) Aber überlegen Sie zuerst, was Gott zur Sexualität meint. Inwieweit stimmen Ihre Ansichten mit Gottes Wort überein? Wenn Sie auf diesem Gebiet Probleme haben, vielleicht falsche Vorstellungen oder Schuldgefühle, überlegen Sie, ob Sie unter Umständen eine Therapie machen sollten. Aber sprechen Sie zuerst mit Gott – und mit Ihrem Mann.

- Überlegen Sie, wie die sexuelle Beziehung zu Ihrem Mann zu einem »schönen Dienst im Schlafzimmer« werden kann, wie manche Frauen es nennen. Wenn dieser Bereich für Sie alles andere als befriedigend war oder ist, beten Sie und bitten Sie Gott darum, dass er Ihnen ein Herz für diesen »schönen Dienst« schenkt und Sie fähig macht, Vergnügen zu empfinden und zu schenken.

- »Sex ist für die Ehe viel zu wichtig, als dass man ihn einfach als ein Symptom betrachten kann, das sich schon von allein regelt, wenn alle anderen Probleme gelöst sind. Das stimmt nicht. Sex ist ein wichtiger Baustein und ein tragender Bestandteil für eine dauerhafte, glückliche Ehe. Eine gute sexuelle Beziehung kann eine Ehe auch dann zusammenhalten, wenn viele andere Dinge ins Wanken geraten.«

Aus: LeeAnn Smucker Rawlins, *Loving for Life*

Kapitel 9

Ich und meine große Klappe

Sein Name war George, und er hatte eine große Klappe. Egal, was man ihm sagte, er plapperte es nach. Er gehörte meiner Mutter und saß in einem schwarzen Gitterkäfig in der Nähe der Küche. Für einen Papagei war er wohl ziemlich normal. Ich bin kein besonderer Freund von Papageien, aber nachdem mir aufgegangen war, was für ein Potential da in ihm schlummerte, änderte sich das.

Als wir von Maine nach Kalifornien zogen, wohnten wir zunächst bei meinen Eltern, bis wir etwas Eigenes gefunden hatten. Ich war erst seit ein oder zwei Jahren Christ und hatte noch nicht begriffen, dass Gott nicht auf meine Hilfe angewiesen ist, um die Welt, und insbesondere Barrys Glaubensleben, zu regieren.

Mein Zusammentreffen mit George erschien mir darum als ein außerordentlicher Glücksfall. Barry hatte mir unmissverständlich klargemacht, dass er mein frommes Geschwätz und die ununterbrochenen Predigten nicht mehr hören wollte, und ich hatte beschlossen, meinen Mund zu halten. Schließlich wird den Frauen in 1. Petrus 3,1 ja auch empfohlen, still zu sein.

Von Papageien, die sprechen, steht dort nichts.

Also versuchte ich es damit. Sobald meine Eltern und Barry am Morgen das Haus verlassen hatten, setzte ich mich zu George und sagte: »Jesus liebt dich!« »Komm zu Jesus!« »Kehr um und lass dich taufen!«

Es funktionierte nicht. Alles, was George von sich gab, waren Papageiensprüche: »Schöner Vogel«, oder: »Hallo, George.« Dank meinem jüngsten Bruder kannte er auch noch ein paar gepfefferte Sätze. Aber auf meine evangelistischen Bemühungen wollte er sich nicht einlassen.

Zu dumm, denn ich hatte mir alles so wunderbar zurechtgelegt. Sobald George einen geistlich tiefgründigen Satz ausstoßen würde, wollte ich Überraschung heucheln und rufen: »Hört nur, selbst die Tiere loben Gott!« Barry wäre bis ins Mark erschüttert, dass selbst ein so dummer Vogel wie George gescheit genug war, Gott zu preisen. Ich würde voller Freude einwerfen: »Siehst du, ich hab's dir ja gesagt«, und von da an würden wir herrlich und in Freuden leben.

Aber da kam nichts, nicht einmal ein heiliges Krächzen. Es war, als würde Gott dem Vogel absichtlich den Schnabel zuhalten, und ich war maßlos frustriert. Wie sollte Barry denn das Evangelium hören, wenn er auf mich nicht hören wollte und auf George nicht hören konnte?

Es blieb mir lange ein Geheimnis. »Aber Herr«, argumentierte ich. »Wer sonst außer mir weiß denn, wodurch er sich angesprochen fühlt? Wer weiß am besten, welche Bibelverse er hören muss? Wer kennt seine Sünden und Fehler besser als ich? Wer wäre denn besser geeignet als ich, um ihn darauf hinzuweisen?«

Denn in Wahrheit ist es doch so, dass ich, neben Gott natürlich, diejenige bin, die meinen Mann am besten kennt. Doch aus irgendeinem Grund sagt und lehrt und befiehlt Gott den Frauen, ihren Glauben vor ihren Männern möglichst still auszuleben. Das heißt, ohne zu predigen oder zu belehren. Keine geistlichen Monologe, keine Versuche, irgendwelche Vögel zum Reden zu bringen.

Und auch ohne die Kinder zu beschwatzen. Natürlich kann es vorkommen, dass ein Kind von sich aus fragt: »Papa, warum kommst du nicht mit in die Kirche?« Aber wenn wir unser Kleinkind dazu anstiften, dann ist das Manipulation und wird im besten Fall wirkungslos bleiben. Es kann sich aber auch furchtbar an uns rächen.

Petrus' Mahnung an die gläubigen Ehefrauen

Wahrscheinlich kennen Sie den folgenden Bibelabschnitt auswendig. (Und wenn nicht, sollten Sie ihn vielleicht lernen.) In 1. Petrus 3,1-4 mahnt Gott die verheirateten Frauen:

> »Desgleichen sollt ihr Frauen euch euren Männern unterordnen, damit auch die, die nicht an das Wort glauben, durch das Leben ihrer Frauen *ohne Worte gewonnen werden*, wenn sie sehen, wie ihr in Reinheit und Gottesfurcht lebt. Euer Schmuck soll nicht äußerlich sein ..., sondern der verborgene Mensch des Herzens im unvergänglichen Schmuck des sanften und stillen Geistes, *das ist köstlich vor Gott.*«

Wenn da steht »ohne Worte gewonnen werden«, dann bedeutet das tatsächlich wörtlich »ohne Worte«, also »wortlos«. Ohne Geschwätz. Das heißt nicht, dass es nicht auch Zeiten gibt, in denen wir reden müssen. Petrus schreibt auch, dass die Gläubigen »allezeit bereit [sein sollten] zur Verantwortung vor jedermann, der von euch Rechenschaft fordert über die Hoffnung, die in euch ist« (1. Petrus 3,15). Und mahnt: »Und das mit Sanftmut und Gottesfurcht.« Aber das bedeutet, dass wir einfache Antworten geben und keine weitschweifigen Vorträge halten sollen.

Wir Frauen reden gern und müssen die Dinge von allen Seiten beleuchten. Und wir meinen, die Männer wären genauso. Aber das sind sie nicht. Männer machen im Allgemeinen nicht gern viele Worte. Und wenn sie ans Limit gekommen sind, schalten sie ab. Ich hatte mit Barry schon manche tolle Diskussion über Glaubensfragen, aber nur selten, weil ich davon angefangen hatte. In solchen Fällen kommt es meist zu Streit und Frust auf beiden Seiten.

Mir ist jedoch aufgefallen, dass er viel aufgeschlossener ist für Gespräche über den Glauben, seit ich mich darin übe, meine Lippen verschlossen zu halten und ihm meinerseits keine geistlichen Themen aufzwinge. Mir gefällt der Gedanke, dass mein verändertes Verhalten diese positive Wandlung bei Barry bewirkt hat. Es gibt ja den Spruch, dass unser Tun lauter redet als unsere Worte. Unser Tun und unser Leben sollen also sanft und still sein.

Das ist köstlich vor Gott.

»Pssst!«

Damit es keine Missverständnisse gibt, möchte ich noch kurz erklären, was ein sanfter, stiller Geist ist – vor allem im Hinblick auf die Ehe mit einem ungläubigen Partner.

Der Geist ist zunächst einmal das eigentliche Wesen des Menschen, das, was er wirklich ist. Mein Geist, das sind meine Gedanken und meine Persönlichkeit, das, was mich ausmacht. Der Teil, der die Verbindung zu Gott und den Menschen herstellt.

Ein sanfter Geist ist dann ein geläuterter Geist. Er ist nicht rau oder grob, sondern höflich und großzügig, nett und liebenswürdig. Er ist ruhig und beruhigend, sanft und zart. Es ist eine wahre Freude, von einer Frau mit einem sanften Geist umgeben zu sein. Sie ist wie ein frischer Hauch an einem warmen Tag, ein kühles Glas Limonade, ein sanfter Kuss. Eine Mutter, die ihr Kind wiegt.

Eine Frau mit einem sanften Geist ist kein Schwächling, kein Fußabtreter. Aber sie ist auch nicht süßlich oder langweilig. Sie kann und sollte lustig sein – und trotzdem sanft.

Der Apostel Paulus schrieb aus der Gefängniszelle: »Eure Güte lasst kund sein allen Menschen« (Philipper 4,5). Und er fügte an: »Der Herr ist nahe!« Deshalb brauchen wir uns keine Sorgen zu machen und keine Angst zu haben. Sag Gott einfach, was dich quält; bete um alles, was du brauchst; und ein unglaublicher Friede, wie er nur aus der Hand eines liebenden, allmächtigen Vaters kommen kann, wird dein Herz und deinen Sinn bewahren und dich ruhig machen. Deine Lebensumstände mögen ein einziges Chaos sein, aber dir, meine Freundin, wird es gut gehen.

Und nicht nur das, sondern der Vater wird dir auch einen sanften Geist geben, damit du auf die Menschen um dich herum einen beruhigenden Einfluss haben kannst (Philipper 4,6-7; in meinen eigenen Worten).

Mit dem stillen Geist ist es ähnlich. Während es beim Sanftsein darum geht, etwas zu tun, bezieht sich das Stillesein mehr auf den inneren Zustand. Ein stiller Geist ist einer, der nicht in Unruhe ist, der sich nicht leicht aufregen lässt oder grämt. Eine Frau mit einem stillen Geist muss nicht prahlen oder aufdringlich sein, um ihre Unsicherheit zu verbergen. Sie bleibt gelassen, vertrauensvoll, still, ausgeglichen. »Der Gerechtigkeit Frucht wird Friede sein«, sagt der Prophet Jesaja. »Und der Ertrag der Gerechtigkeit wird ewige Stille und Sicherheit sein« (Jesaja 32,17).

Ich sage immer, es ist leicht, über die Ehe zu sprechen, wenn man nicht verheiratet ist. Als Single stellt man sich vor, wie man in bestimmten Situationen mit dem nicht vorhandenen Mann umgehen würde, und immer bleibt man sanft und still. Im wirklichen Leben aber, wenn der Mann mit einem Packen Gewalt-Videos in der einen und einer Flasche Tequila in der anderen Hand heimkommt und will, dass wir uns mit ihm einen schönen Abend machen, oder wenn er schon wieder damit anfängt, dass in der »Kirche doch nur lauter Heuchler sitzen«, dann spüren wir, wie der Blutdruck steigt und unser Geist unruhig wird. Wir wollen ihn packen und die Erlösung in ihn hineinprügeln.

Aber wir wissen natürlich, dass das nicht geht.

Was tun wir also, wenn wir merken, dass wir nicht still bleiben können? Wenn uns alles andere als sanft zumute ist und wir die Predigt vom letzten Sonntag in seinen Dickschädel hineinhämmern wollen? »Fürchte dich nicht«, schreibt der Prophet Zefanja. »Lass deine Hände nicht sinken! Denn der Herr, dein Gott, ist bei dir, ein starker Heiland. Er wird sich über dich freuen und dir freundlich sein, er wird dir vergeben in seiner Liebe und wird über dich mit Jauchzen fröhlich sein« (Zefanja 3,16-17).

Gott macht uns still mit seiner Liebe. Er flüstert: »Ich bin hier. Ich habe die Dinge in der Hand. Ich halte dich und lasse dich nicht los.« Wenn wir das wissen, wird unser Geist ruhig, und wir sind in der Lage, sanft zu reagieren.

Und das spricht Bände.

Die Zunge zügeln

Oh, diese Zunge! So ein kleines Stückchen Fleisch – und was kann sie alles kaputtmachen! Wir haben einen Riesenkrach mit unserem Mann, und er nennt uns eine »fromme Spinnerin«. Oder er schleudert unsere Bibel durchs Zimmer oder stellt seine Kaffeetasse darauf. Sofort schlagen wir verbal zurück. »Hätte ich dich doch bloß nicht geheiratet.« »Du bist ein Versager auf der ganzen Linie.« »Mir wird schlecht, wenn ich dich nur ansehe.« »Wenn du ein richtiger Mann wärst, dann würdest du Verantwortung für deine Familie übernehmen.«

Der Apostel Jakobus schreibt im Neuen Testament: »Auch die Zunge ist ein Feuer. Sie ist eine Welt voller Unrecht und beschmutzt den ganzen Menschen. Sie setzt unser Leben von der Geburt bis zum Tod in Brand mit einem Feuer, das aus der Hölle selbst kommt« (Jakobus 3,6; Gute Nachricht Bibel).

Und Salomo sagt: »Der Mund des Toren bringt ihn ins Verderben, und seine Lippen bringen ihn zu Fall« (Sprüche 18,7).

Aber das wissen Sie ja alles. Sie wissen, dass schon ein halbes Dutzend gedankenloser Worte ausreichen, um einen kurzen Augenblick zu zerstören oder eine Beziehung lebenslang. Wenn die Bibel von der Macht der Zunge spricht, dann spricht sie in Extremen: Leben und Tod, Heil und Unglück. Sie nennt die Zunge ein Feuer und eine Welt der Bosheit. Sorglose Worte treffen wie ein Schwert, böse Worte bringen Unfrieden.

Auf der anderen Seite kann die Zunge heilen, und eine milde Antwort stillt den Zorn. Eine besänftigende Zunge ist ein Baum des Lebens. Freundliche Worte sind wie Honig.

Aber auch das wissen Sie ja. Sie lesen es in Ihrer Bibel und leben jeden Tag danach. Aber zu wissen, was gut und richtig ist, und es dann auch zu tun, sind zwei verschiedene Paar Schuhe. Ich weiß, dass ich Probleme mit meiner Zunge habe. Zahnpasta und Mundspülung allein kommen dagegen nicht an.

Vor einigen Jahren habe ich einmal einen Bibelkurs über den Galaterbrief besucht, in dem die Leiterin uns eine Hausaufgabe gab. Sie nannte sie die »Zungenübung«. Eine Woche lang sollten wir nicht:

- tratschen oder schlecht über andere reden,
- jammern,
- kritisieren,
- Entschuldigungen suchen oder anderen die Schuld in die Schuhe schieben,
- prahlen,
- andere täuschen.

Stattdessen sollten wir:

- mit anderen über das Evangelium reden,
- andere in ihrem Tun und Reden bestätigen,
- Dankbarkeit und Lob aussprechen,
- uns schnell entschuldigen,
- mit allen direkt und ehrlich reden.

Ich habe es knapp zwei Sekunden lang durchgehalten. Die ersten Worte, die mir über die Lippen kamen, lauteten: »O Mann! Das schaffe ich nicht!« Und genau das war der Sinn der Übung:

Wenn wir uns den Mund nicht mit Pflaster zukleben wollen, dann schaffen wir es nicht, unsere Zunge zu zähmen, und wenn wir die besten Vorsätze haben. Selbst wenn wir uns gut zugeredet und geschworen haben, unseren Mann nicht mehr zu kritisieren und nicht mehr an ihm herumzumeckern, sobald er etwas tut oder sagt, was in unseren Augen »gottlos« ist, legen wir los. Oder wir sind still, aber sobald er außer Hörweite ist, rufen wir unsere beste Freundin an und klagen ihr unser Leid. Oder er fragt uns, was die Abkürzung C. B. auf dem Kontoauszug bedeuten soll, und wir sagen, das sei *Computer Bauer* und nicht die *Christliche Buchhandlung*.

Nicht die Zunge ist das Problem – sondern unser Herz. Jesus hat gesagt, dass die Worte, die wir sprechen, widerspiegeln, was in unserem Herzen ist (Matthäus 12,34). Wenn wir unser Herz also mit bitteren Gedanken füllen, mit Klagen, Sorgen, Vorwürfen und Selbstgerechtigkeit, dann ist das der Brunnen, aus dem wir schöpfen.

Was ist die Antwort? Sie besteht nicht darin, dass wir uns noch eifriger bemühen, alles richtig zu machen. Wie bei jeder schlechten Gewohnheit, jeder Lieblingssünde oder jedem Sündenbabel – oder wie wir es nennen wollen – helfen eigene Anstrengungen nur selten weiter. Die Hilfe liegt vielmehr darin, dass wir einen *Ersatz* finden, und der erste Schritt dazu ist, dass wir *umkehren.* Wir kehren um zum Kreuz und bleiben dort, bis wir unsere Sünde so sehen, wie Gott sie sieht, bis wir sie zugeben und dann auf seine Gnade schauen können. Wenn an die Stelle all der von unseren Gefühlen bestimmten Reaktionen, die unsere Worte prägen, die Gnade tritt, dann wird unser Reden freundlich. Gnädig.

Aber das ist erst der Anfang. Das Herz hat es an sich, zu dem zurückzukehren zu wollen, was es gewöhnt ist, und das ist leider die Sünde. Es ist ein ständiger Kampf, jedoch einer, in dem Jesus für uns und mit uns kämpft – und nicht gegen uns. Dennoch ist es unsere Aufgabe, unseren Kopf und unser Herz mit dem zu füllen, »was wahrhaftig ist, was ehrbar, was gerecht, was rein, was liebenswert, was einen guten Ruf hat«, wie der Apostel Paulus schrieb, als er in Ketten im Gefängnis lag (Philipper 4,8).

Wenn unsere Gedanken mit Gnade, mit Schönem erfüllt sind, dann sind es auch unsere Worte. Wenn unsere Worte voller Gnade sind, dann lässt sich leichter mit uns leben. Wenn es sich leichter mit uns leben lässt, dann merkt das auch unser Mann. Eine Frau namens Penny erzählte mir, dass ihr Ehemann, ein Fernfahrer, sagt, sie wirke viel froher und sei netter, wenn sie in der Kirche war. »Er geht zwar nicht mit mir, aber wenn er samstags unterwegs ist, ruft er an und erinnert mich daran, am Sonntag in die Kirche zu gehen.«

Eine andere Frau, Cathy, konzentriert sich auf das, was sie an ihrem Mann mag. So hat sie, wenn die Lage gespannt ist, eine Menge, worauf sie sich zurückbesinnen kann. Manchmal, sagt sie, macht sie den Mund auf, um zu meckern und zu mäkeln, und dann kommt etwas Nettes heraus.

Cathy und Penny haben beide entdeckt, dass der Mund wirklich von dem überfließt, wovon das Herz voll ist.

Und was ist mit dem Rest des Körpers?

Wahrscheinlich fragen Sie sich jetzt, wo denn da das Hintertürchen ist. Die Ausnahme. »Das ist ja alles gut und schön«, denken Sie, »aber irgendwie muss ich doch meinem Ärger Luft machen. Und wenn ich meine Zunge nicht gebrauchen soll – nun, es gibt schließlich auch noch andere Methoden.«

Wie wär's etwa …

- mit einem märtyrerhaften Seufzer, wenn Sie sich und die Kinder für den Kirchgang anziehen. (»Schon gut. Bleib nur im Bett. Ich komme schon zurecht. Das ist mein Kreuz, und ich will es gern tragen.« Grummel, grummel, seufz.)

- mit einem vorwurfsvollen Blick, wenn Ihr Mann flucht, Bier trinkt, raucht usw. (»Du gottloser Heide. Mit so etwas gebe ich mich schon lange nicht mehr ab.«)
- mit der kalten Schulter oder lautem Schweigen. (»Was? Ich soll still sein? Ich werde dir zeigen, wie still ich sein kann.«)
- mit kühler Distanz. (»Ich will nicht, dass etwas von deinem Unglauben auf mich abfärbt.«)

Wie unsere Zunge sind auch unsere unausgesprochenen Mitteilungen – die oft eine deutlichere Sprache sprechen als Worte, weil unsere Körperhaltung uns verrät – ein Problem des Herzens. Und das Heilmittel ist dasselbe wie bei den Worten. Achte auf dein Herz, und der Rest kommt von selbst.

Ich will Ihnen sagen, was Sie tun können. Wenn Sie das nächste Mal allein sind und ein wenig Zeit haben, dann bitten Sie Gott, dass er Ihnen zeigt, wie Ihre Körpersprache aussieht. Und vergessen Sie es nicht: Gott ist für Sie. Er möchte Sie so verändern, dass man gern mit Ihnen zusammen ist, und er möchte Sie zu einer Frau mit einem sanften, stillen Geist machen. Ich verspreche Ihnen: Er wird Sie nicht verdammen, sondern er wird sein Werk an Ihnen tun und offenbaren. Er will Sie heilen und Ihnen helfen, eine gute Verbindung zu dem Mann, den er Ihnen gegeben hat, aufzubauen. Lassen Sie es geschehen!

Immer diese Amis!

Vielleicht denken Sie jetzt, Sie müssten so werden wie die Amerikaner mit ihren honigsüßen Zuckerworten. »Ich wünsche dir einen wunderschönen Tag, Schatz.« »Soll ich dir den Rücken massieren, Liebling?« »Meine Güte, siehst du heute wieder toll aus, so richtig männlich.« *Nein danke, mir wird schlecht davon!*

Was sich Männer mehr als alles andere wünschen, ist, denke ich, eine Frau, die echt und ehrlich ist. Sie möchten jemanden, mit dem sie sich Wortgefechte liefern, über Politik diskutieren und vom Eishockey schwärmen können. Sie möchten jemanden, mit dem sie ihre Ideen besprechen können, ohne dass ihnen gleich ein längerer Vortrag oder eine Predigt gehalten oder ein »passender« Bibelvers an den Kopf geworfen wird. Und es ist tatsächlich möglich, eine gottgefällige Unterhaltung zu führen, ohne dass der Name Jesus darin vorkommt. Wenn Ihr Leben von Jesus erfüllt ist, dann drückt sich das in Ihrem ganzen Wesen aus – selbst wenn Sie miteinander besprechen, wie Sie die Blumenbeete im Hof für den Winter mit Mulch abdecken wollen.

Es mag Sie überraschen, wie gut Sie Jesus auf diese Weise bezeugen können. »Lasst euer Licht leuchten vor den Leuten, damit sie eure guten Werke sehen und euren Vater im Himmel preisen«, erklärte Jesus seinen Jüngern (Matthäus 5,16).

Wenn Sie also einen Punkt erreicht haben, wo die Gespräche mit Ihrem Mann nur noch steif und förmlich oder aber ein Schlachtfeld geworden sind, weil Sie versucht haben, bei jeder Gelegenheit Jesus ins Spiel zu bringen, dann ist es vielleicht an der Zeit, wieder andere Gesprächsthemen zu suchen. Ihr Licht wird trotzdem leuchten, und die Wahrscheinlichkeit ist groß, dass Ihr Mann es besser erkennt, wenn er nicht von Ihren Worten verblendet wird.

Es ist auch eine Hilfe, wenn wir wissen, was für den Mann bei einem Gespräch wichtig ist. Florence Littauer hat einmal eine Liste der Dinge erstellt, die Mann und Frau im Gespräch voneinander erwarten.

Bei den Männern sind das:

- Aufrichtigkeit. (»Red' nicht um den heißen Brei herum und lass die Spielereien. Sag mir direkt und ehrlich, was jetzt Sache ist.«)
- Einfachheit. (»Komm zur Sache. Die Einzelheiten und Ausschmückungen kannst du dir für deine Freundinnen aufheben.«)

- Einfühlungsvermögen. (»Alles hat seine Zeit – und der richtige Zeitpunkt für ein Gespräch unter vier Augen ist sicher nicht gerade dann, wenn ich arbeite oder mit Freunden zusammen bin.«)
- Stabilität. (»Ich habe Angst, die Kontrolle zu verlieren und in deinen Augen klein gemacht zu werden.«)

Frauen wollen:
- Zuwendung. (»Bitte leg die Zeitung weg. Was ich dir sagen will, ist für mich wichtig.«)
- Zustimmung. (»Ich möchte gern, dass wir uns einig sind. Du nicht auch?«)
- Zuneigung. (»Bin ich dir wichtig?«)
- Zeit. (»Wir müssen reden. Können wir am Samstag mal einen langen Spaziergang machen?«)

Es ist nicht falsch, wenn Sie Ihrem Mann sagen, was Ihnen im Gespräch mit ihm fehlt. Im Gegenteil, die meisten Männer sind froh, wenn es ihnen gesagt wird. Äußern Sie sich ruhig ganz direkt: »Schatz, Frauen sind anders als Männer. Wenn wir Frauen reden, dann wollen wir …« Kann sein, dass sich Ihnen völlig neue Horizonte eröffnen, wenn Sie beide erst einmal entdecken, was im anderen eigentlich vorgeht.

Die richtige Verpackung

Selbst in der besten Ehe gibt es Momente, wo einer den anderen zur Rede stellen muss. Das ist selten leicht, und wo es in Glaubensfragen keine Übereinstimmung gibt, bekommen die Probleme oft noch eine andere Dimension. *Soll ich etwas zu seinem Verhalten sagen oder warten, dass Gott ihn überführt?*, überlegen wir vielleicht. *Wie kann es mir gelingen, nur sein Verhalten anzusprechen, ohne dass er sich als Person angegriffen fühlt? Und was ist, wenn ich ihn mit meinen Worten nur noch weiter von Jesus wegbringe?*

Ich habe eine gläubige Bekannte, die jahrelang mit ansah, wie ihr ungläubiger Mann regelmäßig mit seinen Kumpeln in die Kneipe ging. Er kam am Samstag- oder Sonntagmorgen erst um 3 Uhr nach Hause, und sie sagte kein Wort dazu. Als er sich auch nach zehn Jahren noch nicht geändert hatte, beschloss sie, endlich den Mund aufzumachen.

Eines Tages, als sie zusammen auf der Veranda saßen, sagte sie: »Ich liebe dich. Aber dass du immer mit deinen Freunden einen trinken gehst und so spät nach Hause kommst, das gefällt mir nicht. Du fehlst mir.«

Sie sagt, ihr Mann sei geradezu schockiert gewesen. Da sie nie etwas gesagt hatte, war er davon ausgegangen, es sei ihr egal. Er fing an, früher heimzukommen, und hörte irgendwann ganz auf, sich mit seinen Trinkkumpanen zu treffen. Er ist zwar immer noch kein Christ, aber er ist gern mit seiner Frau zusammen.

Meine Bekannte hätte die Sache auch anders angehen können. Sie hätte an einen Punkt kommen können, wo sie die Nase voll gehabt und ihren ganzen Frust und den Ärger langer Jahre über ihren Mann ergossen hätte. Aber das hat sie nicht gemacht. Sie hat ihrem Mann das gereicht, was ich eine »barmherzige Verpackung« nenne. Sie hat ihre Botschaft – »Es wäre mir lieb, wenn du nicht mehr zum Trinken fortgehen würdest!« – in Worte der Barmherzigkeit gepackt. Sie hat mit »Ich liebe dich« begonnen und mit »Du fehlst mir« aufgehört.

Eine andere Bekannte erzählte kürzlich, wie ihr Mann mit ihrer Tochter und deren Freund herumalberte, dass sie zusammen ein Bier trinken könnten. Sie brauchte einige Tage, um sich zu beruhigen, wollte die Sache aber auch nicht einfach so stehen lassen. Und es war ihr klar, dass sie nicht mit dem Holzhammer kommen konnte. Deshalb wartete sie, bis sie einmal mit ihrem Mann allein war, und sagte dann: »Ich weiß, dass es nur ein Spaß war, als du gesagt hast, du wolltest mit den Kindern Bier trinken, und du hast es sicher nicht so gemeint. Aber es hat ziemlich albern gewirkt – und so bist du sonst eigentlich gar nicht.«

Ihr Mann tat ihre Bemerkung ab, aber das ist nicht mehr ihr Problem. Sie wusste, dass sie mit ihm reden musste – ohne ihn als »Blödmann« zu bezeichnen oder ihm vorzuwerfen, er sei kein gutes Vorbild für die Jugend. Darum verpackte sie das, was sie zu sagen hatte, in möglichst nette Worte, erwähnte nur diesen einen Vorfall und ließ das Thema dann fallen.

Wenn Sie einmal genauer darauf achten, werden Sie feststellen, dass Gott mit uns genauso umgeht. Er sagt uns, dass er uns liebt, weist uns auf eine bestimmte Sünde hin (»Du hast gelogen«, nicht: »Du bist ein schlechter Mensch«) und schenkt uns dann ein Wort der Ermutigung, damit wir mit dem Wissen um seine Vergebung einen Schritt nach vorne machen können.

Er schenkt uns sein Erbarmen. Und er gibt uns alles, was wir brauchen, damit wir sein Geschenk an die weiterschenken können, mit denen wir zu tun haben – vor allem an unsere Männer, die sich ganz besonders nach einem solchen Geschenk sehnen.

Zum Nachdenken

- Was haben Sie in den letzten vierundzwanzig Stunden alles geredet? Wie viele Ihrer Worte waren aufbauend, ermutigend, angenehm, liebevoll, nötig oder hilfreich? Wie viele würden Sie gern wieder zurücknehmen?

- Lesen Sie nach, was die Bibel über das Reden und die Macht unserer Worte sagt. Machen Sie mit Hilfe einer Konkordanz eine Liste der Verse, die über hilfreiches und negatives Reden sprechen. (Schlagen Sie unter den Stichwörtern »Zunge«, »Lippen«, »Worte«, »reden« und »Mund« nach.) Notieren Sie sich die Verse und lesen Sie sie täglich durch.

- Wenden Sie das, was Sie notiert haben, auf Ihr eigenes Reden an. In ihrem Buch *Words That Hurt, Words That Heal* empfiehlt Carole Mayhall, dass wir unsere Worte an den Maßstäben messen sollen, die in Jakobus 3,17 genannt werden. Sind unsere Worte lauter, friedfertig, gütig, reich an Barmherzigkeit und guten Früchten, unparteiisch und ohne Heuchelei? Was ist im Hinblick auf das Reden das eigentliche Problem? (Siehe Matthäus 12,33-37 und Jeremia 17,9.) Was ist das beste Heilmittel? (Siehe 1. Johannes 1,9.)

- Gibt es in Ihrer Gemeinde Frauen, die einen »sanften, stillen Geist« haben, wie er in 1. Petrus 3,1-4 erwähnt wird? Wie sprechen sie mit ihren Männern und anderen Menschen, und wie gehen sie mit ihnen um? Bitten Sie Gott, dass er Ihnen hilft, auch solche Eigenschaften zu entwickeln – und notieren Sie Ihre Fortschritte.

- »Wir Frauen täten gut daran, mehr nachzudenken, damit unsere Worte aus der Beziehung zu Gott herauskommen. Wir reden zu häufig über das, was uns gerade in den Sinn kommt, vor allem den Männern gegenüber, und der Strom unserer Worte führt uns oft von dem weg, was Gott von uns hören möchte, anstatt zu ihm hin. Sind wir bereit, auf Gottes Stimme zu hören, damit das, was wir sagen, auch das ist, was er uns ins Ohr flüstert?«

Aus: Nancy Groom, *Heart to Heart About Men*

Kapitel 10

Herr, höre mein Gebet!

Lieber Gott,

ich weiß nicht, ob es dir aufgefallen ist, aber ich war in der letzten Zeit wirklich gut. Ich warte jetzt schon fast einen Monat lang darauf, dass du meinen Mann errettest. Bis jetzt habe ich keine großen Veränderungen festgestellt. Aber ich finde, jetzt wäre ein idealer Zeitpunkt. Ich habe nämlich bald Geburtstag. Du könntest ihn als Geschenk für mich Christ werden lassen. Wäre das nichts? Was meinst du?

Ich verspreche dir, dass ich auch zweimal am Tag in der Bibel lese, wenn du mich erhörst! Ich werde was für die Armenküche spenden und ein Jahr lang kein Eis essen. Von mir aus kann ich sogar im Kindergarten aushelfen. (Du weißt, dass das für mich wirklich ein Opfer wäre.)

Herr, ich finde, du solltest mein Gebet erhören, denn es wäre nur zu deiner Ehre, wenn mein Mann und ich uns in geistlichen Dingen einig sein könnten. Dass mein Leben auch ein ganzes Stückchen leichter würde, davon will ich jetzt gar nicht reden. Meinst du nicht, du wärest es dir selbst schuldig, dass wir dir beide dienen?

Jesus hat gesagt, wir könnten in seinem Namen um alles bitten, und wir würden es empfangen. Also bitte ich dich im Namen Jesu, dass mein Mann 1. zum Glauben kommt, 2. nächsten Monat mit mir zu dem Eheseminar fährt, 3. den Lichtschalter im Esszimmer repariert und 4. aufhört, die schmutzigen Socken immer einfach hinters Sofa zu werfen.

Ich bitte in deinem Namen, Herr. Ich habe den Glauben, einen großen Glauben. Ich weiß, dass du das tun kannst. Dass du es tun WIRST. Ich sehe es schon vor mir. Meine Freundinnen beten auch alle. Wir sind uns alle einig, dass es so kommen wird. Dass es schon geschehen ist.

Bitte, Herr! Bitte! Ich will auch immer gut sein, das verspreche ich dir. Und ich werde dich auch nicht mehr belästigen, wenn du mir nur diese eine Bitte erhörst.

In Jesu Namen. Amen.

Wenn Sie dieses Buch lesen, dann ist anzunehmen, dass Sie selbst auch schon so oder ähnlich gebetet haben. Wenn Sie mit einem ungläubigen Partner zusammenleben oder einem, der früher einmal geglaubt hat, dann spricht Ihnen das doch genau aus dem Herzen, oder nicht? Sie wollen aus einer schwierigen Situation erlöst werden. Sie machen Gott ein Angebot, falls er Ihren Wunsch erfüllt. Sie flechten jede Floskel ein, die gerade aktuell ist, weil Sie sich so verzweifelt wünschen, dass Ihr Gebet erhört wird.

Wohlmeinende Menschen kommen nach dem Gottesdienst auf Sie zu und sagen: »Liebes, du musst deinen Mann einfach in Gottes Reich hineinbeten.« Oder sie geben gute Ratschläge: »Bete im Namen Jesu.« – »Nimm eine Verheißung aus der Bibel und fordere sie ein.«

Sie berichten, was sie selbst erlebt haben: »Meine Oma hat vierzig Jahre lang jeden Tag Hesekiel 36,26 für meinen Opa gebetet, und irgendwann hat's geklappt.«

Sie sagen, wir sollen beten und nie aufgeben.

Und so gehen Sie heim und beten und beten und beten. Voll Gefühl und Glauben und Energie. Aber … Ihr Mann lässt sich nicht retten und scheint mit diesem Zustand vollauf zufrieden zu sein. Und Sie fragen: *Wenn das Gebet die Dinge ändern kann, warum sehe ich dann nichts davon? Und wenn Gott sowieso schon weiß, was er tun will, und die Macht hat, es zu tun, wozu soll ich dann eigentlich überhaupt beten? Und wenn ich nicht bete, tut Gott dann trotzdem etwas? Können meine Gebete wirklich eine Änderung herbeiführen? Kann ich Gottes Arm bewegen?*

Vom Gebetsmuffel zum Gebetskämpfer

Obwohl ich vor ein paar Jahren selbst ein Buch über das Gebet und die Art von Gebeten geschrieben habe, die Gott immer erhört, begreife ich es immer noch nicht ganz. Ich weiß, dass Gottes Volk immer ein Volk des Gebets war. Ich weiß, dass Gott das Rufen und die Gebete seiner Kinder hört und immer auf ihre Fragen antwortet. Ich weiß aber auch, dass seine Antworten nicht immer so aussehen, wie wir es uns vorstellen.

Ich kenne Leute mit einem großen Glauben, die darum gebetet haben, dass ein Mensch geheilt wurde, und nichts geschah. Ich habe für mich selbst und andere schwache Gebete voller Zweifel gesprochen, und sie wurden erhört. In beiden Fällen kratze ich mich am Kopf und weiß nicht genau, was der Sinn und Zweck des Betens sein soll – vor allem, wenn es darum geht, für die Erlösung des eigenen Mannes zu beten. Warum werden die Gebete der einen Frau sofort erhört und andere nicht?

Mir scheint, dass ich im Hinblick auf das Beten mehr Fragen als Antworten habe. Trotzdem weiß ich aber, was Beten nicht ist:

- Beten ist keine Zauberformel – nach dem Motto: »Beten Sie dreißig Tage lang dreimal täglich. Bei Unzufriedenheit bekommen Sie Ihr Geld zurück.«
- Beten verpflichtet Gott nicht, uns zu erhören. »Herr, du hast gesagt: ›Bittet, so wird euch gegeben.‹ Ich bitte dich jetzt, also gib mir, was ich will!«
- Beten ist keine Methode, um Gottes Entscheidung zu ändern. Wenn meine Gebete das könnten, dann wäre Gott nicht allmächtig.
- Beten hängt nicht von der Größe meines Glaubens ab. Jesus sagt, selbst wenn unser Glaube so winzig wäre wie ein Senfkorn, könnten wir zu einem Maulbeerbaum sagen, er solle seine Wurzeln aus der Erde ziehen und sich ins Meer verpflanzen, und er würde es tun! (Vgl. Lukas 17,6.)

- Beten ist nicht der letzte Ausweg, nach dem Motto »Na schön. Alles andere hat nichts genutzt. Ich könnte es ja mal mit Beten versuchen.«

Stattdessen ist das Gebet:

- Gottes Wille für uns. »Seid allezeit fröhlich, *betet ohne Unterlass*, seid dankbar in allen Dingen; denn das ist der Wille Gottes in Christus Jesus an euch« (1. Thessalonicher 5,16-18).
- Ein Privileg. Wir sind eingeladen, zuversichtlich vor den Thron Gottes zu treten (Hebräer 4,16) als geliebte Kinder Gottes (1. Johannes 3,1).
- Eine wirksame Waffe gegen einen unsichtbaren Feind. John Bunyan hat gesagt: »Das Gebet ist ein Schild für die Seele, ein Opfer für Gott und eine Geißel für Satan.«
- Ein Mittel, einem liebenden Vater zu sagen, was in unserem Herzen vorgeht. »Hoffet auf ihn allezeit, liebe Leute, schüttet euer Herz vor ihm aus; Gott ist unsere Zuversicht« (Psalm 62,9).
- Ein Rettungsseil, das uns mit Gott verbindet, und das Mittel, mit dem er Frieden in unser Leben bringt. »Sorgt euch um nichts, sondern in allen Dingen lasst eure Bitten in Gebet und Flehen mit Danksagung vor Gott kundwerden! Und der Friede Gottes, der höher ist als alle Vernunft, bewahre eure Herzen und Sinne in Christus Jesus« (Philipper 4,6-7).

Warum also beten? Weil der Vater gesagt hat, dass wir beten dürfen – und dass wir beten sollen.

Wenn das Gebet Dinge ändern kann … Herr, dann ändere doch meinen Mann!

Wir wollen doch ehrlich sein! Der Grund, warum eine Frau für ihren Mann betet, ist doch häufig der, dass er sich ändern soll, damit das Leben für sie leichter wird. Wenn er Christ wäre, dann müsste ich nicht jeden Sonntag darum kämpfen, ob ich in die Kirche gehen soll oder nicht. Ich könnte so viel Geld in das Opferkörbchen legen, wie ich wollte, und einen fischförmigen Türknopf an der Haustür anbringen, ohne dass gleich der Dritte Weltkrieg ausbricht.

Eine Frau mit Namen Colleen sagt: »Meine Gebete klingen meistens so: ›Ich muss immer alles schlucken. Er ist so gemein, und alles, was ich mache, ist verkehrt.‹ Meist geht es mir nicht darum, dass *ich* verändert werde, sondern nur mein Mann. Wenn er mir sagt, ich sollte mich an einem bestimmten Punkt ändern, dann wehre ich mich, egal, worum es geht, weil ich immer nur sehe, wie schrecklich er ist. Ich weiß, dass ich Gott wirklich verherrlichen könnte … wenn er nur meinen Mann ändern würde!«

Doch Gott weiß ganz genau, was ihm Ehre bringt, und dazu gehört ganz offensichtlich auch, dass er manche Ehen mit einem Ungläubigen so lässt, wie sie sind – und stattdessen uns verändert.

Ich kann hier nur für mich selbst sprechen, aber ich habe so den Verdacht, dass es für uns alle gilt: Wenn Gott mich durch das Gebet verändert, dann ändert sich auch mein Mann. Manchmal im großen Stil, manchmal nur in kleinen Dingen.

Wie also kann das Gebet mich verändern?

Ich werde verändert,

wenn ich mir eingestehe, dass ich selbst nicht fähig bin, meine Situation im Griff zu behalten.

Durch das Gebet wird meine Abhängigkeit von Gott in allen Dingen noch größer: im Hinblick auf Weisheit, Geduld, Durchhaltevermögen, Kraft, Freude, Friede. Egal was, ich kann darum beten. Je größer meine Abhängigkeit, desto dankbarer bin ich Gott für das, was er gibt. Ein dankbares Herz wiederum macht ruhig und schenkt Freude am Leben, die nach außen dringt – und das sieht auch mein Mann. Und er sieht es nicht nur, sondern er erkennt auch, was die Quelle meiner Dankbarkeit ist.

Ich werde verändert,

wenn ich mich mit Hilfe des Gebets auf meine eigenen Fehler und Mängel konzentriere und nicht auf die meines Mannes.

So sagte Jesus schon zu seinen Jüngern: »Was siehst du aber den Splitter in deines Bruders Auge und nimmst nicht wahr den Balken in deinem Auge?« (Matthäus 7,3). Wenn ich meine eigene Sünde sehe, dann fällt es mir leichter, meinem Mann gegenüber barmherzig zu sein, anstatt ihn selbstgerecht zu verurteilen. Wir sind beide Sünder.

Ich werde verändert,

wenn ich all meine Ängste und Sorgen auf den Herrn werfe, und er sie wegnimmt und mir Frieden schenkt.

Wir vergessen leicht, dass Gott in seiner Allmacht alles in der Hand hat und ihm nichts zu schwer ist. Solange unser Mann noch lebt, gibt es Hoffnung. Manchmal quälen wir uns mit »Was-wäre-wenn«-Fragen und fangen an, uns zu ängstigen und zu sorgen. Doch wenn wir beten und unser Herz vor Gott ausschütten, der unser Trost ist, dann schenkt er uns die Gewissheit, dass nichts ohne ihn geschieht. Wir beten, bis wir ruhig und still werden.

Ich werde verändert,

wenn ich Spuren von Gottes Wirken im Leben meines Mannes entdecke.

Eine Frau erzählte, ihr Mann sei in der Woche unterwegs, und ihr sinke oft der Mut, wenn sie kein geistliches Wachstum an ihm sehe. An einem Sonntagnachmittag, als ihr Mann sich gerade zum Aufbruch fertig machte, war sie besonders deprimiert und bat Gott: »Bitte, gib mir irgendein Zeichen, woran ich erkenne, dass du im Leben von John wirkst!«

Etwa fünf Minuten später sagte John: »Ach, übrigens, falls du am Mittwochabend anrufst und mich nicht erreichst – kann sein, dass ich gerade in der Kirche bin.«

Sie sagt, es hätte sie fast umgehauen. Sie lachte und platzte heraus: »Aber du gehst doch gar nicht in die Kirche!« Dann fiel ihr ein, dass er schon einmal von einer Kirche in der Nähe einer seiner Baustellen erzählt hatte, aber damals hatte sie sich nichts dabei gedacht.

»Ich hätte nicht geglaubt, dass er jemals da hingehen würde – und ich glaube es eigentlich immer noch nicht«, sagt sie. »Aber im Grunde ist das auch egal. Auf jeden Fall hat Gott mein Gebet beantwortet. Er hat mir gezeigt, dass er etwas tut. Dass er kann. Er kann auch dann im Leben meines Mannes wirken, wenn ich nicht dabei bin, um zu helfen und die Richtung anzugeben!«

Gottes Antwort, seine Ermutigung verändern mich – verändern Sie –, und wenn wir verändert werden, dann werden wir froher, gelassener, sicherer und vertrauen mehr darauf, dass Gott die Herzen der Menschen verändern kann. Denn wenn er es schon bei uns schafft, dann schafft er es auch bei anderen!

Wie also sollen wir beten?

Aus eigener Erfahrung und von anderen Frauen, die mit einem ungläubigen Mann verheiratet sind, weiß ich, dass wir die hilfreichste Anleitung zum Gebet in Gottes Wort selbst finden. »Mit der Bibel zu Gott beten«, nennen das manche. Es bedeutet, dass wir einen Bibelabschnitt nehmen und auf uns persönlich umdeuten, bis er uns in unserer jeweiligen Situation ganz direkt anspricht.

In ihrem Buch *Praying the Bible for Your Marriage* schildern David und Heather Kopp, welche ungeheure Wirkung es hat, wenn wir Gott im Gebet seine eigenen Wahrheiten zurückbringen. Wenn wir die Bibel als Grundlage für unsere Gebete verwenden, sagen sie, dann …

- erinnern wir uns selbst daran, was Gott gesagt hat, einschließlich seiner Verheißungen.
- vermeiden wir den Fehler, »immer das Gleiche« zu beten.
- verstehen wir besser, wer Gott ist und wie er in unserem Leben wirkt.
- erkennen wir Gottes Wahrheit an und lassen uns und die Menschen, die wir lieben, von ihr verändern.
- werden wir aus unseren menschlichen Beschränkungen herausgelöst. »Wenn wir die Wahrheit der Bibel in Anspruch nehmen, dann werden wir davor bewahrt, Gott auf unsere eigenen, kleinen, menschlichen Erwartungen zu reduzieren«, schreiben sie.
- verlagert sich der Schwerpunkt unseres Betens von unseren Bedürfnissen und Gefühlen weg auf Gottes Wesen, auf seine Verheißungen, seine bisherige Treue, seine Güte im Übermaß.
- bekommen wir die Gewissheit, dass unser Beten nach dem Willen Gottes ist.

Wenn Sie anhand der Bibel für Ihren Mann beten, wählen Sie vielleicht einen Vers wie Jesaja 65,1, wo es heißt: »Ich ließ mich suchen von denen, die nicht nach mir fragten, ich ließ mich finden von denen, die mich nicht suchten.«

Wenn Sie dann mit Beten beginnen, verleihen Sie dem Bibeltext eine persönliche Note und sagen etwa: »Herr, du lässt dich von denen finden, die dich nicht suchen, die sich nicht für dich interessieren, die vielleicht gar nicht wissen, dass sie dich brauchen. Ich kann nicht ins Herz meines Mannes sehen. Aber soweit ich sehen kann, sucht er dich nicht. Darum bitte ich, dass du dich in deiner Gnade von ihm in einer Weise finden lässt, die ihm keinen Zweifel daran lässt, dass du es wirklich bist.«

Der Lieblingsvers meiner Freundin Mary Ann für ihren inzwischen zum Glauben gekommenen Mann war immer Hesekiel 36,26, wo es heißt: »Ich will euch ein neues Herz und einen neuen Geist in euch geben und will das steinerne Herz aus eurem Fleisch wegnehmen und euch ein fleischernes Herz geben.«

Sie sagt, als sie damit anfing, diesen Vers zu beten und Gott zu bitten, dass er das steinerne Herz ihres Mannes wegnehmen möge, um ihm ein weiches, fügsames Herz zu geben, das Gott gegenüber offen ist, habe Gott sie erhört. Kurz nachdem sie mit dem Beten begann, wurde das Herz ihres Mannes allmählich weich und öffnete sich für Gott und sie.

Heißt das, wenn Sie denselben Vers für Ihren Mann beten, geht er nach knapp einer Woche auf die Knie? Ist Gott verpflichtet, uns zu erhören, oder reagiert er schneller, wenn wir seine Worte gebrauchen anstatt unsere eigenen?

Nein. Gott ist nie verpflichtet, irgendetwas für uns zu tun, selbst wenn wir seine eigenen Worte verwenden. Ich denke aber, dass er sich freut, wenn seine Kinder in seinem Wort nachforschen, wie er zu uns und zu unserem ungläubigen Mann steht. Ich denke, er freut sich, wenn wir ihn daran erinnern, was er selbst gesagt hat. Nicht, weil wir ihn darauf festnageln wollen, sondern um uns selbst Mut zuzusprechen, wenn wir seine Güte und Barmherzigkeit sehen.

Ein Wort der Warnung: Die Bibel enthält viele allgemein gehaltene Verheißungen, an die wir voller Zuversicht glauben dürfen. Ich denke aber, wir erwarten zu viel, wenn wir jedes Versprechen, das uns irgendwie anspricht, für unsere eigene Situation in Anspruch nehmen und es »einfordern«. Selbst wenn wir von ganzem Herzen glauben und andere dazu bringen, mit uns zu glauben, ist das oft nicht mehr als Wunschdenken. Und wenn die »Verheißung« dann nicht in Erfüllung geht, sind wir enttäuscht und böse auf Gott. »Du hast doch versprochen, dass ich alles bekomme, worum ich in deinem Namen bitte, Herr. Ich habe darum gebeten, dass mein Mann zum Gemeindeessen mitkommt, aber er weigert sich. Herr, du enttäuschst mich!«

Nein, nein, wir sagen das vielleicht nicht laut, aber wir denken es. Darum gilt: Wir sollen zwar Gottes Wort und seine Verheißungen in unser Gebet mit aufnehmen, aber gleichzeitig müssen wir darauf achten, dass wir die Gesamtaussage der Bibel im Blick behalten und nicht nur das herauspicken, was wir jetzt gerade selbst glauben wollen.

Neben dem »Bibelgebet« können wir auch noch anhand von Gottes Namen beten, wie meine Freundin Karen es gern tut. Sie wählt einen Aspekt von Gottes Wesen oder Persönlichkeit oder einen seiner Namen aus der Bibel und gebraucht ihn als Grundlage für ihr Gebet. Zum Beispiel wählt sie: »Gott ist unsere Gerechtigkeit.« Wenn sie dann für ihren Mann betet, sagt sie vielleicht: »Herr, mein Mann ist ein guter Mensch. Aber er muss erkennen, dass er sich mit seiner Gerechtigkeit keinen Zutritt zum Himmel verschaffen kann. Ich bitte dich, dass du zu seinem Herzen redest. Dass du ihm zeigst, dass er im Vergleich zu Jesus nie gut genug ist, auch wenn er manchmal meint, verglichen mit anderen Menschen stehe er doch recht gut da.«

Karen sagt, so zu beten sei auch für sie selbst sehr tröstlich. Sie sucht einen Punkt heraus, der sie quält (»Ich fühle mich einsam und bin frustriert, wenn ich ohne meinen Mann in die Kirche muss«), und hält sich dann vor Augen: »Der dich gemacht hat, ist dein Mann« (Jesaja 54,5). Wenn sie für ihren Mann betet, überlegt sie, was er braucht, und macht sich dann klar, dass nur Gott allein ihm das geben kann.

Wir können auch für Folgendes beten:

- Erkenntnis der eigenen Sünde und eine göttliche Traurigkeit, die Reue bewirkt und zur Erlösung führt (2. Korinther 7,10).
- Führung. Dass er Gottes Stimme hinter sich hört, egal, ob er sich nach rechts oder nach links wenden will: »Dies ist der Weg, den geht!« (Jesaja 30,21).
- Unzufriedenheit mit allem, was nicht von Jesus kommt.

- Hunger und Durst nach Gerechtigkeit.
- Dass jede religiöse Lüge, die er im Moment noch glaubt, im Licht von Gottes Wort entlarvt wird.
- Oder dass er erkennt, wie hohl und haltlos alles ist, worauf er sich verlässt, zum Beispiel seine eigenen guten Taten.

Ein einfaches Gebet könnte lauten:

Vater im Himmel,
du sagst, wegen der Verbindung mit mir würde mein Mann deine spezielle Aufmerksamkeit genießen. Danke, Herr, dass ich zu dir kommen und für ihn beten darf. Geheiligt werde dein Name! Ich bete darum, dass dein göttlicher Plan im Leben meines Mannes zur Erfüllung kommt. Danke, dass du uns jeden Tag gibst, was wir brauchen, damit auch mein Mann erkennen kann, dass du bei uns bist und uns segnest. Vergib uns, wo wir dich beleidigen. Hilf mir, ihm zu vergeben, wenn er mich beleidigt. Bewahre ihn vor Versuchungen und beschütze ihn vor allem Bösen. Ich wünsche mir nichts mehr, als dass meine ganze Familie in dein Reich kommt. Durch deine Kraft und zu deiner Herrlichkeit. Amen.

Noch ein Wort zum Fasten

Es kann sein, dass Gott uns neben dem Gebet auch zum Fasten aufruft. Oder wir entschließen uns selbst dazu. Auf jeden Fall spricht die Bibel vom Fasten, und es ist in jedem Fall eine gute geistliche Disziplin. Es klärt die Sinne und schärft den Blick. Es stärkt in uns das Bewusstsein, dass wir Gott brauchen.

In seinem Buch *Hunger for God* schreibt John Piper, Fasten helfe, wenn wir traurig oder in einer bestimmten Notlage sind. Ester fastete, als sie erfuhr, dass das gesamte Volk der Juden vertilgt werden sollte und es an ihr lag, bei ihrem heidnischen Ehemann, König Xerxes, um Gnade zu bitten.

Piper sagt auch, das Fasten müsse von Gott verordnet sein und von Gebet und Bibellesen begleitet werden. Der Versuch, abzunehmen, heiliger zu werden, sich in einer bestimmten Tugend zu üben oder mit Gott eine Art Tauschhandel zu betreiben, all das sind falsche Gründe.

Ich habe erst einmal aus der richtigen Motivation heraus gefastet (meist tue ich es, um abzunehmen) – und das sogar unbeabsichtigt. Ich hatte damals ein paar schwere geistliche Kämpfe auszufechten, die mir so zusetzten, dass ich gar nicht essen konnte, selbst wenn ich gewollt hätte. Alles, was ich tun konnte, war, zu Gott zu rufen und zu beten.

Nach einer Woche erreichte der Kampf seinen Höhepunkt, als ich eine dunkle Macht aus meinem Haus vertrieb. Im Rückblick kann ich erkennen, dass es genauso war, wie Jesus zu seinen Jüngern gesagt hat: Manche »Geister« können »nur durch Gebet und Fasten« vertrieben werden (vgl. Markus 9,29; Gute Nachricht Bibel). Damals wusste ich jedoch lediglich, dass ich nicht essen konnte.

Wenn Sie fasten wollen, dann tun Sie es auf jeden Fall für ein bestimmtes Anliegen und beten Sie dabei. Sehen Sie sich die Menschen in der Bibel an, die fasteten: Nehemia, Ester, Mose, Daniel und Elia. Und vor allem tun Sie es zur Ehre Gottes.

Herr, ich bete immer noch!

Haben Sie nicht auch manchmal den Eindruck, wenn Sie alle Ihre unerhörten Gebete aneinanderreihen würden, entstünde eine Gebetskette, die mindestens achtzigmal um die Erde reicht oder noch mehr? Sie beten, bis Ihnen der Kopf raucht, und lassen Hunderte von anderen für sich beten. Sie sehen zu, wie andere Frauen zum Glauben kommen. Sie fangen an, für ihre Männer zu beten, und *schwups!* – bevor Sie sich versehen –

haben sie ihre Männer angesteckt. Sie bekehren sich und führen die ganze Familie zum Herrn. Das sind die Augenblicke, wo Sie versucht sind zu meinen, Ihre eigenen Gebete würden alle unter der Zimmerdecke hängen bleiben.

»Diesmal war ich mir hundertprozentig sicher, dass Gott mich erhören würde. Ja, ja, ich kenne die Geschichte von der Großmutter, die vierzig Jahre lang für ihren Mann gebetet hat. Aber ich bin es leid, immer nur zu warten – ich will endlich Ergebnisse sehen!«

Was Sie wirklich wissen wollen, ist, dass Gott Sie nicht vergessen hat.

Wenn ich maßlos enttäuscht bin, dann ziehe ich den größten Trost aus ein paar Worten, die in den Psalmen geschrieben stehen: »Denn Gott, der Herr, ist Sonne und Schild; der Herr gibt Gnade und Ehre. *Er wird kein Gutes mangeln lassen den Frommen«* (Psalm 84,12; Hervorhebung durch den Verfasser). Wenn es scheint, als wäre Gott taub für mein Reden, als würde er zwar alle anderen Gebete erhören, aber meine nicht, dann erinnere ich mich an diese Sätze.

Zunächst rufe ich mir ins Gedächtnis, dass ich zu seinen »Frommen« gehöre, weil er mich in Christus angenommen hat. Dann sage ich mir, dass Gott mir nichts Gutes vorenthält. Das bedeutet, dass das, worum ich gebeten habe, für mich wohl nicht gut ist, zumindest nicht im Augenblick. Und das macht mir, wenn die anfängliche Enttäuschung verflogen ist, Mut. »Danke, Herr, dass du weißt, was für mich gut ist – was das Beste für mich ist. Danke, dass du in deiner Allmacht und Allwissenheit ›nein‹ sagst oder ›noch nicht‹. Ich weiß, dass selbst das Beste – dass mein Mann gerettet wird – nur dann das Beste ist, wenn es zu dem Zeitpunkt geschieht, den du für richtig hältst.«

Das macht das Warten leichter und versüßt die Enttäuschung. Und so bete ich weiter, voller Glauben und Hoffnung, und gebe niemals auf.

Liebe Leserin, Gott hat uns nicht vergessen und wird es niemals tun. Er neigt sein Ohr zu uns und freut sich über die Gebete seiner Kinder. Er wird unsere selbstsüchtigen Gebete gebrauchen, um uns selbst zu verändern, und uns mit der Antwort auf unser zaghaftes, von Zweifeln geprägtes Beten überraschen.

Darum wollen wir auf die Knie gehen und beten.

Zum Nachdenken

- Um was haben Sie in der letzten Zeit für Ihren Mann gebetet? Wie hat Gott geantwortet? Wie sind Sie mit den »unerhörten« Gebeten umgegangen?

- Was sagt die Bibel über Gottes Aufforderung, dass wir ihn um alles bitten sollen, was wir uns wünschen? Achten Sie besonders darauf, in welcher Haltung wir zu Gott kommen sollen und wodurch wir das Recht haben, uns ihm zu nähern.
  Johannes 1,12-13
  Römer 8,15-16
  Galater 4,6-7
  Hebräer 4,16
  Welche anderen Bibelstellen sind Ihnen im Zusammenhang mit dem Gebet eine Hilfe?

- In den folgenden Bibelstellen geht es darum, was Beten eigentlich ist. Im Grunde geht es einfach darum, mit unserem Vater zu reden, der sich an uns freuen will. Was können wir darum erwarten?
  Psalm 62,9
  Lukas 11,9-13
  1. Johannes 5,14-15
  Jakobus 5,16

- Versuchen Sie einmal, anhand der Bibel für Ihren Mann und Ihre Ehe zu beten. Suchen Sie sich einen Bibelabschnitt aus und formulieren Sie ihn für sich persönlich. Das Gebet ist keine Zauberformel und auch kein Mittel zum Zweck. Vielmehr geht es darum, unsere Herzen mit dem Gott zu verbinden, der uns liebt.

- »Wenn wir für unseren Mann beten, schenkt Gott uns den Mut weiterzumachen, auch wenn wir ganz offen zurückgewiesen werden. So schwer es auch manchmal scheinen mag, das ist Teil der Anfechtung, von der Jakobus sagt, dass sie ›Geduld wirkt‹ (Jakobus 1,2-3). Wenn wir für unseren Mann beten, müssen wir uns unsere eigene Hilflosigkeit eingestehen. Wir erkennen immer deutlicher, dass wir unsere Gebete nicht selbst beantworten können und uns deshalb Gottes Willen ausliefern müssen.«

Aus: Beverly Bush Smith und Patricia DeVorss,
Caught in the Middle

Kapitel 11

Was ist mit den Kindern?

Ich werde Gott ewig dankbar sein für seine Gnade, die auch albernen Ehefrauen gilt, und für das Erbarmen, das er ihren Ehemännern schenkt, damit sie sich damit abfinden können.

Es waren erst sechs oder sieben Monate seit meiner Bekehrung vergangen, als ich eine Linie zog und im Hinblick auf unsere kleine Tochter Alison meinen Standpunkt markierte: »Du sollst ihr nicht beibringen, an den Weihnachtsmann zu glauben.«

Barry ging umgehend zum Gegenangriff über und bezog ebenfalls Position: »Du spinnst – sie ist auch meine Tochter. Und wieso kann es an Weihnachten nicht beides geben, Jesus *und* den Weihnachtsmann?«

Als ein paar Jahre später Laura geboren wurde, war diese Frage bereits geklärt. Aber damals eskalierte sie zu einem bitteren Kampf, in dem keiner nachgeben wollte. Sobald Barry den Weihnachtsmann erwähnte, lockte ich Alison von ihm fort, um sie »umzuprogrammieren«. »Weihnachten geht es um Jesus«, erklärte ich ihr, »nicht um den Weihnachtsmann.«

Du liebe Güte! Das Kind war damals zwei Jahre alt. Aber vor lauter Angst, meine Tochter auch ja »in der Zucht und Ermahnung des Herrn« zu erziehen, wie man es mir gesagt hatte, übertrieb ich das Ganze maßlos. Ich betrachtete die Angelegenheit als einen Kampf um die Seele meines Kindes, einen geistlichen Kampf, der im Himmel ausgefochten wurde.

Und nicht nur das. Als gläubiger Elternteil war ich meiner Meinung nach auch der »bessere« Elternteil. Deshalb hatte ich

Recht und Barry hatte Unrecht. Und das Unrecht musste mit dem, was recht war, überwunden werden.

Richtig?

Falsch. Zumindest was mein Verhältnis zum Weihnachtsmann betraf. Wenn ich etwas überlegt hätte, bevor ich erklärte: »Der Weihnachtsmann ist ein Werkzeug des Teufels, und mein Kind darf nicht mit ihm oder seinen spitzohrigen Helfern in Berührung kommen«, hätte ich mir eine Menge Kummer erspart.

Denn mein Mann wollte unsere Tochter nicht dazu bringen, den Weihnachtsmann anzubeten. Zu seiner Ehrenrettung muss ich sagen, dass er beide anerkannte, den Weihnachtsmann und Jesus, und nicht einen gegen den anderen ausspielte.

Ich war die Unbewegliche.

Ich dachte, ich täte vor Gott das Richtige, aber das tat ich nicht. Ich handelte aus Angst, nicht aus Erkenntnis, Vernunft oder Glauben.

Wie gesagt, als Laura zur Welt kam, hatten wir beschlossen, dass der Weihnachtsmann bleiben durfte. Schließlich war er eine historische Gestalt, ein Mann, von dem es heißt, dass er den Christus von Weihnachten selbst anbetete. Barry und ich hatten einen Kompromiss geschlossen, indem wir den Weihnachtsmann »nur zum Spaß« gelten ließen, wie Mickymaus oder Balu, den Bären. Und mehr hatte Barry auch gar nicht gewollt – Spaß mit unserer Tochter.

Das Haus der Uneinigkeit

Es stimmt, nicht wahr? Jesus hat gesagt, er sei nicht gekommen, Frieden zu bringen, sondern das Schwert (Matthäus 10,34). Und dieses Schwert verursacht Schmerzen, besonders wenn es Familien zerteilt und den Mann gegen die Frau aufbringt. Vor allem dann, wenn es um die Erziehung der Kinder geht. Mit den eigenen Kränkungen können wir noch fertig werden. Aber wenn wir sehen, wie unsere Kinder ins Kreuzfeuer geraten, dann reagieren wir schnell mit Angst oder Zorn. *Ich* habe diese Kinder geboren, und *ich* werde dafür sorgen, dass sie *mit mir* in den Himmel kommen. Daran soll mich keiner hindern.

Am schwersten fällt mir vielleicht die Erkenntnis, dass es gar nicht *meine* Kinder sind, sondern unsere. Letztlich gehören sie sogar Gott. Aber er hat sie meinem Mann und mir gegeben, damit wir sie gemeinsam erziehen. Das bedeutet, mein Mann hat dasselbe Recht wie ich zu sagen, wie er sie gern erziehen möchte. Wenn er auf das Geschenkkärtchen »Vom Weihnachtsmann« schreiben will, dann darf er das. Als Elternteil hat er dazu das Recht. Es wurde ihm von Gott gegeben.

Aber was ist, wenn er nicht will, dass unser Kind in die Kirche geht, und das verbietet? Was, wenn er glaubt, die Bibel sei ein Haufen Märchen und Gott nur eine Märchenfigur? Oder wenn er Hindu ist und unser Kind in seinem Glauben erziehen will? Wenn er meint, es sei in Ordnung zu Lügen, und ein Junge solle sich sexuell ruhig austoben, solange er »aufpasse«?

Was soll die gläubige Frau dann tun?

Soll ich Ihnen etwas sagen? Wichtiger noch als die Antworten auf alle Ihre »Was-wäre-wenn«-Fragen ist das Wissen, dass Gott Bescheid weiß. Er kennt Ihre Situation, er kennt Ihre Ängste, die Hindernisse, denen Sie sich gegenübersehen, und den Aufruhr in Ihrer Seele.

Ich habe länger als nötig gebraucht, um das zu begreifen. Vorher rang ich mit Gott und zweifelte an seiner Weisheit und Güte. *Siehst du denn nicht, dass Kinder einen gläubigen Vater als Vorbild brauchen? Wie sollen Töchter wissen, woran sie einen gläubigen Mann erkennen, wie sollen aus Söhnen fromme Männer werden, wenn sie nicht wissen, wie einer aussieht?*

Ich habe eine Bekannte, die sich Vorwürfe macht, es sei ihr Fehler, wenn ihre Töchter einmal einen Nichtchristen heiraten.

Sie trauert um die vergeudeten Jahre, in denen ihre Töchter nicht mit ihrem Vater beten oder in die Kirche gehen konnten.

Aber Gott weiß das.

Ich mag vielleicht nie begreifen, warum, aber ich glaube fest, dass Gott wusste, dass meine eigenen Töchter gerade mich als Mutter und Barry als Vater brauchten. Sie – und ich – brauchten genau unsere geistliche Einstellung. Ich weiß das, weil »mein Gott all eurem Mangel abhelfen [wird] nach seinem Reichtum in Herrlichkeit in Christus Jesus« (Philipper 4,19). Und auch weil »der Herr mein Hirte [ist], wird mir nichts mangeln« (Psalm 23,1), und »er wird kein Gutes mangeln lassen den Frommen« (Psalm 84,12). Anders gesagt: Wenn wir eine andere Situation gebraucht hätten, dann hätte Gott, der allmächtig und allwissend ist, uns etwas anderes gegeben.

Können Sie das auch so sehen? Denn wenn nicht, wenn Sie noch nicht den Punkt erreicht haben, an dem Sie absolut davon überzeugt sind, dass Gott genau weiß, was er tut, und alles im Griff hat und »überschwänglich tun kann über alles hinaus, was wir bitten oder verstehen, nach der Kraft, die in uns wirkt« (Epheser 3,20), dann finden Sie keine Ruhe. Stattdessen versuchen Sie, die Dinge mit Ihrer eigenen Kraft und Weisheit in den Griff zu bekommen, und dabei gleitet Ihnen alles mehr und mehr aus der Hand. Sie fahren leicht aus der Haut und beginnen einen Krieg wegen des Weihnachtsmannes.

Das heißt nicht, dass es nicht Zeiten gibt, in denen Sie Stellung beziehen müssen, und diese kommen noch schnell genug. Im Moment aber müssen Sie erst einmal lernen, sich in Gottes Hand sicher zu fühlen. Denken Sie daran: Gott weiß, was er für Pläne mit Ihnen hat, und zwar »Gedanken des Friedens und nicht des Leides«, wie es der Prophet Jeremia sagt (Jeremia 29,11). Sie dürfen sich selbst, Ihre Kinder, Ihre ganze Familie ihm getrost anvertrauen.

»Aus dem Munde der Kinder«

Wie die meisten meiner blödsinnigen Ideen schien auch diese zunächst gut. Ich hatte alles darüber gehört, wie die Worte eines Kindes das Herz eines Vaters erweichen und ihn dazu bewegen können, sich von Herzen der Führung Jesu anzuvertrauen. Und ich dachte, mit dem richtigen Training könnte ich Alison dazu bringen, auch ihren Papa zu erweichen. Und mit ihren braunen Augen und dem dicken braunen Haar wäre Barry wie Wachs in ihren Händen – denn darauf stand er absolut.

Also übten wir: »Papa, Kirche?« »Papa, auch beten?«

Da Barry es mochte, wie sie jeden Morgen »Papa aabeiten« (Papa arbeiten) sagte, nahm ich an, dass er auch hierauf total abfahren würde.

Es brauchte mehrere Versuche und das Versprechen, dass sie dann Schokoladenkekse bekäme, aber alles in allem stellte Alison sich gelehrig an. Doch leider funktionierte es trotz meiner gespielten Überraschung nicht so, wie in den Geschichten, die ich gehört hatte. Ja, man könnte eher sagen, der Schuss ging nach hinten los. Barry begriff sofort, dass ich aus unserer Tochter einen Papagei gemacht hatte. Ich versuchte nicht nur, meinen Mann zu manipulieren, sondern hatte dazu auch noch eine Zweijährige missbraucht.

Wie gesagt, ich hatte es ursprünglich für eine gute Idee gehalten. Aber es soll nicht durch Heer oder Kraft oder die kluge Manipulation eines Kleinkindes mit braunen Locken geschehen, sondern durch den Geist Gottes (Sacharja 4,6). Gott gebraucht zwar unsere Kinder, um Ungläubigen das Evangelium nahe zu bringen, aber solange die Worte nicht vom Heiligen Geist gegeben werden, nutzen sie nichts.

Nachdem ich jahrelang jeden nur erdenklichen Fehler im Verhalten gegenüber meinem Mann und meinen Kindern begangen hatte, war nun die Zeit des Nachdenkens gekommen. Vor allem, weil meine Pläne sowieso alle geplatzt waren. Ich bin zu dem Schluss gekommen, dass die meisten Fehler, die Frauen machen, wenn sie das Herz ihres Mannes zum Herrn lenken wollen, aus der Angst geboren sind, und die kommt aus einem Mangel an Glauben.

Wenn ich fürchte, Gott würde nichts tun, solange ich ihm nicht helfe, werde ich auch meine Kinder zu »Hilfe« nehmen. Ob mit Absicht oder nicht, wir bilden eine »Front gegen Papa« und schließen ihn entweder aus oder intrigieren gegen ihn, »weil er nicht so ist wie wir«. Und selbst wenn unsere Intrigen darauf gerichtet sind, ihn mit unserem Glauben zu beeinflussen, sind wir noch immer in zwei Lager geteilt – und ich als Mutter, bin die Anstifterin.

Aus Angst bin ich dogmatisch und herrschsüchtig. Ich versuche, meine Kinder vor dem »weltlichen« Einfluss ihres Vaters zu »beschützen«, und mache ihn zum Feind. Aber das ist alles andere als christlich, und Gott hat daran keinen Gefallen. »Papa ist ein Sünder. Komm ihm nicht zu nahe.« Vielleicht sage ich es nicht mit solchen Worten, aber meine Botschaft ist klar und deutlich.

Trotzdem ist mein Mann immer noch der, den Gott als Familienvater eingesetzt hat und den ich lieben und ehren soll. Teil meiner Aufgabe als Mutter ist es, meinen Kindern beizubringen, ihn auch zu ehren. Als Mutter gebe ich den Ton an. Ich bin das Vorbild. Wenn meine Kinder sehen, dass ich ihren Vater achte, dann haben sie ein Beispiel, dem sie folgen können. Sie werden meinem Beispiel ohnehin folgen, so oder so. Es ist an mir, ihnen zu zeigen, dass es etwas anderes ist, ob man einen Menschen als Person respektiert oder ob man sein Handeln gutheißt.

Wie mache ich das? Das ist die große Frage. Die Antwort lautet hier wie in allen anderen Bereichen des christlichen Lebens: Es fängt damit an, dass ich vor meinem Heiland auf die Knie gehe.

Kaum ein Mann will ein schlechter Vater sein. Man geht sicher recht in der Annahme, dass die meisten Männer der Frauen, die ihre Kinder regelmäßig mit in die Kirche nehmen, während sie selbst zu Hause bleiben, damit einverstanden sind, wenn ihre Kinder christlich erzogen werden, oder es sogar befürworten. Vor allem, wenn die Kinder noch klein sind. »Ein bisschen Kindergottesdienst hat noch niemandem geschadet«, sagen sie vielleicht.

Carolyns Mann Jack verpasst kaum einen Programmpunkt des Kindergottesdienstes, bei dem seine Kinder mitmachen. Er besucht jedes Kaffeetrinken und ist sogar einverstanden, dass die Kinder eine christliche Schule besuchen. Er findet nur einfach, Jesus sei etwas für Frauen und Kinder.

Margies Mann freut sich auf den Sonntagmorgen, weil er dann Zeit hat, die Zeitung zu lesen, die politischen Talkshows im Fernsehen anzusehen und das Auto zu waschen. Er muss die ganze Woche hart arbeiten und möchte gerne an einem Tag mal seine Ruhe haben. Er ist ganz dafür, dass seine Familie sich christlich engagiert – so lange sie ihn in Ruhe lässt.

Doch nicht jeder Mann ist einverstanden. Julie sagt, ihr Mann lasse sie seinen Ärger jedes Mal spüren, wenn sie darauf besteht, die Jungen mit in den Gottesdienst zu nehmen: Er ist abweisend und macht abfällige und erniedrigende Bemerkungen oder macht sie bei den Jungen schlecht. Dabei ist es schon schwer genug, die beiden mit ihren dreizehn und vierzehn Jahren überhaupt für den Gottesdienst zu begeistern. Doch seit der neue Jugendpfarrer da ist, kommen sie zum Glück wieder gerne mit.

Ihr Mann allerdings sagt zu den Jungen: »Jesus macht euch nur zu Waschlappen.« Er sagt zu Julie, sie würden einer Gehirnwäsche unterzogen, und bietet an, sie am Sonntagmorgen zum Angeln oder Motorradfahren mitzunehmen, »damit ein paar richtige Männer aus ihnen werden«.

»Ich bin kurz davor, aufzugeben – oder mich scheiden zu lassen«, sagt sie. »Oder wegzugehen. Ich weiß nicht mehr, was ich machen soll. Es ist so schwierig.«

Auch auf die Gefahr hin, dass es klingt, als hätte meine Schallplatte einen Sprung: Es spielt keine Rolle, wie schwierig unsere Situation ist, Veränderung beginnt mit Gebet. Wie Jakobus im Neuen Testament schreibt: »Des Gerechten Gebet vermag viel, wenn es ernstlich ist« (Jakobus 5,16).

Wie ich im vorigen Kapitel bereits gesagt habe, ist das Gebet keine treffsichere Methode, um eine Situation so zu verändern, wie wir sie haben wollen. Aber weil der Bund, den Gott mit uns als Gläubigen geschlossen hat, auch unsere Kinder umfasst – und unseren Ehemann (1. Korinther 7,14) –, hat auch er ein Interesse daran, dass unsere Kinder im Glauben erzogen werden, und kümmert sich auch um alles, was sie betrifft.

Durch das Gebet lassen wir ihn wissen, was wir brauchen. *Vater, du weißt, wie schwierig es ist! Es ist nicht gut für die Kinder, dass sie mitbekommen, wie wir uns über den Glauben streiten. Dein Wort sagt, ich soll meine Kinder dazu erziehen, dich zu ehren. Aber wie kann ich das, wenn ihr Vater versucht, meine christliche Erziehung zu sabotieren? Ich glaube manchmal, er weiß gar nicht genau, was er tut oder warum. Ich weiß nur, dass es schlimm ist und für keinen von uns gesund. Hilf mir! Sag mir, was ich tun soll!*

Weil wir ihm gehören, dürfen wir zuversichtlich sein: »Wenn wir um etwas bitten nach seinem Willen, so hört er uns. Und wenn wir wissen, dass er uns hört, worum wir auch bitten, so wissen wir, dass wir erhalten, was wir von ihm erbeten haben« (1. Johannes 5,14-15).

Deshalb dürfen Sie auch für Ihre Kinder beten. Sie können Gott bitten, dass er das Herz Ihres Mannes erweicht und ihm zeigt, wie wichtig der Gottesdienstbesuch und die Evangelisation sind. Sie können darum bitten, dass seine Bemühungen, die Kinder von Gott wegzulocken, fehlschlagen. Sie können alles vor Gott bringen, was die christliche Erziehung Ihrer Kinder betrifft. Sie gehören zu dem Bund dazu, den Gott mit Ihnen geschlossen hat.

Es kann sein, dass sich das Verhalten Ihres Mannes ändert, wenn Sie beten. Oder Sie werden gestärkt, und Gott gibt Ihnen Weisheit von oben, damit Sie erkennen, wie Sie am besten mit der Situation umgehen können, und die Kraft, es dann auch zu tun. Das kann sofort geschehen oder einige Zeit dauern. Doch unabhängig davon ist und bleibt das Gebet die stärkste Waffe gegen die unsichtbaren Mächte, die Ihr Familienleben kaputtmachen wollen.

Das Gebet sollte jedem Handeln vorausgehen.

»Großen Frieden haben deine Kinder ...«

»Wenn die Probleme in der Familie hauptsächlich mit dem Glauben zusammenhängen, den Ihr Mann nicht teilt, dann erklären Sie das Ihren Kindern möglichst taktvoll und einfühlsam«, schreibt Michael Fanstone in *Unbelieving Husbands and the Wives Who Love Them.*

Eine Frau namens Susan erzählte mir, dass sie auf die Frage ihrer Kinder »Warum geht Papa nicht in die Kirche?«, immer antwortet: »Wenn Papa über alles richtig nachgedacht hat und merkt, dass er den Sinn des Lebens nicht alleine finden kann, dann wird der Heilige Geist kommen und ihm zeigen, was er wissen muss. Wenn wir ihn anpredigen, kann er den Heiligen Geist nicht hören.«

Eine andere Frau erklärt ihren Söhnen: »Gott hat einen Plan für unsere Familie, und er ist damit noch nicht fertig. Es war Gottes Plan, dass ich erst zum Glauben kam, als ich schon über zwanzig und verheiratet war, und dass ihr beide schon als kleine Kinder angefangen habt, an Gott zu glauben. Aber wir wissen nicht, was für einen Plan er für Papa hat. Deshalb warten wir einfach und beten und haben ihn gern, so wie er ist. Aber wir machen uns deswegen keine Sorgen.«

Das heißt nicht, dass sie das immer so gleichmütig hinnehmen oder ihren Papa nicht manchmal schrecklich vermissen, wenn sie ohne ihn in die Kirche gehen. Aber sie sagt, meistens können sie die Situation so akzeptieren, wie sie ist. »So will Gott es im Moment. Wenn er es anders wollte, würde er etwas ändern. So einfach ist das.«

Trotzdem können Sie ein paar ganz konkrete Dinge tun, wenn Sie Ihre Kinder im Glauben erziehen wollen. Vor ein paar Jahren erschien in der Zeitschrift *Christian Parenting Today* ein Artikel der Eheberater Les und Leslie Parrott mit dem Titel »Reconcilable Differences« (Überbrückbare Unterschiede). Sie rieten darin dem gläubigen Elternteil, wenn es um die Werte geht, die ihre Kinder lernen sollen, nach einer gemeinsamen Basis zu suchen. Die biblischen Prinzipien – wie zum Beispiel: »Du sollst nicht lügen«, oder: »Du sollst nicht stehlen« – besitzen Allgemeingeltung. Sie sind sowohl praktisch als auch geistlich. Daher sind die Werte, die in der Bibel vermittelt werden, aller Wahrscheinlichkeit nach dieselben, die auch Ihr Mann sich für Ihre Kinder wünscht.

»Auch wenn Ihr Partner Sie also nicht unbedingt dabei unterstützt, eine fromme Begründung zu liefern, können Sie viele kleine Gelegenheiten nutzen, um Ihre Kinder christlich zu erziehen«, schreiben die Parrotts. »Das ist keine Methode, um hinter dem Rücken Ihres Partners zu handeln. Es geht darum, dass Sie Ihre Überzeugung ausleben, dass Sie Sie selbst sein können.«

Als Christen sollen wir immer bereit sein, Auskunft über unseren Glauben zu geben, wenn wir danach gefragt werden, und Kinder fragen ständig. Im 5. Buch Mose geht Mose noch weiter und sagt den Gläubigen, sie sollten ihren Kindern die Gebote Gottes einschärfen, »wenn du in deinem Hause sitzt oder unterwegs bist, wenn du dich niederlegst oder aufstehst« (5. Mose 6,7).

Und wir wollen auch nicht vergessen, was für ein Zeugnis

unser Leben ist. Wertvorstellungen, so sagt man, werden viel öfter »übernommen« als »gelehrt«, und das Tun redet lauter als alle Worte. Auch wenn also ein Elternteil den christlichen Glauben vehement ablehnt, sehen unsere Kinder, wie wir mit den Herausforderungen des Lebens umgehen, ob wir aus dem Glauben heraus handeln oder nicht. Auf jeden Fall lernen sie an unserem Beispiel, was es heißt, in Christus zu sein.

Daneben sollten wir auch nie die Kraft des Heiligen Geistes unterschätzen. Er kann zum Herzen unserer Kinder reden. Beten Sie und bitten Sie ihn, der Lehrer Ihrer Kinder zu sein – und dann vertrauen Sie darauf, dass er Ihre Bitte erhört. Ein Teil seiner Arbeit besteht darin, die Menschen ihrer Sünde zu überführen und sie zur »allein selig machenden Wahrheit« zu leiten. Und weil unsere Kinder zu dem Bund gehören, den Gott mit uns geschlossen hat, dürfen wir darauf vertrauen, dass er uns die Vollmacht und die Fähigkeit gibt, unseren Glauben an sie weiterzugeben.

Möchten Sie noch eine gute Nachricht hören? Durch unsere Verbindung mit Jesus hat eine neue geistliche Generation begonnen. Gottes Strafe für die Menschen, die ihm nicht gehorchen, reicht bis in die dritte oder vierte Generation. Seine Barmherzigkeit aber erweist er bis in die tausendste Generation derer, die ihn lieben (5. Mose 5,9-10). Das sind Sie und ich und unsere Kinder und Enkel – und auch noch deren Ururenkel!

Da soll noch einer sagen, das sei nicht ermutigend!

Dennoch geht es nicht ohne Schwierigkeiten ab. Letztlich läuft alles darauf heraus, dass wir Gott mehr gehorchen sollen als den Menschen (Apostelgeschichte 5,29), und Gott hat uns die Verantwortung übertragen, unsere Kinder so zu erziehen, dass sie ihn ehren. Er lässt uns dabei aber nicht ohne Hilfe. Nein, er rüstet uns mit allem aus, was wir brauchen, um seine Gebote zu erfüllen – selbst dann, wenn wir denken, es sei alles hoffnungslos und die Hindernisse einfach zu groß. Und oft greift er gerade dann ganz überraschend ein, wie Diana entdecken konnte. Nachdem ihr Mann ihr jahrelang jeden Sonntagmorgen nahezu verdorben hatte, wenn sie sich und die Söhne für den Gottesdienstbesuch fertig machte, stand er eines Morgens – ohne ein Wort zu sagen – auf, ging in die Garage und fuhr das Auto heraus.

Das war alles. Er kam nicht mit, aber Diana sagt, es sei ein riesiger Schritt gewesen. »Gerade wenn du denkst, es sei einfach hoffnungslos, merkst du, dass das nicht stimmt«, berichtet sie. »Gott ermutigt uns genau dann, wenn wir es am meisten brauchen. Manchmal sind es die ganz kleinen Dinge, die am deutlichsten zu uns sprechen.«

Sie sagt, die kleine Geste ihres Mannes habe für eine völlig neue Stimmung auf der Fahrt zur Kirche gesorgt. Sie hatte neue Hoffnung, dass Gott tatsächlich im Leben ihrer Familie wirkt. Sie alle dankten Gott auf der Fahrt für ihren Vater. »Und ich glaube, das ist es, was die Jungen am meisten brauchen, jedenfalls im Moment.«

Louise sagt: »Meine Töchter sind inzwischen erwachsen. Aber ich denke oft zurück und überlege, wie es gewesen wäre, wenn wir alle dieselbe geistliche Ausrichtung gehabt hätten, wenn wir gemeinsam Jesus geliebt hätten. Aber ich bin Realist. Was vorbei ist, ist vorbei, und daran kann kein Wünschen und Fragen mehr etwas ändern. Außerdem hat Gott alle seine Verheißungen treu erfüllt und mir genug Gnade geschenkt, damit ich meinen Töchtern seinen Weg zeigen konnte.«

Der Prophet Jesaja schreibt: »Und alle deine Söhne sind Jünger des Herrn, und großen Frieden haben deine Söhne« (Jesaja 54,13). An dieser Verheißung dürfen wir uns festhalten. Gott will sich uns und unseren Kindern als Vater, als Lehrer, als Tröster und als Freund erweisen. Ich selbst habe nicht den geringsten Zweifel daran, dass Gott meine Familie genau so wollte, wie sie ist. Zu wissen, dass sie aus der Hand meines liebenden, gnädigen Vaters kommt, ist mir genug – und genug Grund zur Dankbarkeit und Hoffnung.

Zum Nachdenken

- Stellen Sie sich vor, Sie würden ein Baby im Arm halten. Was möchten Sie diesem Kind gern beibringen? Wenn Sie selbst Kinder haben, wie haben Sie versucht, den Glauben an sie weiterzugeben? Auch wenn Sie der einzige Christ in der Familie sind?

- Lesen Sie nach, was Gott den gläubigen Eltern sagt:
  5. Mose 6,4-9
  Sprüche 22,15
  Sprüche 23,13
  Sprüche 29,15
  Sprüche 30,17

  Auch wenn der Partner strikt gegen eine betont christliche Erziehung ist, können Sie Ihren Glauben weitergeben. Welche Ermutigung finden Sie in den folgenden Bibelversen?
  Jesaja 49,25
  Jesaja 54,11-13
  1. Korinther 7,14

- Was bedeuten die folgenden Verse für eine Ehe mit einem ungläubigen Partner? Was erfahren Sie über Gottes Eingreifen und Hilfe in schwierigen Situationen?
  2. Mose 2,1-10
  1. Samuel 3
  Psalm 103,17-18
  Matthäus 2

- In Josua 4 befiehlt Gott dem Volk Israel, »Gedenksteine« aufzurichten, sichtbare Zeichen oder Symbole mit einer geistlichen Bedeutung. Wenn Sie sehen, wie Gott im Leben Ihrer Kinder wirkt, dann legen Sie einen Stein oder irgendetwas anderes, was für Sie Symbolkraft hat, in eine Schachtel oder

Dose. Wenn Ihre Kinder Sie danach fragen, dann erklären Sie ihnen, was Gott getan hat. Und nutzen Sie diese Dinge auch selbst als Erinnerung für sich.

- »Haben Sie je das Gefühl, Sie wären dafür verantwortlich, dass Ihr Partner nicht glaubt, dass er vielleicht irgendwie doch Christ werden könnte, wenn Sie nur anders wären oder das Richtige tun würden? Quälen Sie sich nicht mit Schuldgefühlen. Selbstbestrafung bewirkt nur, dass Sie nicht mehr Sie selbst sein können – ein Kind Gottes, dem vergeben wurde. Denn das eine müssen Sie wissen: Wenn Sie Ihre Schuldgefühle nicht erkennen und dagegen angehen, wenn Sie sich nicht auf Gottes Gnade verlassen, dann übertragen Sie diese Gefühle nur auf Ihre Kinder und Ihren Partner. Und das wäre das Schlimmste, was Sie tun könnten, denn Schuldgefühle können die gesündeste Familie zerstören.«

Les und Leslie Parrott, »Reconcilable Differences«
(in: *Christian Parenting Today*, 1995)

Kapitel 12

Was tun, wenn …?

Freitagabend. Ihr Mann kommt in bester Stimmung nach Hause und fordert Sie auf, sich schnell umzuziehen. Er hat am anderen Ende der Stadt eine kleine Bar entdeckt, wo Hardrock gespielt wird, und will mit Ihnen hingehen. Was tun Sie?

Das Telefon läutet. Sie wollen gerade abnehmen, als Ihr Mann vom Sofa ruft: »Wenn's für mich ist, sag, ich bin nicht zu Hause.« Es ist für ihn. Was tun?

Ihr Mann ruft an und erzählt Ihnen einen Witz, den er gerade gehört hat. Nach ein paar Worten merken Sie, dass er ziemlich obszön ist. Aber nicht nur das. Er ist auch *lustig*. Lachen Sie? Oder was tun Sie?

Sie wollen den Müll wegbringen und entdecken acht Bierflaschen. Sie finden hinten im Schrank versteckt ein Päckchen Haschisch oder ein Porno-Video. Was tun Sie?

Manchmal sind es nur Kleinigkeiten. Diese heiklen, fragwürdigen Situationen, in denen wir einfach nicht wissen, wie wir uns verhalten sollen. Oder wir wissen genau, was wir tun sollten, aber wenn wir es täten, würde alles nur noch schlimmer. Und manchmal stehen wir vor Situationen, die nicht nur uns, sondern auch unseren Mann, unsere Ehe, unsere Familie kaputtmachen können.

Was tun?

Wäre es nicht toll, wenn es ein Handbuch mit präzisen Antworten für jede Lebenslage gäbe? »Sagt oder tut Ihr Mann A, schlagen Sie Seite 73 auf. Folgen Sie den angegebenen Schritten 1 bis 4, und Sie erhalten das gewünschte Ergebnis.«

Aber so ist das Leben nicht. Es gibt nicht für jede Situation die passende Antwort und ein Ergebnis, das unter Garantie immer eintrifft. Und darum ist es wichtig, sich in Gottes Wort auszukennen. Der Psalmsänger schreibt: »Dein Wort ist meines Fußes Leuchte und ein Licht auf meinem Wege« (Psalm 119,105), und: »Ich behalte dein Wort in meinem Herzen, damit ich nicht wider dich sündige« (Psalm 119,11).

Wenn wir Gottes Wort kennen und uns seine Grundaussagen vertraut sind, dann fällt es uns leichter, in schwierigen Lagen und heiklen Situationen das Richtige zu tun. Natürlich ist es immer noch ein Unterschied zu wissen, was wir aufgrund der Bibel tun sollten, und zu tun, was sie fordert. An diesem Punkt kommt der Glaube ins Spiel.

Grauzonen

Donna bekennt: »Mein Mann erzählt ständig unanständige Witze. Ich weiß, dass er es nicht böse meint. Und manche sind auch wirklich lustig, und ich muss darüber lachen. Aber dann habe ich das Gefühl, ich sei ein ›schlechtes Vorbild‹. Was soll ich tun?«

Gute Frage. Meiner Meinung nach hat sie zwei Möglichkeiten: Sie kann missbilligend die Stirn runzeln, mahnend den Zeigefinger heben und ihrem Mann zu verstehen geben, dass sie sein Verhalten verabscheuungswürdig findet. Sie könnte aus der Bibel zitieren, dass kein faules Geschwätz aus seinem Munde kommen sollte (Epheser 4,29) und dass er am Tag des Gerichts über jedes nichtsnutzige Wort, das er je geäußert hat, Rechenschaft geben muss (Matthäus 12,36). Sie könnte ihn »Otterngezücht« nennen.

Oder sie könnte ihr Herz sprechen lassen. »Liebling, ich bin gern mit dir zusammen und lache gerne mit dir. Aber ich finde, mit solchen Witzen wertest du die Beziehung, die wir beide haben, nur ab.« So kann sie zum Ausdruck bringen, was sie denkt

(»Ich mag keine dreckigen Witze«), ohne dass er das Gefühl bekommen muss, sie wollte ihn ausschimpfen. Sie vertritt ein biblisches Prinzip – Sex ist ein Geschenk, das für die Ehe bestimmt ist –, ohne dass sie ein »So spricht der Herr« anhängen muss. Je nachdem, wie offen ihr Mann für geistliche Wahrheiten ist, könnte das zu weiteren Diskussionen über ein Thema führen, für das Männer sich sowieso interessieren.

Ob das funktioniert? Das weiß Gott allein. Auf jeden Fall bringt sie damit zum Ausdruck, dass sie ihren Mann achtet und respektiert. Was daraus wird, ist eine Sache zwischen Gott und ihrem Mann. Denn grundsätzlich gilt: Niemand kann das Herz eines anderen verändern, und die gläubige Frau kann und sollte nicht erwarten, dass ihr ungläubiger Mann sich wie ein Christ verhält. Wenn sie versucht, ihm »christliches Verhalten« beizubringen oder sogar aufzuzwingen, dann predigt sie ihm ein falsches Evangelium. Dennoch haben wir sehr wohl das Recht, unsere Meinung zu äußern und unsere Gefühle auszudrücken.

Ein ähnlich konfliktbeladenes Gebiet ist die Sprache im Allgemeinen. Manche Leute fluchen ständig, ohne sich etwas dabei zu denken. Auch hier kann die Frau ein größeres Problem daraus machen und versuchen, ihren Mann zum Nachgeben zu zwingen, indem sie schimpft und ihn schlecht macht. Aber das funktioniert nur selten.

Es kann gut sein, dass Sie überhaupt nichts tun können, um die Wortwahl Ihres Mannes zu ändern. Sie können ihm einoder zweimal sagen, dass es Ihnen lieb wäre, wenn er in Ihrer Gegenwart und vor allem vor den Kindern nicht mehr fluchen würde. Wenn er den Namen Gottes missbraucht, können Sie sagen, dass Sie das besonders verletzt. Danach aber ist es am besten, Sie lassen das Thema fallen. Ständiges Meckern hat noch nie etwas bewirkt, sondern macht die Sache höchstens noch schlimmer.

Vor Jahren habe ich einmal eine erfolgreiche Kommunikationsmethode gelernt, die mir im Gedächtnis haften geblieben ist: Wenn man versucht, einem anderen mitzuteilen, was man fühlt, sollte man Vergleiche benutzen. Wenn ich zum Beispiel finde, Barry sollte wissen, wie sehr mich eine bestimmte Sache stört, dann kann ich zu ihm sagen: »Du weißt doch selbst, wie sehr es dir zuwider ist, wenn andere mit dem Finger auf dich zeigen.« Sobald ich das sage, kneift er die Augen zusammen und ballt die Fäuste. Er *hasst* es nämlich, wenn die Leute mit dem Finger auf jemanden zeigen.

Wenn mich seine Ausdrucksweise stört, könnte ich fortfahren: »Genauso wie du es nicht magst, wenn man mit dem Finger auf dich zeigt, hasse ich es, wenn du fluchst.« So habe ich ihm auf eine Weise, die er versteht, mitgeteilt, was ich empfinde. Ob er dann etwas ändert oder nicht, ist nicht mehr meine Sache.

Meine Sache ist es, noch bevor ich etwas sage, ein Gebetsanliegen daraus zu machen. *Herr, hilf mir, ihm möglichst liebevoll zu zeigen, dass seine Worte helfen, aber auch verletzen können, damit er merkt, was für eine Macht Worte haben. Hilf ihm, dass er sehen, hören, begreifen kann. Öffne ihm die Augen, damit er erkennt, dass das, was aus seinem Mund kommt, das ist, was in seinem Herzen ist. Hilf mir, Herr, ihm mit Liebe und Respekt zu begegnen, egal, wie er sich verhält. Ich vertraue darauf, dass du mir Ruhe schenkst.*

Eine andere Grauzone ist die Freizeit bzw. die Frage, wie Sie und Ihr Mann Ihre freie Zeit verbringen. Ich weiß, wie schwierig es ist, einen einigermaßen akzeptablen Kinofilm oder ein anständiges Video zu finden. Und es ist nicht falsch, wenn Sie Ihre Meinung äußern. (»Ich sehe es nicht so gern, wenn Leute sich zerhacken oder miteinander schlafen.«) Ehe Sie den Mund aufmachen, überlegen Sie jedoch, ob hinter Ihren Worten eine selbstgerechte oder verurteilende Haltung steht. Bitten Sie Gott, Ihnen ein demütiges Herz und die richtigen Worte zu schenken, und vertrauen Sie darauf, dass er es tut.

Was ist mit anderen Aktivitäten? Was machen Sie, wenn Ihr Mann gern Bars besucht oder Partys, wo jede Menge getrunken wird, und Sie sich als Christ vorgenommen haben, nicht mehr an Trinkgelagen teilzunehmen? Sollen Sie sich weigern mitzugehen und zu Hause bleiben? Darauf bestehen, dass auch Ihr Mann zu Hause bleibt? Heikle Sache, oder nicht?

Einerseits ist die Vorstellung, in Bars herumzuhängen, immer weniger verlockend, je enger Ihr Verhältnis zu Jesus ist. Andererseits hat Gott uns gerade mit diesem bestimmten Mann zusammengebracht, damit wir ein Licht in der Finsternis – in seiner Finsternis – sind.

In der Bibel gibt es kein Gebot, das uns verbietet, mit unserem Mann eine Party zu besuchen oder in eine Bar zu gehen. Wir haben biblisch gesehen jedes Recht, mit einem reinen Gewissen Alkohol zu trinken. »Alles ist erlaubt«, schreibt der Apostel Paulus an die Christen in Korinth, »aber nicht alles dient zum Guten« (1. Korinther 10,23). Er schreibt weiter, dass wir nicht unsere eigenen Interessen suchen sollen, sondern das, was dem anderen dient. Die Gläubigen, so sagt er, sollen ruhig alles essen, »was auf dem Fleischmarkt verkauft wird, und nicht nachforschen, damit ihr das Gewissen nicht beschwert« (Vers 25). Wenn ein Ungläubiger Sie zum Essen einlädt und Sie gehen wollen – dann tun Sie es also und freuen Sie sich am guten Essen.

Paulus ging damals speziell auf die Frage ein, ob ein Christ Fleisch essen durfte, das vom Gastgeber irgendwelchen Göttern geopfert worden war. Das ist vielleicht nicht mehr unser Problem, aber was das Ausgehen mit unseren Männern betrifft, können wir auch heute das gleiche Prinzip anwenden: »Was ihr auch tut, das tut alles zu Gottes Ehre« (Vers 31). Wenn Sie Ihren Mann begleiten und für ihn ein Licht in der Finsternis sein wollen, und wenn er kein Gesetz und kein Gebot Gottes überschreitet, dann dürfen Sie ruhigen Gewissens mit ihm gehen.

Wenn Partys und Bars für Sie jedoch ein Problem sind, weil Sie zum Beispiel früher Schwierigkeiten mit dem Alkohol hatten, dann gehen Sie *auf keinen Fall*. Sagen Sie Ihrem Mann: »Ich will nicht mehr trinken, und wenn ich in eine Bar gehe, dann ist die Versuchung einfach zu groß.« Schlagen Sie etwas anderes vor, was Sie gemeinsam tun könnten. Das ist eine Ich-Botschaft (»Ich habe ein Problem«), und es gibt ihm gleichzeitig das Gefühl, dass Sie gern mit ihm zusammen sein möchten (»Wir könnten doch Minigolf spielen, das spielen wir doch beide gerne!«).

Und was ist, wenn Ihr Mann trotzdem gehen will? Dann müssen Sie vielleicht allein zu Hause bleiben. Niemand hat behauptet, das Leben als Christ sei einfach. Wichtig ist vor allem, dass Sie Ihr eigenes Herz schützen und Versuchungen meiden, besonders wenn Sie selbst gerade versuchen, vom Alkohol loszukommen.

Egal, in welcher Situation Sie stecken, bitten Sie Gott um Weisheit. Er hat versprochen, dass er allen, die ihn bitten, reichlich geben will (Jakobus 1,5). Wir wissen oft nicht genau, was wir tun sollen. Aber wir dürfen sicher sein, dass er es weiß.

In der Zwickmühle

Ich habe eine Bekannte, deren Mann auch gläubig ist. Dennoch sagt er jedes Mal, wenn das Telefon läutet: »Egal, wer dran ist, ich bin nicht zu Hause.«

Es mag ein Trost sein (wenn auch ein etwas zweifelhafter), dass schwierige Situationen nicht nur in der Ehe mit einem Ungläubigen auftreten. Aber das macht es für uns nicht leichter.

Es ist übrigens sehr viel einfacher, sich zu überlegen, ob man für einen anderen lügen soll oder nicht, als zu entscheiden, welchen Film man anschauen kann. Dass wir nicht lügen sollen, hat Gott uns ganz klar gesagt. Aber auch wenn es darum geht, ob wir Gott gehorchen oder unserem Mann gefallen wollen, sollte die Sache klar sein. Wir müssen Gott gehorchen, egal, was für Folgen das hat.

Um auf meine Bekannte zurückzukommen. Sie sagt ihrem Mann unmissverständlich: »Ich werde für dich nicht lügen.« Sie hat ihre Grundsätze und ist nicht bereit, davon abzuweichen. Natürlich passt das ihrem Mann nicht. Aber das ist sein Problem. Ein konkreter Ausweg wäre, alle Telefongespräche über den Anrufbeantworter laufen zu lassen. Allerdings ist das eigentliche Problem damit noch nicht gelöst. Aber was ist, wenn das Lügen auch darin besteht, bei der Steuererklärung zu schummeln? Da gibt es kein Drumherum. Deshalb sollte man sich schon vorher überlegen, welche moralischen Probleme verhandelbar sind, und die Bibel als Maßstab benutzen.

Einfach ausgedrückt, wenn Gott klar oder auch verschlüsselt zu einer Sache Nein sagt, dann sollten wir sie auch nicht tun. Wenn er uns andererseits durch die Bibel deutlich sagt, welches Verhalten er in unserer Situation von uns verlangt, dann ist das dran, und wir sollten darauf vertrauen, dass er uns genug Gnade und Kraft geben wird, das Richtige zu tun, trotz aller Widerstände.

Als ich noch jung im Glauben war und begann, die Gemeinde vor Ort zu besuchen, wollte ich auch gern Geld ins Opferkörbchen legen. Doch zum ersten Mal, seit ich dreizehn war, hatte ich keine Stelle und kein eigenes Einkommen. Außerdem war unsere finanzielle Lage damals ziemlich angespannt. Ich ging also zur Kirche und fragte eine ältere Frau um Rat. Sie sagte, ohne Barrys Zustimmung sollte ich kein Geld aus der Haushaltskasse nehmen.

An Weihnachten wollte ich Gott aber trotzdem etwas geben. Bis dahin waren es noch drei Monate. Also betete ich. Ich sagte Gott, dass ich kein eigenes Geld hätte, aber wenn ich an meinem Geburtstag (dem 10. Dezember) zufällig Geld geschenkt bekommen sollte, dann wollte ich es Jesus als Geburtstagsgeschenk geben.

Es hätte mich nicht überraschen sollen, aber auf einmal kam von überall her Geld. Es war einfach unglaublich! Am Morgen des 10. Dezember hatte ich 50 Dollar. Ich hatte außerdem einen Stapel Rechnungen auf dem Küchentisch liegen, und Barry meinte, ich sollte das Geld doch benutzen, um eine oder zwei davon zu bezahlen.

»Aber ich habe Jesus versprochen, dass ich dieses Geld ihm geben will«, sagte ich und fügte hinzu: »Ich weiß nicht genau, wie, aber Gott wird uns segnen, wenn wir ihm dieses Geld geben.«

Das war für Barry zu viel. Er hatte zwölf Stunden am Tag gearbeitet, damit wir durchkamen – und ich wollte Geld verschenken! Damals sagte er, bevor er wieder zur Arbeit ging, er würde sich am liebsten scheiden lassen.

Ich war für einen Moment sprachlos und griff dann zum Telefon, um meiner Freundin Terry mein Leid zu klagen. Noch während ich ihr etwas vorjammerte, begann ich die Morgenpost zu öffnen, die gerade gekommen war. Ich schlitzte einen Umschlag nach dem anderen auf – alle an mich adressiert –, und alle enthielten Geld. Als ich fertig war, hatte ich 150 Dollar!

Barry war schockiert, als er später von der Arbeit nach Hause kam und mich grinsend herumtanzen sah. Schließlich hatte er ausgerechnet an meinem Geburtstag gesagt, er wolle sich scheiden lassen. Ich konnte meine Begeisterung nicht länger zurückhalten und sagte: »Guck, Barry, ich hab dir ja gesagt, dass Gott uns segnen würde!«

Sein Gesicht werde ich nie vergessen. Darauf stand zu lesen: »Tatsächlich. Wer hätte das gedacht! Gott hat wirklich gesegnet!« Er entschuldigte sich für seine Bemerkung von der Scheidung, und wir kamen überein, dass wir die ursprünglichen 50 Dollar anonym an eine Familie aus der Gemeinde weitergeben wollten, die gerade in Not war. Mit dem Rest würden wir die Rechnungen bezahlen. Seitdem war es nie wieder eine Frage, ob ich der Kirchengemeinde eine Geldspende geben durfte, aber ich ließ immer Barry bestimmen, wie viel.

Ich erzähle Ihnen diese Geschichte, weil ich weiß, dass das

Geld eine Ehe kaputtmachen kann. Ich weiß aber auch, dass Gott sehr kreative Lösungen für alle Konflikte hat, die zwischen Ihnen bestehen, selbst für Geldprobleme und Spenden an die Kirche.

Ein anderer Konfliktherd ist der Gottesdienstbesuch, wenn Ihr Mann ihn »verbietet«. Ich bin sicher, dass Sie schon alle möglichen Meinungen gehört haben, von: »Ordne dich deinem Mann in allem unter, auch hier, und du wirst ihn durch dein Verhalten gewinnen«, bis: »Sag dem Typ, dass du nicht sein Besitz bist, und geh zur Kirche, wann du willst – und kümmere dich nicht darum, was er sagt.« Auch wenn mir die zweite Antwort besser gefällt, weil sie so schön aufsässig klingt, sind beide Antworten nur Meinungen. Unser Maßstab aber sollte immer lauten: »Was sagt die Bibel?«

Und im Hinblick auf den Gottesdienstbesuch sagt sie, wir sollen »nicht verlassen unsere Versammlungen, wie es einige zu tun pflegen« (Hebräer 10,25). In den Versen davor heißt es, wir sollten durchhalten und an der Hoffnung festhalten, die wir bekennen. Wir werden erinnert an Gottes Treue und dazu ermahnt, einander zur Liebe und zu guten Werken anzuspornen.

Wir müssen uns also regelmäßig mit Gleichgesinnten treffen, sonst halten wir nicht durch. Wir verlieren die Hoffnung und vergessen Gottes Treue. Wir fallen ab und vergessen die Barmherzigkeit Gottes.

Bei einem Essen kam ich einmal mit einer anderen Frau ins Gespräch, und wir fingen an, uns über dieses Buch zu unterhalten, das ich damals gerade schrieb. »Oh«, sagte sie, »mit meinem Leben könnte ich Ihnen alle Seiten füllen!« Sie war frisch geschieden – von einem ungläubigen Mann. Das war nicht gerade die Art von Vorbild, die ich suchte. Eine Bemerkung hat sich mir jedoch besonders tief eingeprägt. Als ich sie fragte: »Was war der schlimmste Rat, den Sie je hinsichtlich der Ehe mit einem Ungläubigen erhalten haben?«, zögerte sie nicht lange mit der Antwort: »Als mein Mann mir alle möglichen Steine in den Weg legte, damit ich nicht in die Kirche konnte, sagte mein Pastor: ›Dann geh nicht mehr. Gott wird dich verstehen.‹ Aber ich kann Ihnen sagen, danach ging es rapide bergab, weil ich richtig vom Glauben abgefallen bin.«

Eine andere, deren Mann seit einiger Zeit mit ihr in den Gottesdienst kommt, sagt, am Anfang habe ihr Mann ihr das Leben schwer gemacht. Aber sie blieb fest und hat weiter getan, was Gott von ihr erwartete. Es war nicht einfach, aber sie sagt, sie habe an all die Christen auf der ganzen Welt gedacht, die wegen ihres Glaubens verfolgt und sogar umgebracht werden. Im Vergleich zu dem, was die durchmachen müssen, waren die spitzen Bemerkungen ihres Mannes gar nichts.

Sie war etwa ein Jahr Christ, als sie einmal ein Telefongespräch ihres Mannes mit ihrer eigenen (auch ungläubigen) Mutter mit anhörte. Er sagte: »Ich dachte, sie würde dieses Jesus-Zeug irgendwann aufgeben. Aber sie macht es nicht. Ich glaube, es ist echt.«

Ein paar Monate später fing er an, mit ihr in die Kirche zu gehen. »Du hast dich nie abhalten lassen«, war sein Kommentar. Seine Hinderungsversuche waren seine Art gewesen, ihren Glauben auf seine Echtheit hin zu testen. Es hat sich gelohnt festzubleiben, sagt sie.

Heißt das, eine Frau muss dogmatisch jeden Gottesdienst besuchen, der angeboten wird? Ich denke, dass Frauen in der Ehe mit einem Ungläubigen eine Art Seiltanz vollführen. Auch wenn ein Christ in erster Linie dazu berufen ist, Gott treu zu sein, soll sich die Frau auch ihrem Mann unterordnen. Das Gute ist, dass Gott ein Gott der Gnade ist. Er steinigt uns nicht gleich, wenn wir einmal einen Gottesdienst verpassen. In der Regel aber gilt, dass wir »nicht verlassen unsre Versammlungen, wie einige zu tun pflegen«, egal, wie schwierig es sein mag.

In den meisten Fällen sind gelegentliche Kompromisse nichts Schlechtes. »Am Sonntagmorgen gehe ich in die Kirche, den Rest des Tages verbringe ich mit dir.« Vielleicht müssen Sie den

Sonntagabend-Gottesdienst und die Bibelstunde am Mittwoch ausfallen lassen, wenn das zu viel Konfliktstoff gäbe. Und selbst wenn nicht, bedenken Sie, dass es in der Regel viel Ärger hervorruft, wenn eine Frau zu viel Zeit an ihrem »Lieblingsplatz Kirche«, wie Lynns Mann sagt, verbringt.

Eine andere Möglichkeit könnte sein, einen Frauenkreis zu besuchen, während der Mann auf der Arbeit ist. Bitten Sie Gott, Ihnen kreative Wege zu zeigen, wie Sie die Bibel lesen, Gemeinschaft haben und ihn anbeten können. Und denken Sie daran, er will das vor allem wegen Ihnen und nicht wegen sich selbst.

Wenn es darum geht, mit schwierigen Situationen fertig zu werden, wenn Gott gehorchen heißt, Hass, Ärger, Hohn, Drohungen usw. auf sich zu nehmen, dann dürfen wir wissen, dass wir nicht verpflichtet sind, uns irgendwelchen Forderungen unseres Mannes unterzuordnen, die gegen Gottes Gebote sind. Wir haben aber auch die Gewissheit, dass seine Gnade immer für alles ausreicht, was er von uns verlangt.

Im Johannesevangelium wandten sich viele Jünger von Jesus ab, als es schwierig wurde. Jesus fragte die Zwölf, ob sie auch gehen wollten. Petrus erwiderte: »Herr, wohin sollen wir gehen? Du hast Worte des ewigen Lebens« (Johannes 6,68). Wenn es schwierig wird, wenn Sie das Gefühl haben, Sie säßen in der Zwickmühle, dann gehen Sie zu Jesus. Er allein hat Worte des ewigen Lebens.

Wohin sonst sollten Sie gehen?

Bei Gott ist nichts unmöglich, nicht einmal …

Eine E-Mail-Bekannte schreibt: »Ich hasse seine Trinkerei. Irgendwann gehe ich in die Luft! Er sagt vor den Ohren der Kinder so schreckliche Sachen über mich. Was soll ich tun?«

Eine andere Frau, die noch recht jung im Glauben ist, sagt:

»Er ist nur am Trinken. Ich bete nur noch darum, dass er endlich erwachsen wird. Bis dahin muss ich einfach jeden Tag so nehmen, wie er ist. Ich weiß nie, was mich erwartet. Aber was mir am meisten Angst macht, ist Folgendes: Auf der Arbeit ist ein Typ, der mir schöne Augen macht. Und dann komme ich nach Hause … Es ist wirklich nicht leicht.«

Noch eine andere lebt seit vierzig Jahren mit einem Mann zusammen, der Haschisch raucht (obwohl er in den ersten zwanzig Jahren, wie sie sagt, »nur ein Säufer war«). Doch in den letzten zwanzig Jahren raucht er nicht nur Marihuana, sondern baut es auch noch selbst an.

Wer nur einmal genau hinhört, merkt, dass die Geschichten kein Ende nehmen. Auch wenn die Mehrzahl der Frauen, die ich hinsichtlich der Ehe mit einem ungläubigen Partner befragt habe, ihre Männer als »gutmütig« beschreibt und sagt, dass sie Glaubensfragen im Allgemeinen nicht unbedingt ablehnend gegenüberstehen, gibt es doch auch die, die von sich sagen, sie stünden in »einem ständigen Kampf«.

Die meisten, die sich in dieser Kategorie sehen, haben mit einer Sucht ihres Mannes zu kämpfen: Alkohol, Drogen oder Pornografie. Die Konflikte spielen sich also nicht nur auf der rein geistlichen Ebene ab, sondern bekommen noch eine andere Dimension.

Falls Sie zu diesen Frauen gehören, haben Sie mein tiefstes Mitgefühl. Ich bitte Gott, während ich diese Sätze schreibe, dass er Ihnen gerade heute seinen besonderen Segen schenkt. Ich kann wahrscheinlich gar nicht ermessen, was Sie durchmachen, aber ich weiß, dass bei Gott nichts unmöglich ist. Bitte ziehen Sie sich in einer solchen Situation nicht zurück, sondern suchen Sie Hilfe. Suchen Sie im Telefonbuch oder erkundigen Sie sich in Ihrer Gemeinde nach einer Selbsthilfeorganisation, die auf christlicher, biblischer Basis arbeitet und Ihnen im Umgang mit Ihren Problemen helfen kann.

»Bleiben Sie in dieser Situation nicht allein und lernen Sie es, die Dinge in Liebe anzusprechen«, rät Brenda Waggoner, Diplom-Therapeutin aus Texas und Autorin des Buchs *The Velveteen Woman.* »Auch wenn wir als gläubige Frauen einen sanften, stillen Geist haben sollen, bedeutet das nicht, dass wir uns zurücklehnen und ›nur beten‹. Damit ändert sich nichts, und unser Mann lernt nicht, dass er Verantwortung übernehmen muss.«

Ehe Sie irgendetwas unternehmen, um Ihre Situation zur Sprache zu bringen, so Waggoner weiter, sollten Sie sich jedoch gründlich überlegen, ob Sie bereit sind, die eventuell notwendig werdenden Änderungen auch vorzunehmen. Überschlagen Sie die Kosten, aber tun Sie das Richtige – und aus den richtigen Gründen.

Ihre Haltung sollte sein: »Ich liebe dich. Ich möchte, dass unsere Ehe funktioniert, aber so, wie es im Moment läuft, ist es für uns beide nicht gut.«

Dann suchen Sie Beratung. Ideal wäre es, wenn Ihr Mann und Sie gemeinsam eine Therapie besuchen könnten. Damit Ihr Mann sich nicht manipuliert fühlt, könnten Sie zum Beispiel sagen: »Weil ich dich liebe und möchte, dass unsere Ehe nicht kaputtgeht, mache ich eine Therapie. Hättest du nicht Lust mitzukommen?« Wenn Ihr Mann sich weigert, gehen Sie ohne ihn. Sie brauchen Hilfe genauso wie er, und wenn es nur darum geht, dass Sie einmal mit einem Außenstehenden reden können.

Waggoner sagt, ein weit verbreitetes Problem, selbst in Ehen, in denen beide Partner gläubig sind, sei die Pornografie. »Für die Frau ist das genauso, als würde ihr Mann fremdgehen«, sagt sie. »Ihr Selbstwertgefühl leidet, und sie fühlt sich von ihrem Mann entwürdigt. Auch die Qualität ihres Sexuallebens leidet, weil die Frau das Gefühl hat, sie würde nur benutzt.«

Sie rät Frauen, die hier Probleme haben, dringend, Beratung zu suchen. Den Frauen, die zu ihr in die Praxis kommen, gibt sie meist folgende Ratschläge:

- Erklären Sie Ihrem Mann, was Sie empfinden, und sagen Sie ihm, wie verletzt Sie sind. »Wenn du solche Filme oder solche Websites ansiehst, dann ist das für mich, als würdest du mit einer anderen Frau schlafen. Es kränkt mich, vor allem wenn du dann hinterher zu mir kommst und mit mir schlafen willst. Ich habe das Gefühl, dass du mich nicht liebst, sondern mich einfach nur benutzen willst.« Waggoner sagt, dass manche Männer sich daraufhin ändern. Für sie sind Pornos nur Bilder auf dem Bildschirm oder in einem Heft. Es ist ihnen oft gar nicht klar, dass es für ihre Frau auch um Gefühle geht.
- Wenn Ihr Mann, nachdem er sich Pornobilder angesehen hat, zu Ihnen kommt und mit Ihnen schlafen will, dann stehen Sie zu Ihren Gefühlen: »Im Moment kann ich nicht auf dich eingehen. Ich bin zu verletzt.« Das Verhalten ist laut Waggoner das entscheidende Element. Und wie bei jeder Auseinandersetzung muss es vom Gebet getragen sein. Ziel ist, dass Ihr Mann seine Sünde erkennt und einsieht, dass er Hilfe braucht. Ihr Motiv sollte darum nie Zorn, der Wunsch nach Rache oder Strafe sein.
- Wenn der Pornokonsum nicht aufhört, besteht der nächste Schritt in einer »häuslichen Trennung« – getrennten Schlafzimmern. Damit, so Waggoner, ist Ihnen die Aufmerksamkeit Ihres Mannes meist sicher.

Bei alldem vergessen Sie nicht, dass Ihr Mann zwar ein Problem hat, aber dass er nicht selbst das Problem ist. Wie in allen Dingen sollte Ihre Haltung sein: »Er ist mein Mann, und ich will tun, was ich kann, um ihm zu helfen.« (Was im Fall von Misshandlung zu tun ist, finden Sie in Kapitel 13.)

Eine Frau, die lange Jahre mit einem Drogensüchtigen verheiratet war, sagt: »Gott hat die Situation zugelassen, und ich will darauf vertrauen, dass er in mir und durch mich alles tut, was nötig ist.« Sie weiß, es gibt keine Garantie dafür, dass ihr

Mann sich ändern wird. Die einzige Garantie, die sie hat – und die auch wir haben –, ist, dass bei Gott kein Ding unmöglich ist … und dass nichts, weder Leben noch Tod, noch alles, womit die Welt uns sonst noch bombardiert, uns von der Liebe Gottes trennen kann, die in Christus Jesus ist, unserem Herrn.

Und wenn Gott für uns ist, wer oder was könnte dann gegen uns sein?

Zum Nachdenken

- In welchen Bereichen entstehen für Frauen, die mit einem ungläubigen Partner verheiratet sind, am häufigsten Konflikte? Wo geht es um eine Verletzung von Gottes Geboten, und wo geht es nur um Fragen von Geschmack oder Tradition?
- Was sagt Gottes Wort über die Lösung solcher Konflikte und darüber, welche Haltung wir einnehmen sollten?
  - Galater 6,1
  - Epheser 4,15
  - Philipper 4,6-7
  - Kolosser 1,9-14

  Lesen Sie noch einmal die Geschichte von Josef, vor allem die Begegnung mit der Frau von Potifar (1. Mose 39). Wie verhielt er sich ihr gegenüber?
- Legen Sie täglich Gottes Waffenrüstung an (Sie finden sie in Epheser 6,10-18). Gott hat uns diese Rüstung gegeben, damit wir uns gegen das Bombardement gottloser Einflüsse wehren können. Überlegen Sie einmal, in welcher Weise jedes einzelne hier genannte Teil Sie im Kampf schützt. (Und vergessen Sie nicht: Sie kämpfen nicht gegen Ihren Mann, sondern gegen unsichtbare Mächte, die Ihr Leben durcheinander bringen wollen.)

- Denken Sie an die Verheißungen, die wir in der Bibel finden. Was ist unsere Hoffnung, wenn die Probleme unüberwindlich scheinen? Notieren Sie in einem kleinen Heft, welche Verheißungen Sie besonders hilfreich finden. Hier eine kleine Starthilfe: »Gott aber kann machen, dass alle Gnade unter euch reichlich sei, damit ihr in allen Dingen allezeit volle Genüge habt und noch reich seid zu jedem guten Werk« (2. Korinther 9,8).

- »Es ist nicht immer möglich, die Wahrheit so zu sagen, dass es nicht wehtut, aber die Alternative wäre eine Ehe, die auf eine Reihe von unausgesprochenen Kompromissen gebaut ist. Die Wahrheit kann vielleicht für einen Moment das Feuer der Leidenschaft dämpfen, doch mit der Zeit schafft sie neue Möglichkeiten für echte Nähe – eine Nähe, die entsteht, wenn man einander wirklich kennt.«

Aus: David L. Goetz, *Couples Devotional Bible*

Kapitel 13

Wann darf man gehen?

Sie hatte kurzes, gelocktes Haar und einen Haufen Kinder. Ich sprach nur kurz mit ihr während einer Veranstaltung für allein erziehende Mütter in einer benachbarten Gemeinde.

»Ich habe mir den Entschluss, mich scheiden zu lassen, nicht leicht gemacht«, sagte sie, »weil ich weiß, dass es eigentlich Sünde ist, eine Ehe aufzulösen.«

Sie erklärte weiter, dass sie kurz nach ihrer Hochzeit zum Glauben gekommen sei. Doch weil ihre Schwiegereltern einer nicht-christlichen Religion angehörten und großen Druck auf sie und die Kinder ausübten, fiel sie schon bald wieder vom Glauben ab.

Dann gab es zu Hause Schwierigkeiten. Ihr Mann verfiel immer mehr dem Alkohol und wurde ihr gegenüber immer ausfälliger. Das trieb sie zurück zum Kreuz, wo sie sich Jesus ganz neu hingab. Sie ließ sich taufen – und reichte die Scheidung ein.

»Ich weiß, dass es falsch war«, sagte sie, »aber ich habe es trotzdem gemacht. Auch nach der Scheidung habe ich noch versucht, meinen Mann zu überreden, dass er mit mir für eine Eheberatung zu unserem Pastor geht, damit wir die Ehe flicken können. Aber er will sich nicht ändern.«

Und so muss die Mutter von fünf Kindern lernen, mit den Folgen zu leben, die die Scheidung für ihre Familie hatte.

Ein Mann namens Frank schickte mir kürzlich seine Lebensgeschichte. Als Kind erlebte er mit, wie sein alkoholabhängiger, ungläubiger Vater seine gläubige Mutter regelmäßig schlug. Sie weigerte sich, ihn zu verlassen, und vertraute darauf, dass ihr

Mann, wenn sie sich nur genug unterordnete, eines Tages zum Glauben kommen und sich ändern würde.

Irgendwann geschah es auch – und Frank sagt, die Geduld, mit der seine Mutter ihr Leid trug, sei für ihn Anlass gewesen, sich zu bekehren – aber es ging auch bei ihm nicht ohne Schaden ab. Bevor er Christ wurde, berichtet Frank, sei er dem Beispiel seines Vaters gefolgt, sei gewalttätig und alkoholsüchtig gewesen. Er fragt sich, ob es nicht doch besser gewesen wäre, wenn seine Mutter den Vater verlassen und ihn mitgenommen hätte.

Candace sagt, sie wisse nur allzu gut, warum Gott Scheidungen hasse. Zwölf Jahre lang stand sie treu zu ihrem ungläubigen Mann, erlebte seine Alkohol- und Drogensucht, die angefangenen und wieder abgebrochenen Therapien. Sie betete nonstop für ihn, suchte für sich selbst Beratung und umgab sich mit gläubigen Freunden.

Obwohl die Ehe schwierig war, gab sie die Hoffnung nie auf. Sie glaubte Gott. Sie glaubte – und tut es heute noch –, dass eine Ehe für immer und ewig geschlossen wird. Was Gott zusammenfügt, kann der Mensch nicht scheiden.

Dann erzählte ihr Mann ihr von seiner Freundin, und ihre Welt brach zusammen.

»Selbst dann wollte ich noch keine Scheidung«, erzählte sie. »Ich glaube immer noch, dass Gott Scheidungen hasst und dass wir es hätten schaffen können. Ich dachte, wenn ich nur genug betete und wartete, würde Gott Tims Herz verändern – ihm zeigen, dass auch er Jesus braucht.«

Candace hielt am Glauben fest. Tim zog mit der Familie in einen anderen Bundesstaat, damit sie dort einen Neuanfang machen konnten. Aber sie waren erst eine Woche dort, als er bereits zu seiner Freundin zurückkehrte.

Candace war am Boden zerstört. Doch sie wollte sich immer noch nicht scheiden lassen. Dann aber reichte Tim die Scheidung ein, nachdem er zwei Jahre zwischen Familie und Freundin hin und her gependelt war. Jetzt erholt sie sich allmählich von dem Trauma. Ihr Glaube ist noch immer intakt, und ihre einzige Frage lautet: Kann ich als Christ jemals wieder heiraten?

Was Gott zusammenfügt …

Das Leben ist nicht logisch. Ich habe in der letzten Zeit viel darüber nachgedacht, warum manche Ehen halten und viele, selbst Ehen von Gläubigen, nicht. Vermutlich hat es mit den Menschen zu tun. Wo sündige Menschen im Spiel sind, gibt es keine Garantien. Sicher, Gott kann eingreifen und tut es oft auch, aber manchmal lässt er diese sündigen Menschen auch ihre eigenen Wege gehen.

Und dennoch … *Gott hasst Scheidungen!* Wie der Prophet Maleachi schreibt: »Das tut keiner, in dem noch etwas von der Gesinnung dieses Bundes lebt. Denn solch einem Menschen liegt alles daran, Nachkommen hervorzubringen, die zum Volk Gottes gehören. Darum hütet euch vor eigensüchtiger Gesinnung und verstoßt nicht eure erste Frau! Der Herr, der Gott Israels, der Herrscher der Welt, sagt: ›Ich hasse es, wenn einer seine Frau verstößt. Wer so etwas tut, begeht ein Verbrechen.‹ Lasst euch also warnen! Keiner verstoße seine Frau!« (Maleachi 2,15-16; Gute Nachricht Bibel).

Von Anfang an, schon im Garten Eden, wollte Gott, dass in der Ehe ein Mann und eine Frau bis zum Tod ein Fleisch bleiben.

Als Jesus einmal von Menschen, die nach einem Hintertürchen suchten, nach der Möglichkeit der Scheidung gefragt wurde, antwortete er: »Was nun Gott zusammengefügt hat, das soll der Mensch nicht scheiden« (Matthäus 19,6). Das ist das Ideal. Das ist in Gottes Augen das Beste. Danach sollen wir streben, darauf hinarbeiten, darauf hoffen, dafür beten. Doch wegen

»eures Herzens Härte«, wie Jesus sagte, erlaubt das Gesetz des Mose die Scheidung wegen Ehebruchs.

Der Apostel Paulus mahnte gläubige Ehepartner darüber hinaus, sich nicht von einem ungläubigen Partner zu scheiden, nur weil er oder sie kein Christ ist. Das sind keine »unüberbrückbaren Differenzen«. Wenn allerdings ein Ungläubiger gehen will, »so lass ihn sich scheiden. Der Bruder oder die Schwester ist nicht gebunden in solchen Fällen« (1. Korinther 7,15).

Aus Sicht der Bibel sind also Ehebruch und Trennung des anderen gültige Gründe für eine Scheidung. Das heißt nicht, dass ein Christ in diesen Fällen die Scheidung suchen *muss*, sondern nur, dass er es *kann*. Am besten ist es immer, die Probleme zu lösen, vor allem wenn Kinder da sind.

Wenn aus Liebe Wut wird

Die American Medical Association hat die Gewalt an Frauen in der eigenen Familie als »nationale Epidemie« bezeichnet. Statistiken aus dem Justizministerium zeigen, dass alle fünfzehn Sekunden eine Frau geschlagen wird. Gewalt in der Familie ist die häufigste Verletzungsursache bei Frauen zwischen fünfzehn und vierundvierzig – und damit häufiger als Verkehrsunfälle, Überfälle und Vergewaltigungen zusammengenommen.

Eine landesweite Umfrage bei über sechstausend Familien hat an den Tag gebracht, dass 50 Prozent der Männer, die ihre Frau regelmäßig schlagen, auch ihre Kinder misshandeln. Daneben ist die Wahrscheinlichkeit, dass Männer, die bei ihren Eltern Gewalt erlebten, auch ihre eigene Frau schlagen, dreimal größer als bei Männern aus gewaltfreien Familien.

Was für eine traurige Statistik. Ich kann mir nicht einmal ansatzweise vorstellen, was eine Frau in einer solchen Situation Tag für Tag durchmachen muss und würde dieses Thema gern überspringen. Doch weil die Wahrscheinlichkeit, dass Sie oder jemand, den Sie kennen, in irgendeiner Weise betroffen ist, relativ groß ist, kann ich es nicht ignorieren. Und in einer Ehe mit einem ungläubigen Mann wird damit oft noch Öl ins Feuer einer bereits heiklen Situation gegossen.

»Missbrauch macht eine Frau innerlich kaputt«, sagt Diplom-Psychologin Brenda Waggoner. »Es hilft Ihnen nicht, wenn Sie den Missbrauch zulassen, ob er mit Worten, auf seelischer Ebene oder körperlich geschieht.« Sie berichtet, dass viele Frauen, die zur Beratung kommen, das Gefühl haben, sie sitzen hoffnungslos in der Falle.

Laut Waggoner muss jede Form von Missbrauch erkannt und behandelt werden. Nichts tun, unterwürfig sein und die Misshandlung ertragen, hilft niemandem. Die Frau lässt damit lediglich zu, dass sie als Person erniedrigt wird. Die Kinder leben in Aufruhr und Chaos, ganz zu schweigen davon, dass sie lernen, das Verhalten zu übernehmen. Und wenn man nichts tut, wird auch der Täter nicht zur Verantwortung gezogen, sondern nur ermutigt weiterzumachen.

»Er hat sie in seiner Gewalt, und solange das funktioniert, wird er weitermachen«, sagt Waggoner. »Normalerweise gibt sogar der Mann seiner Frau die Schuld. ›Es ist dein Fehler.‹ Aber er weicht nur seinen eigenen Problemen aus.«

Wenn der Missbrauch sich auf verbale Ausbrüche und Attacken des Mannes beschränkt, sagt sie, kann die Frau die Angriffe oft ruhig, aber bestimmt auf ihn zurücklenken. Eine der besten Methoden sei es, ihm zu sagen: »Wenn du so weitermachen willst, dann gehe ich weg, bis du dich beruhigt hast.« Das ist eine unaufdringliche Art, seine Aufmerksamkeit zu gewinnen. Wenn er keinen Zuhörer hat, wenn er merkt, dass sein Ausbruch ihm nichts nutzt und die Vorteile, die er durch seine Herrschsucht sucht, weggenommen werden, dann besteht Hoffnung, dass er zur Vernunft kommt und aufhört oder zumindest erkennt, dass er Hilfe braucht.

Wenn Sie, liebe Leserin, in einer Ehe leben, in der Sie in

irgendeiner Weise misshandelt werden – ob mit Worten, seelisch oder körperlich –, dann suchen Sie professionelle Hilfe. Chuck Swindoll rät Pastoren und anderen Beratern in seinem Buch *Counseling Insights*, dass es »unrealistisch und unfair ist zu meinen, ein gläubiger Partner und hilflose Kinder sollten sich brutalem oder auf andere Art extremem Verhalten in jedem Falle unterordnen, egal, wie gefährlich oder lebensbedrohend die Situation ist. Die Treue zu Gott ist an diesem Punkt allen anderen Prinzipien überzuordnen.«

Er führt weiter aus, dass er nicht unbedingt für eine Scheidung plädiert, sondern eher für Abgrenzung und Sicherheit durch Trennung. »Sich unterzuordnen ist eine Sache. Aber es ist ganz etwas anderes, zur Zielscheibe von Demütigungen, körperlicher Gewalt, sexueller Perversion und unkontrollierter Wut zu werden. Da der Körper des Gläubigen ein Tempel des Heiligen Geistes ist, ist es *unvorstellbar*, dass Gott sich darüber freut, wenn dieser Körper von kranken und/oder gedankenlosen Partnern geschlagen und misshandelt wird, die sich kaum um das Wohlergehen ihrer Familie scheren und an nichts anderes denken als an ihre eigene perverse Befriedigung.«

Wenn aus Liebe Wut wird und Sie geprügelt und gedemütigt werden, dann schreien Sie um Hilfe – und zwar sofort. Vertrauen Sie darauf, dass Gott, der Ihr Beschützer und Führer ist, Sie auch zu den richtigen Menschen führen wird. Gehen Sie zunächst zu Ihrer eigenen Gemeinde und informieren Sie sie über Ihre Situation. Wenn Sie keine Gemeinde haben oder man Ihnen dort nicht in gebührender Weise helfen kann, dann suchen Sie eine andere oder eine christliche Beratungsstelle in Ihrer Nähe. Fliehen Sie – wenn nötig – in ein Frauenhaus und beten Sie, beten Sie, *beten Sie*. Bitten Sie Gott um Schutz, um seine Fürsorge und seine Gnade. Bitten Sie ihn um einen ruhigen Geist und einen klaren Kopf, damit Sie Ihre Gedanken und Gefühle sortieren können. Bitten Sie ihn um Weisheit und Kraft. Und beten Sie für Ihren Mann.

Im ersten Buch Mose im Alten Testament wird von Hagar berichtet, einer Magd von Sara, der Frau Abrahams. Zweimal litt Hagar unter der Behandlung ihrer Besitzer. Einmal, als sie, auf Saras Vorschlag hin, von Abraham schwanger wurde, und dann, nachdem ihr Sohn geboren war. Jedes Mal wurde sie in die Wüste geschickt. Jedes Mal brach sie weinend zusammen. Und jedes Mal erschien ihr Gott und offenbarte sich ihr als »der Gott, der sieht«. Er sah, wie sie behandelt wurde, und kam ihr zu Hilfe.

Darum fassen Sie Mut. Gott sieht alles, was Sie durchmachen, und er hat mit Ihnen einen unauflöslichen Bund geschlossen, dass er an Ihrer Seite steht und mit denen streitet, die mit Ihnen streiten.

Ich kann Ihnen nicht versprechen, dass der Weg einfach und ohne Hindernisse verläuft. Eine Situation verlassen, in der man missbraucht wird, kann genauso schwer sein, wie zu bleiben. Doch ich kann Ihnen versichern, dass Gott weiß, welche Pläne er für Sie hat, »Gedanken des Friedens und nicht des Leides, dass ich euch gebe Zukunft und Hoffnung« (Jeremia 29,11).

Und nicht nur das. Hören Sie einmal, was er unmittelbar darauf sagt: »Und ihr werdet mich anrufen und hingehen und mich bitten, und ich will euch erhören. Ihr werdet mich suchen und finden; denn wenn ihr mich von ganzem Herzen suchen werdet, so will ich mich von euch finden lassen, spricht der Herr, *und will eure Gefangenschaft wenden*« (Jeremia 29,12-14).

Darum noch einmal: Fassen Sie Mut. Wie der Psalmsänger schreibt: »Den Abend lang währet das Weinen, aber des Morgens ist Freude« (Psalm 30,6).

Wenn es eine andere gibt …

Emily war verunsichert. Sie war noch nicht lange gläubig, und kürzlich war ihr Mann ganz zerknirscht nach Hause gekommen und hatte ihr gebeichtet, dass er mit einer anderen Frau geschlafen hatte. Es war eine einmalige Sache. Er hatte sie in einer Bar getroffen und schwor, dass es nie wieder vorkommen würde.

Nach dem ersten Schock, sagt Emily, hätte sie regelrechtes Mitleid mit ihm gehabt, und das Gefühl, sie solle ihm vergeben, sei so stark gewesen – das könne eigentlich nur das Wirken des Heiligen Geistes in ihrem Leben gewesen sein.

Aber weil sie die Bibel noch nicht so gut kannte, dachte sie, sie *müsste* sich wegen Untreue von ihrem Mann scheiden lassen. Deshalb war sie so verunsichert.

In einer E-Mail schrieb sie: »Ich danke Gott, dass ich eine kluge gläubige Freundin habe, die mir da durchgeholfen hat. Was mein Mann getan hat, war nicht in Ordnung – und er muss selbst mit seiner Schuld und den Konsequenzen klarkommen. Ich bete darum, dass Gott diese Sache dazu benutzt, um ihm zu zeigen, dass er einen Erlöser braucht. Ich weiß aber auch, dass es nur dieses eine Mal war und keine Gewohnheit. Natürlich hat es mir wehgetan, und ich habe ihn das auch wissen lassen, aber ich betrachte das Ganze auch als Gelegenheit, dass er etwas von der übernatürlichen Kraft zur Vergebung erlebt, die nur Christen haben.«

Eine andere E-Mail stammt von einer Frau, deren ebenfalls ungläubiger Mann ein Verhältnis mit einer Kollegin begann. Sie sprach mit ihrem Pastor und beschloss dann, keine übereilten Schritte zu tun.

Während sie jeden Tag, ja praktisch jede Stunde, Gott bat, ihr zu zeigen, was sie tun sollte, setzte ihr Mann die Beziehung fort. Sie sagt, sie habe geschwiegen und ihr Leben einfach weitergeführt wie bisher, sei in die Gemeinde gegangen, habe das Haus in Ordnung gehalten und sich um die beiden kleinen Söhne gekümmert. Irgendwann fing ihr Mann an, von Scheidung zu reden, unternahm aber selbst nichts.

»Mit der Zeit hat sich die Sache totgelaufen, und er beschloss, zu bleiben«, schrieb sie. »Ich habe viel gebetet. Dann kam er auf einmal aus heiterem Himmel mit in die Kirche. Nach einiger Zeit bekannte er sich zu Jesus Christus, ließ sich taufen und hat, wie er sagt, noch einmal ganz von vorn angefangen. Er ist jetzt Diakon und Lehrer in unserer Gemeinde. Die Probleme liegen jetzt achtzehn Jahre zurück. Gott ist gut. Manchmal kann man wirklich nichts weiter tun, als sich an seinen Verheißungen festzuhalten.«

Manchmal ist, wie Ralph Waldo Emerson bemerkte, »der einzige Weg hinaus ist der Weg hindurch«. Halte durch, bete mit aller Kraft und warte, bis du auf der anderen Seite wieder herauskommst. Wenn es um Ehebruch geht, kann man allerdings nicht immer durchhalten. Manchmal gibt es keine andere Seite – die Affäre läuft sich nicht tot, oder Ihr Mann findet sogar eine neue Frau. Gott nimmt ein solches Verhalten so ernst, dass es in seinen Augen Grund genug ist, das Band der Ehe zu lösen. So schlimm ist Ehebruch.

Trotzdem sollte eine Scheidung immer der letzte Schritt sein. »Warum hat dann Mose *geboten*, ihr einen Scheidebrief zu geben und sich von ihr zu scheiden?«, fragten die Pharisäer Jesus.

Doch Jesus korrigierte sie: »Mose hat euch *erlaubt*, euch eures Herzens Härte wegen von euren Frauen scheiden zu lassen« (Matthäus 19,7-8). »Wenn es um harte Herzen und Ehebruch geht, muss auch die Liebe hart sein«, sagt James Dobson in seinem Buch mit dem gleichnamigen Titel. Manchmal wird den Frauen, die von ihrem Mann betrogen werden, das duldsame, bedingungslose Ertragen einer solchen Situation als Rat mit auf den Weg gegeben, aber das ist *kein* christliches Verhalten – im Gegenteil!

»Echte Liebe verlangt in Krisenmomenten nach Härte«, schreibt Dobson. »Was in einem solchen Moment nötig ist, ist liebevolle Strenge, die vor die Entscheidung stellt, zwischen Gut und Böse zu wählen. Duldsamkeit, Verständnis, Entschuldigungen, Verzeihung und verstärkte Zuwendung sind dann völlig falsch. Wer in einer solchen Situation [des fortgesetzten Ehebruchs] den anderen mit derartigen Liebeserweisen überhäuft, der fördert dessen verantwortungsloses Verhalten und erniedrigt sich selbst. Er entzieht der Ehe die Basis, auf der man *Verantwortung füreinander trägt*!«

Wenn eine gläubige Frau erfährt, dass ihr Mann sie betrügt, dann gilt hier, wie in allen Fällen, dass sie zuerst einmal Trost im Gebet suchen sollte. Dann sollte sie sich bei Christen Rat holen. Mit seelsorgerlicher oder therapeutischer Unterstützung sollte sie ihren Mann dann auf das Problem ansprechen und – so empfiehlt Dobson – eine Entscheidung herbeiführen, vor allem wenn der Mann sich zwischen beiden Frauen hin- und hergerissen fühlt.

Der größte Dienst, den eine Frau dem Mann tun kann, der sich nicht entscheiden kann, ob er nun mit der eigenen oder der anderen Frau zusammen sein will, besteht darin, ihn vor die Wahl zu stellen und ihm klipp und klar zu sagen, welche Konsequenzen sein Verhalten haben wird: »Wenn du so weitermachst, riskierst du, alles zu verlieren, was dir lieb und teuer ist – dein Heim, deine Kinder, deine Frau, deinen Ruf.« Es ist seine Entscheidung.

»Die Wahl liegt beim untreuen Partner«, schreibt Dobson. »Aber es muss ihm klargemacht werden, dass er nicht beides haben kann … ja, dem nächtlichen Herumtreiber kann gar nichts Besseres passieren, als dass er, wenn er nach seinen Eskapaden nach Hause kommt, auf den Boden der Tatsachen zurückgeholt wird. Genau dann, unmittelbar nach seinem schuldhaften Verhalten, muss er spüren, welche Auswirkungen seine Sünde hat.«

Als gläubige Frau sollten Sie natürlich trotzdem immer die Tür aufhalten für echte Reue und Versöhnung. Das heißt aber nicht, dass Sie den Ehebruch Ihres Mannes ermöglichen oder noch fördern sollten. Und vergessen Sie nicht, in Christus, der Ihnen Kraft gibt, können Sie alles tun (Philipper 4,13).

Auch wenn eine konsequente Haltung keine Garantie dafür ist, dass ein Mann aufhört fremdzugehen, und eine Konfrontation ihn nicht zum Glauben führen muss, ist es doch das Beste, was eine Frau tun kann – für ihren Mann und für sich selbst.

Und wenn der Mann dann beschließt zu gehen? So schmerzhaft es sein mag, wenn es passiert, darf die gläubige Frau ihn gehen lassen. Der Ehebund ist gebrochen, und sie hat die Freiheit, einen anderen Mann zu heiraten.

Liebe Leserin, wenn Sie von dem, was ich hier gerade geschildert habe, in irgendeiner Weise betroffen sind, dann dürfen Sie wissen, dass Sie nicht allein sind, dass es auch für Sie Hoffnung und Hilfe gibt. Beten Sie weiter. Suchen Sie weiter den Rat gläubiger Christen. Sie müssen eine solche Situation nicht allein durchleiden. Selbst wenn Sie sich wertlos vorkommen und innerlich kaputt sind, vergessen Sie nicht, dass Gott Ihr Leid sieht. Er hört Ihr Schreien. Er kennt Ihren Schmerz, und er kann …

- »machen, dass alle Gnade unter euch reichlich sei« (2. Korinther 9,8).
- »mitfühlen mit denen, die unwissend sind und irren« (Hebräer 5,2).
- »euch vor dem Straucheln behüten … und euch untadelig darstellen … vor das Angesicht seiner Herrlichkeit mit Freuden« (Judas 24).
- »überschwänglich tun … über alles hinaus, was wir bitten oder verstehen, nach der Kraft, die in uns wirkt« (Epheser 3,20).

Amen.

Zum Nachdenken

- Welche Auswirkungen haben Scheidungen auf unsere Kultur, Ihre Gemeinde oder sogar Ihre eigene Familie? Die Bibel sagt es klar und deutlich: Gott hasst Scheidungen.

Wie viele Menschen kennen Sie, die von einer Scheidung betroffen sind?

- Lesen Sie die folgenden Abschnitte, in denen von Scheidung die Rede ist:
  Maleachi 2,13-16
  Matthäus 5,31-32; 19,3-11
  1. Korinther 7,10-16
  Gott erlaubt die Scheidung nur aus einem einzigen Grund. Aus welchem? Warum ist das so?

- Wenn Sie in Gedanken eine Scheidung erwägen, überlegen Sie, was diese Bibelstellen im Hinblick auf Ihr Leben bedeuten. Welche anderen Möglichkeiten gäbe es? (Anmerkung: Wenn Sie geschieden und wieder verheiratet sind, dürfen Sie wissen, dass Ihnen in Christus vergeben ist. Er verdammt Sie nicht!)

- Wenn Sie misshandelt werden, überlegen Sie, was Sie konkret tun können. S. R. und Linda McDill nennen in ihrem Buch *Dangerous Marriage* die folgenden Schritte:
  1. Machen Sie sich klar, dass Misshandlungen Unrecht sind. Jede Frau hat das Recht, nett und freundlich behandelt zu werden. Weil Misshandlungen Unrecht sind, muss die betroffene Frau lernen zu sagen: »Schluss damit, ich dulde das nicht länger. Ich lasse das nicht mehr mit mir machen.«
  2. Suchen Sie jemanden, mit dem Sie über Ihre Situation reden können.
  3. Sie müssen, wenn nötig, mit einer Vertrauensperson zur Polizei gehen und Anzeige wegen körperlicher Misshandlung erstatten.
  4. Rufen Sie Ihren Pastor an – falls er nicht schon von Ihrer Situation weiß – und machen Sie mit ihm einen Termin für ein Gespräch aus.

5. Lösen Sie sich aus der Situation, in der Sie misshandelt werden, damit Sie in Ruhe darüber nachdenken können, was Misshandlung ist, wie alles anfing und wie Sie in diese Lage hineingerieten und zum Opfer wurden.
6. Besuchen Sie eine Einzel- und Familientherapie.
7. Hüten Sie sich vor schnellen Lösungen. (»Ich habe mich verändert – nimm mich wieder an!«)

- »Die Bibel sagt: ›Die Frau ist des Mannes Abglanz‹ (1. Korinther 11,7). Sie ist kein Fußabtreter, kein Opfer und auch kein Besitz.«

Aus: Florence Littauer, *Taking Charge of Your Life*

Kapitel 14

Ein tragfähiges System

Wenn Selbstmitleid eine Tugend wäre, würde ich mich mühelos als besonders tugendhaft qualifizieren. Da saß ich mal wieder an meinem gewohnten Platz in der Kirche: Mittelblock, erste Reihe, zweiter Platz vom Gang. Seit über zwanzig Jahren ist das mein Lieblingsplatz, egal, in welcher Kirche ich gerade bin.

An jenem Tag hatte ich mein Mitleid erregendstes Gesicht aufgesetzt und mir vorgenommen, während des gesamten Gottesdienstes hemmungslos zu schluchzen. Schließlich war ich (schnüff, schnüff) ALLEIN.

Das Lobpreisteam stimmte »Freue dich, Welt« an, aber ich bewegte nur die Lippen. »Ha!«, dachte ich, »in meiner Welt gibt es keine Freude. Schließlich bin ich (schnüff, schnüff) allein.«

Dann griff Gott ein, um meinen nahezu perfekten Anfall von Selbstmitleid zu ruinieren. Eine Frau, die ich kaum kannte, setzte sich neben mich. Sie beugte sich zu mir herüber und wisperte: »Ich bin auch allein hier. Darf ich mich zu Ihnen setzen?«

Ihre Geste erinnerte mich an die Begegnung mit Terry, einer Frau, die sich in den ersten Tagen meines Christseins um mich gekümmert hatte. Auch sie war allein in den Gottesdienst gekommen und hatte sich zu mir gesellt – damals, in meinen ersten Wochen in der Baptistengemeinde in Portland im Bundesstaat Maine. Wir hatten beide kleine Kinder, und da wir nahe beieinander wohnten, trafen wir uns zwei Jahre lang fast jeden Tag, um gemeinsam in der Bibel zu lesen und füreinander zu beten – bis ich dann wegzog.

Wenn ich mit Terry zusammen war, war ich nicht mehr allein. Sie verstand mich – sie verstand mich wirklich und wahrhaftig und rundum. Wenn ich mal wieder ausrastete und Barry durchs ganze Haus jagte und hinter ihm herrief: »Komm doch wenigstens ein einziges Mal mit in die Kirche. Ich werde dich auch nie wieder fragen. Das verspreche ich dir«, dann verstand sie meine Tränen der Wut, der Reue und der Enttäuschung. Da ich gerade erst Christ geworden war (und deshalb mit etwas zu großem Eifer versuchte, meinem lieben Mann meinen Glauben überzustülpen), wurde die Situation oft schon allein dadurch erträglicher, dass da jemand war, der mich verstand.

Seitdem hat mir Gott überall, wo wir gewohnt haben, in seiner Gnade eine Terry geschenkt – eine gleich gesinnte Frau, die mir Freundin und Stütze war – und ich ihr.

Liebe Leserin, egal, ob Sie erst seit kurzem Christ sind – aber besonders dann – oder schon seit Jahren mit einem Ungläubigen verheiratet, auch Sie müssen sich eine solche Terry suchen. Und das ist gar nicht schwer. Die Kirchen sind voll von Frauen, die allein kommen. Sehen Sie sich doch nur einmal um.

Ehe Sie sich auf eine solche Beziehung einlassen, sollten Sie sich aber die folgenden Punkte vor Augen halten:

- *Achten Sie darauf, dass Sie nicht tratschen.* Keine Geschichten wie: »Mein Mann ist ein noch größerer Trottel als deiner.« (Schlagen Sie noch einmal Kapitel 7 auf.) Die Beziehung soll dazu dienen, dass Sie sich gegenseitig aufbauen, nicht dass Sie sich oder andere niedermachen. Verständigen Sie sich von Anfang an auf diesen Punkt und ziehen Sie einander zur Verantwortung.

- *Setzen Sie Prioritäten und halten Sie sich daran.* So nett es sein mag, dass Sie jemanden haben, bei dem Sie ganz Sie selbst sein können, die Beziehung, die auf dieser Erde für Sie an erster Stelle zu stehen hat, ist die Beziehung zu Ihrem Mann und den Kindern. Darum achten Sie darauf, dass Sie nicht zu viel Zeit mit der Freundin verbringen, damit die häuslichen Pflichten nicht darunter leiden. Und achten Sie auch darauf, dass die Freundschaft nicht zu einer Art Götze, zu einem Zufluchtsort wird. Sie sollte nie der letzte Ausweg sein, wenn Sie Trost und Ermutigung brauchen. Diese Rolle steht allein Gott zu.

- *Setzen Sie sich Ziele.* Wenn der Gedanke, eine langfristige Freundschaft zu beginnen, Sie abschreckt, versuchen Sie doch zunächst, sich einmal pro Woche zu treffen und gemeinsam einen Bibelkurs durchzuarbeiten, vielleicht etwas über die Ehe oder über eines der biblischen Bücher. Wenn Sie dann merken, dass es bei Ihnen beiden »klick« macht, können Sie die Freundschaft fortsetzen. Wenn nicht, haben Sie zumindest eine andere Christin kennen gelernt und etwas mehr über Gottes Wort erfahren.

- *Beten Sie.* Wenn Sie spüren, dass Sie die gleiche Wellenlänge haben, dann stärken Sie einander, indem Sie miteinander und füreinander beten. Beten Sie gemeinsam anhand der Bibel. Beten Sie jeweils für den Mann der anderen. Es ist manchmal entmutigend, für den eigenen Mann zu beten, vor allem wenn man keinen Fortschritt und keine Veränderung sieht. Oft ist es leichter, für einen anderen zu beten.

- *Achten Sie darauf, dass Sie nicht neidisch werden.* Rechnen Sie damit, dass der Mann Ihrer Freundin schnell zu Jesus findet und Ihrer nicht. In solchen Fällen sind wir leicht versucht, neidisch zu werden, das können Sie mir glauben. Gedanken wie: »Aber ich warte und bete schon viel länger!«, sind sofort zur Stelle und wollen einen Keil zwischen Sie treiben. Denken Sie daran, dass Gott genau weiß, was er tut. Und er macht alles richtig.

- *Achten Sie darauf, dass Jesus im Mittelpunkt bleibt.* Das heißt nicht, dass Sie sich nicht auch über Politik oder das Wetter unterhalten können. Aber vergessen Sie nicht, wer Sie sind und wem Sie gehören. Sie sind Töchter Gottes. Das bedeutet, dass die Ratschläge, die Sie sich gegenseitig geben, biblisch begründet sein sollten. Vergessen Sie, was Sie im Fernsehen hören. Nur Jesus hat Worte des ewigen Lebens.

Noch mehr Hilfe von Frau zu Frau

Eine weitere wertvolle Hilfe, die uns auf persönlicher Ebene Unterstützung bieten kann, ist das, was heute manchmal eine »Titus-2-Frau« genannt wird – eine reife Frau, die fest im Glauben steht. Im Titus-Brief sollen solche Frauen »die jungen Frauen anhalten, dass sie ihre Männer lieben, ihre Kinder lieben, besonnen seien, keusch, häuslich, gütig und sich ihren Männern unterordnen, damit nicht das Wort Gottes verlästert wird« (Titus 2,4-5).

Manchmal sind das Frauen, deren Männer früher auch nicht gläubig waren. Sie wissen, was wir durchmachen, und haben erlebt, wie Gott Gebete erhört. Oder sie haben noch heute das Joch einer Ehe mit einem ungläubigen Partner zu tragen und haben gelernt, sich mit ihrer Situation zu arrangieren und dabei trotzdem sie selbst zu bleiben.

Was mich betrifft, so kann ich sagen, dass Gott mir Dutzende von solchen Titus-2-Frauen geschickt hat. Diese älteren Frauen betrachten mich als ihre Tochter. Sie schicken mir Karten und E-Mails und versichern mir, dass sie für meine Familie und mich beten. Ich durfte mich im Lauf der Jahre an ihren Schultern ausweinen, und sie haben mir immer wieder Mut zugesprochen und die Gewissheit, dass Gott alles in seiner Hand hat.

Wenn Sie eine ältere gläubige Frau finden können, die sich auf diese Art und Weise um sie kümmert, dann schätzen Sie sich glücklich. »Wem eine tüchtige Frau beschert ist«, heißt es in den Sprüchen, »die ist viel edler als die köstlichsten Perlen« (Sprüche 31,10).

Eine große Familie

In meiner Gemeinde reden wir uns nicht mit »Bruder« oder »Schwester« an.

Aber unser Pastor betont immer wieder, dass wir tatsächlich Geschwister sind – Kinder in Gottes Familie. Wenn er davon spricht, sagt er immer: »Meine lieben Schwestern und Brüder, keiner von uns kommt allein in den Himmel. Wir gehen gemeinsam – als Familie.«

Der Apostel Paulus schrieb den Ephesern, sie seien »nun nicht mehr Gäste und Fremdlinge, sondern Mitbürger der Heiligen und Gottes Hausgenossen« (Epheser 2,19).

Wenn in meiner Gemeinde jemand als Mitglied aufgenommen werden will, dann stellen sich alle Mitglieder zu ihm, als wollten sie sagen: »Deine Lasten sind meine Lasten. Ich will helfen, deine Nöte zu stillen. Deine Kinder sind auch meine Kinder, und ich will dir helfen, sie im Herrn zu erziehen.«

Wir essen miteinander, wir lachen miteinander, sitzen am Krankenbett oder stehen am Grab, wenn ein Angehöriger gestorben ist. So sollte es in einer Gemeinde sein. Wir sind eine große Familie.

Im Idealfall bietet eine Gemeindefamilie den schwächsten Gliedern Zuflucht und Hilfe. Leider kann man heute gerade von verheirateten Frauen, die allein in die Kirche kommen, häufig die Klage hören, dass sie nirgendwo richtig hinpassen. Die einzelnen Gruppen sind entweder für Ehepaare oder für Singles gedacht – und sie sind weder das eine noch das andere. Es ist, als wüsste man nicht, was man mit den »geistlichen Singles« anfangen sollte. Sie sind anomal. Sie passen in kein Schema.

Ich hoffe dennoch, dass Sie in Ihrer Nähe eine Gemeinde haben, die meiner ähnlich ist. Wenn ja, dann wird Gottes Familie allmählich wach für die Bedürfnisse der Frauen, die allein kommen.

Bei uns hat man vor kurzem eine Gruppe für »Mütter ohne Partner« ins Leben gerufen, und zwar für verheiratete und unverheiratete Mütter.

Nach nur wenigen Wochen waren die Frauen sich einig, dass sie endlich ihren Platz in der Gemeinde gefunden hatten, einen Platz, an dem sie sich nicht wie Versager vorkommen müssen, nur weil der Mann an ihrer Seite fehlt.

Wie können Sie in Ihrer Kirche Unterstützung finden? Zunächst einmal lassen Sie jemanden wissen, wer Sie sind! Denken Sie nicht, Sie könnten damit jemandem zur Last fallen. Wir fallen alle den anderen zur Last und tragen die Last des anderen – darum geht es ja gerade in einer Familie.

Gehen Sie zu Ihrem Pastor oder dem Leiter/der Leiterin einer Frauengruppe und schildern Sie ganz ehrlich Ihre Sorgen und Nöte. Setzen Sie Ihren Namen auf die Fürbitteliste. Bitten Sie die Männer beim Männerfrühstück, für Ihren Mann zu beten.

Wenn Sie die Möglichkeit haben, schließen Sie sich einer Kleingruppe an, vor allem wenn Ihre Gemeinde sehr groß ist. Im Idealfall sind solche Gruppen wie eine kleine Gemeinde innerhalb der großen strukturiert und vermitteln wegen ihrer Überschaubarkeit eher ein Zugehörigkeitsgefühl. Zu einer gesunden Kleingruppe gehören Vertreter verschiedener Altersstufen, und sie treffen sich, um Gemeinschaft zu pflegen, zu beten und in der Bibel zu lesen. In einer bunt gemischten Gruppe muss sich keiner isoliert oder als »fünftes Rad am Wagen« vorkommen.

Leider treffen sich viele Kleingruppen am Abend, wenn es schwierig ist, von zu Hause wegzugehen. Auch hier ist wieder zu beachten, dass Ihr Mann die erste Priorität haben sollte. Ich war einmal in einer Gruppe, die sich jeden zweiten Dienstagabend traf. Erst aßen wir miteinander, dann lasen wir in der Bibel. Ich war gern mit diesen Leuten zusammen, doch sobald ich mich ins Auto setzte, fühlte ich mich hin- und hergerissen.

Wenn ich ging, musste ich ständig an Barry denken, der allein zu Hause saß, und hatte das Gefühl, ich sollte bei ihm sein – auch wenn er mir nie einen Stein in den Weg legte und mich immer gehen ließ. Aber als ich dann beschloss, mein Platz sei bei ihm, da war es, als sei mir eine riesige Last von den Schultern genommen.

Die Gruppe betete weiter für mich und betrachtete mich auch weiter als ein Gruppenmitglied. Das war mir eine Hilfe.

Wenn eine Abendgruppe für Sie auch nicht in Frage kommt, könnten Sie sich eine Gruppe suchen, die sich tagsüber trifft. Oder Sie könnten an Ihrem Arbeitsplatz in der Mittagspause eine Gebets- oder Bibelgruppe ins Leben rufen. Auf jeden Fall sollten Sie alles daransetzen, Unterstützung durch andere Christen zu finden. Hier noch ein paar Möglichkeiten:

- Besuchen Sie regelmäßig eine christliche Buchhandlung und suchen Sie Kontakt mit den Verkäuferinnen.
- Lesen Sie ermutigende Bücher, die Sie im Glauben stärken.
- Nehmen Sie Kontakt mit einem christlichen Radiosender auf. Er ist oft so etwas wie eine »Informationszentrale« und verfügt über jede Menge Verbindungen.
- Sie können auch im Internet und in Chatrooms Kontakte zu anderen gläubigen Frauen suchen. Allerdings sollten Sie das nur unter viel Gebet und mit äußerster Vorsicht tun.

Die Gemeinde, der Leib Christi, funktioniert nur in gegenseitiger Abhängigkeit. »So sind wir viele ein Leib in Christus, aber untereinander einer des andern Glied« (Römer 12,5), schrieb der Apostel Paulus an die Gemeinde in Rom. Gott verlangt von niemandem, dass er seinen Weg allein geht. Wir gehen zusammen. Als Familie. Wir stützen einander, wir teilen Freud und Leid und tragen die Last des anderen.

Ich bete darum, dass auch Sie jemanden finden, der Ihnen dabei hilft, Ihre Lasten zu tragen.

Zum Nachdenken

- Welche Personen sind Ihnen in Ihrer Situation als Frau, die sich mit ihrem Glauben allein gelassen fühlt, eine besondere Hilfe? Nennen Sie ein paar Beispiele, auf welche Weise Sie konkrete Unterstützung erfahren haben.

- Lesen Sie nach, was die Bibel über Freundschaften sagt:
  Sprüche 17,17
  Sprüche 27,6.9.17
  Prediger 4,9-10
  Galater 6,2
  Philipper 2,19-22
  Auf welche Menschen in Ihrem Leben treffen diese Beschreibungen zu?

- Lesen Sie nach, was die Bibel über die Rolle anderer Christen in Ihrem Leben sagt und wie Sie selbst andere unterstützen können, und setzen Sie das Gelesene um.
  Apostelgeschichte 2,42-47
  Apostelgeschichte 12,5
  1. Korinther 12,12-27
  Epheser 2,19-22
  Epheser 4,16
  Bekommen Sie in Ihrer Gemeinde, was Sie brauchen? Was tun Sie, oder was könnten Sie tun, um anderen zu geben, was sie brauchen?

- Jeder Mensch braucht drei Freunde: einen Berater, einen Gleichgesinnten und jemanden, dem er selbst Berater sein kann. Wer sind Ihre drei Freunde? Wenn Ihnen in einer der drei Kategorien jemand fehlt, dann bitten Sie Gott, Ihren Freundeskreis zu erweitern. Jeder Freund oder jede Freundin kann dazu beitragen, dass Sie das Potential, das Gott in Sie hineingelegt hat, wirklich ausleben und entfalten können.

- »Typisch für eine beginnende Freundschaft wäre etwa der Satz: ›Was? Du auch? Ich dachte, ich sei der Einzige!‹«

Aus: C. S. Lewis, *Was man Liebe nennt*

Kapitel 15

Hoffnung ist unser Anker

Vielleicht trugen Sie weiße Spitze und hatten das Haar hochgesteckt. Ihre besten Freundinnen waren die Brautjungfern. Gemeinsam haben Sie die Kleider im schönsten Rosa ausgesucht.

Vielleicht sind Sie auch nur kurz in der Mittagspause zum Standesamt gerannt.

Vielleicht gab es anschließend eine große Feier, zu der alle Freunde und Bekannten eingeladen waren. Oder es gab nur einen kleinen Umtrunk, und Sie haben den Sekt aus Plastikbechern genossen.

Vielleicht war es Ihre zweite oder dritte Ehe. Vielleicht haben Sie geweint, weil Sie im Grunde schon damals wussten, dass es ein Fehler war. Aber Sie haben es trotzdem durchgezogen.

Egal, wie, auf jeden Fall haben Sie Ihrem Liebsten mit zitternden Nerven das Eheversprechen gegeben. Sie haben einander die Ringe angesteckt und sich geküsst. Sie haben gelacht und geweint.

Sie waren beide voller Träume, waren so sicher, wie man es nur sein kann, dass nichts und niemand trennen kann, »was Gott zusammengefügt hat«.

Aber etwas – jemand – hat es getan.

Dieser Jemand kam in Ihre Welt und hat Ihnen klargemacht, dass Er Ihr wahrer Mann ist. Dann hat er Ihnen ein Hochzeitskleid übergestreift, das weißer war als das weißeste Leinen. Sie hatten das Gefühl, wieder ganz unschuldig, ganz jungfräulich zu sein. Wie neugeboren!

Er hat Sie mit Gnade beschenkt und Ihnen versprochen,

Sie nie zu verlassen oder von Ihnen zu weichen. Und Sie wollten mit ihm gehen und für immer bei ihm sein.

Sie haben versucht, Ihrem anderen Ehemann, dem Mann, der bei Ihnen zu Hause vor dem Computer sitzt und gern Croutons auf die Tomatensuppe streut, von diesem wahren Mann zu erzählen. Sie waren sicher, dass er Sie verstehen würde. Aber er hat Sie nicht verstanden. Er wollte nicht, und er konnte nicht.

Dann wurde Ihnen schlagartig klar: *Mein Leben, meine Ehe, meine Familie werden nie wieder so sein wie früher.*

Und Sie lassen vor Ihrem inneren Auge das Video von der Hochzeit ablaufen und sehen, wie Jesus, Ihr wahrer Bräutigam, mit Gott, dem Vater, am Altar steht. Sein Gesicht strahlt vor Freude, als Sie unter dem Jubel der Zuschauer durch den Gang auf ihn zukommen.

»Jesus, mein wahrer Mann«, flüstern Sie leise. Mit ihm sind Sie vollkommen. Mit ihm sind Sie angenommen, geliebt, frei. Seine Liebe hüllt Sie ein wie ein Pelz, eine warme Decke, die feinste Seide.

Aber dann fragt der Mann, der im Nebenzimmer am Computer spielt, wo die sauberen Socken sind. Vielleicht lächeln Sie, weil Sie sein stacheliges, unrasiertes Kinn am Morgen lieben. Vielleicht können Sie es nicht ertragen, wenn er Sie berührt. Oder Sie empfinden gar nichts für ihn.

Vielleicht gibt es Ihrem Herzen einen Stich, weil Ihre Träume von einem glücklichen, zufriedenen Leben von einem anderen durcheinander gebracht wurden – und Sie können sich des Gefühls nicht erwehren, dass es alles Ihre Schuld ist.

Sie fragen, was dabei noch herauskommen soll. Sie fragen sich, ob Sie sich immer zwischen den beiden hin- und hergerissen fühlen werden … ob Sie sich immer abgelehnt und falsch verstanden vorkommen … ob Sie jemals echte Zufriedenheit und wahren Frieden finden werden. Hoffnung und Freude.

Sie möchten wieder einmal lachen! Den Kopf zurückwerfen und so richtig herzhaft von innen heraus lachen.

Geschenke von dem Bräutigam

Wir wollen noch einmal an den Hochzeitstag zurückdenken. Vielleicht hat Ihr geliebter Mann Ihnen eine Kette um den Hals gelegt oder ein Armband geschenkt. Vielleicht hatte er auch nicht viel Geld, aber weil er wusste, wie sehr Sie Teddybären oder Gänseblümchen oder Blau mögen, hat er etwas aus der Tasche gezogen und es Ihnen mit zitternden Händen überreicht. Er hat Ihr Gesicht in seine Hände genommen und gesagt: »Du weißt, dass ich dir den Mond schenken würde, wenn ich es könnte.«

Und Sie wussten, dass es stimmte.

Vielleicht hat er Ihnen versprochen, Ihnen später noch andere Geschenke zu machen. »Unser gemeinsames Leben wird schön werden. Wir kriegen jede Menge Kinder, vielleicht einen Hund. Wir bauen ein Haus – dann kommen die Enkel. Wir beide, du und ich.«

Sie wünschen sich diese Dinge noch immer. Sie möchten sich mit dem, der sie Ihnen versprochen hat, daran freuen. Schließlich ist er Ihr Mann …

Und nun wollen wir an den anderen Hochzeitstag mit Jesus, Ihrem wahren Mann, denken. Auch er hat Ihnen Geschenke versprochen. Sie sind sich bloß nicht sicher, ob er Ihnen auch die gibt, die er versprochen hat.

Oder Sie haben sie einfach nicht erkannt.

Er hat Ihnen Geduld und Ausdauer versprochen. »Wenn wir sehen, wie viel Geduld Gott mit uns hat, dann wächst auch in uns die Geduld«, schreibt Bill Hybels in *Character: Reclaiming Six Endangered Qualities.* »Wenn wir uns vor Augen halten, wie geduldig und barmherzig Gott mit uns war, dann scheint unsere Ungeduld dahinzuschmelzen. Ganz allmählich erweicht Gott unsere harten Herzen und ersetzt sie unauffällig durch eine Haltung der Toleranz, des Verständnisses und der Nachsicht.«

Der Psalmist schreibt: »Barmherzig und gnädig ist der Herr,

geduldig und von großer Güte« (Psalm 103,8). Hybels fügt hinzu: »Wenn wir an Gottes Geduld mit uns denken und mit allen, die noch fern von ihm sind oder sogar vor ihm davonlaufen, dann ist das ein Aufruf an uns, die gleiche Geduld zu üben, wie Gott sie zeigt.«

Damit wir das lernen, macht Gott uns Geschenke: Er gibt uns einen Ehemann, der kein Interesse an geistlichen Dingen hat oder sogar dagegen ist. Er schenkt uns unterschiedliche Temperamente. Krankheit. Meinungsverschiedenheiten. Krisen. Er steckt uns in eine Ehe, die manchmal wie Schmirgelpapier ist, voller irritierender Reibungen, die mit der Zeit unsere rauen Kanten abrunden. Er schickt uns Prüfungen, um uns zu zähmen und lange Wartezeiten, die uns zwingen zu erkennen, dass wir nicht auf den Mann warten, der sich ändert, sondern auf Gott selbst.

In ihrem Buch *When I Prayed for Patience … God Let Me Have It!* schreibt Jeanne Zornes: »Die härteste Phase beim Warten ist ›kurz davor‹. Kurz bevor wir die Antwort sehen. Kurz bevor wir aufgeben wollen. Kurz bevor alles zum Ausbruch kommt, und dann begreifen wir.« Gott sagt uns, wir sollen warten – auf ihn.

Und während wir warten, wächst unsere Geduld. Unser Jammern und der Wunsch nach Erleichterung werden leiser und seltener. Wir werden still, weil wir wissen, dass Gott Gott ist. Wohin sonst sollten wir gehen? Er allein hat Worte des ewigen Lebens. Er hat versprochen, uns Geduld zu schenken, und er tut es. Er tut es immer noch.

Er hat Zufriedenheit versprochen. Sie meinen, Sie wüssten, was Sie brauchen, um zufrieden zu sein. »Herr, ändere meinen Mann! Lass ihn zum Glauben finden und dann in der Gemeinde mitarbeiten – und mach ihn so, dass er auch die Nachbarn einlädt. Vielleicht könntest du ihn auch dazu bringen, dass er im Chor mitsingt! Dann würde ich auch mitmachen, und wir könnten zusammen singen.«

Aber wenn es nicht sofort so geschieht, wie wir es uns wünschen, dann fahren wir unsere Ansprüche ein wenig herunter. »Schon gut, Herr, lass ihn einfach Christ werden. Ich will ja schon zufrieden sein, wenn er regelmäßig mit mir in die Kirche geht und in die Bibelstunde und vielleicht noch in den Chor.« Tatsache aber ist, dass wir nie zufrieden sein werden, solange wir unseren Wunsch nach Zufriedenheit an eine Bedingung knüpfen (»Lass ihn doch Christ werden!«).

Aber das ist auch in Ordnung, denn Gott wird uns schon lehren, was echte Zufriedenheit ist. Sehen wir uns doch einmal den Apostel Paulus an. Er schrieb seinen berühmten Satz: »Ich habe gelernt, mir genügen zu lassen, wie's mir auch geht«, als er in Ketten im Gefängnis lag. Sein Geheimnis? Er hatte entdeckt, dass er durch Christus, der ihm Kraft gab, alles tun konnte (Philipper 4,11-13).

Wenn Sie den Punkt erreichen, an dem Sie aufhören, mit Gott zu verhandeln, und Ihre Wunschliste zur Seite legen, wenn Sie Ihre Seele zur Ruhe bringen und glücklich sind, wenn Sie sich an all das erinnern, was Gott Ihnen gegeben hat, und nicht an das, was er Ihnen nicht gegeben hat, dann haben Sie das Geheimnis der Zufriedenheit gelernt. »Wenn Gott Sie an dem Platz haben will, an dem Sie gerade stehen, dann gibt es anderswo keine grüneren Weiden«, sagt die Autorin Stormie Omartian.

Gott hat Sie nicht verlassen. Er sagt nie: »Hoppla, was ist mir da passiert?« Er enthält Ihnen nichts vor (Psalm 84,12) und wird alles zum guten Ende bringen, was er angefangen hat (Philipper 1,6). Und er wird all Ihrem Mangel abhelfen (Philipper 4,19).

Es ist genug. *Er* ist genug. Wirklich. Darum legen Sie Ihre Wunschliste weg und bitten Sie den Herrn, Ihnen zu zeigen, wie man zufrieden wird. Ich verspreche Ihnen, er wird es tun.

Er hat Trost versprochen. Ich weiß nicht wie, ich weiß nur, dass er es macht. Die Bibel spricht von der Gnade, die genug ist. Wir denken, wir müssten vor Einsamkeit sterben. Wir fühlen uns missverstanden. Abgelehnt. Wir meinen, wir könnten keinen Schritt mehr weitergehen … und dann kommt Gott.

Manchmal kommt er in Gestalt eines anderen Menschen – unter Umständen unseres eigenen Mannes – und nimmt uns in seine Arme. Manchmal kommt er als ein Wort. »Ich will dich nie verlassen und niemals von dir weichen.« Manchmal kommt er als ein Bild, als Sonnenaufgang über dem See oder sanfter Wind, der durch die Bäume weht. Manchmal kommt sein Geist mitten in Aufruhr und Chaos und hebt uns hoch und führt uns in die Weite. Er ändert nicht unsere Lage, aber er verändert uns. Er tröstet uns. Und immer gibt er uns mehr als genug, damit wir seinen Trost an andere weitergeben können, die auch Trost brauchen.

Ich will Ihnen ein Geheimnis verraten: Je mehr Trost Sie weitergeben, umso mehr empfangen Sie. Je mehr Sie von Gottes Verheißungen erzählen und anderen berichten, wie Sie in größter Not erfuhren, dass seine Gnade genügt, umso mehr werden Sie selbst getröstet. Wenn Sie andere auf Gottes erstaunliche Gnade hinweisen, dann erinnern Sie sich auch selbst daran, und Ihr Glaube wächst.

Thornton Wilder hat einmal geschrieben: »Im Dienst der Liebe können nur die Verwundeten dienen.« Gott lässt Schmerzen zu und schenkt uns seinen Trost, damit wir Mitleid haben mit dem Leid der anderen. Nur wer aus eigener Erfahrung um die Kluft weiß, die in der Ehe mit einem ungläubigen Partner besteht, und den Trost erfahren hat, den Gott schenkt, kann andere in der gleichen Situation wirklich trösten. Sagen können: »Ich weiß, wie dir zumute ist«, und sich wirklich in den anderen hineinversetzen – das ist eines der größten Geschenke, das wir einander machen können.

Er hat uns Sinn und Ziel versprochen. Der Prophet Jeremia schreibt: »Denn ich weiß wohl, was ich für Gedanken über euch habe, spricht der Herr: Gedanken des Friedens und nicht des

Leides, dass ich euch gebe Zukunft und Hoffnung« (Jeremia 29,11). Der Apostel Paulus erinnert uns daran, dass wir Gottes Werk sind und Gott selbst schon die guten Werke vorbereitet hat, die wir tun sollen.

Sie denken vielleicht, da, wo Sie gerade stehen, könnten Sie Gott nicht dienen. Ihr Joch, das Sie durch Ihre Ehe mit einem ungläubigen Partner zu tragen haben, scheuere am Hals, und Ihr Mann halte Sie zurück. Sie meinen vielleicht, Gott dienen hieße, im Kindergottesdienst mitzuhelfen oder in irgendeinem Ausschuss der Kirchengemeinde mitzumachen. Oder Sie müssten warten, bis Ihr Mann auch zum Glauben kommt, bevor Sie sich einsetzen. Verzeihen Sie mir, wenn ich etwas direkt werde, aber wenn Sie so denken, dann liegen Sie falsch. Gott ist viel zu kreativ – von seiner Allmacht gar nicht zu reden –, um sich durch solche Dinge einschränken zu lassen.

Im Glaubensbekenntnis von Westminster heißt es, Hauptziel des Menschen sei es, Gott zu verherrlichen und sich an ihm zu erfreuen. Wenn er uns geschaffen, wenn er uns berufen, wenn er uns ausgerüstet und uns gesagt hat, dass er die guten Werke, die wir tun sollen, für uns schon vorbereitet hat, dann wird er wohl auch in der Lage sein, uns zu ihnen hinzuführen!

Ich liebe die Titelmelodie aus dem Disneyfilm *Aladin*, in der Aladin der Prinzessin von der neuen Welt vorsingt, die er ihr zeigen will. Am besten gefällt mir der Teil, wo es heißt: »Mach die Augen nicht zu – es wird wieder besser.« Ich stelle mir immer vor, Jesus würde mir das vorsingen. Dass er eine neue Welt geschaffen hat, die wir entdecken sollen. Und dazu gehört auch, dass er uns als Frauen und Ehefrauen einen Sinn und ein Ziel für unser Leben schenken will. Also machen Sie die Augen nicht zu! Es wird wieder besser.

Er hat versprochen, dass wir lachen werden. Genau genommen hat er Freude versprochen – seine Freude, die unsere Kraft ist (Nehemia 8,10). Und mit der Freude kommt das Lachen. Marjorie Holmes hat einmal geschrieben: »Die Welt ist so voll von Angst. Das Leben selbst scheint oft so hart. Danke [Herr], dass du so verständnisvoll bist und uns das Lachen geschenkt hast, damit wir vergessen können, damit unsere betrübte Seele wieder froh wird, der Weg heller scheint und die Last leichter ist.«

Ich finde es herrlich, wie absurd das Leben oft ist. Während ich hier schreibe, habe ich gerade den gesamten Inhalt eines Federkissens auf meine Waschmaschine, den Trockner und den Staubsauger verteilt. Winzige Federn sitzen mir auf der Nase und im Haar. Den halben Nachmittag habe ich gebraucht, um herauszufinden, dass man ein Federkissen tatsächlich in der Waschmaschine waschen kann. Allerdings sollte man einen Riss im Stoff nicht unbedingt nur mit Heftklammern schließen.

Mir ist klar, dass das eigentlich nichts mit unserem Thema zu tun hat, der Ehe mit einem ungläubigen Partner. Aber die ganze Geschichte hat mich so zum Lachen gebracht, dass mir die Tränen kamen. Das ist nicht ungewöhnlich und passiert vielen Leuten. Doch nur die Menschen, die Jesus gehören, können weinen, bis ihnen das Lachen kommt. Das ist *wahre Freude.*

In *My Utmost for His Highest (Mein Äußerstes für sein Höchstes)* schreibt Oswald Chambers: »Der Heilige ist fröhlich, selbst wenn die Schwierigkeiten ihm hart zusetzen, denn das Ganze erscheint allen anderen völlig aussichtslos – nur Gott nicht.« Wenn Ihr Mann kalt und abweisend ist; wenn er Sie anfaucht, sobald Sie ihm Ihre Liebe zeigen wollen, und alle Ihre Bemühungen nur zurückgewiesen werden; wenn Sie Gott auf die Brust trommeln und schimpfen wollen und doch nichts anderes tun können, als wie ein Häufchen Elend zu schluchzen … dann kommt irgendwann die Freude zu uns zurück. Denn wenn wir erkannt haben, dass wir unser Leben nicht in der Hand haben, und uns wieder neu in Gottes Hände fallen lassen: »Herr, ich gebe auf! Hier bin ich! Du bist Gott – nicht ich!«, kommt Gott und zeigt sich uns auf eine ganz neue, persönliche Weise, und das erfüllt uns mit Freude … und dann können wir wieder lachen. –

Er hat Hoffnung versprochen. Im Hinblick auf die Hoffnung hat G. K. Chesterton einmal gesagt: »Hoffnung heißt hoffen, wenn alles hoffnungslos ist, sonst ist es keine Tugend ... Solange die Dinge noch hoffnungsvoll aussehen, ist Hoffnung nichts weiter als eine Worthülse, eine Plattitüde. Erst wenn alles hoffnungslos ist, wird die Hoffnung zu einer Kraft.«

Hoffnung ist nicht Hoffnung, wenn wir das, worauf wir hoffen, schon sehen können. Die Hoffnung kratzt sich stattdessen am Kopf und sagt: »Das Ding wird nie fliegen« – und dann fliegt es doch.

In der Apostelgeschichte wird erzählt, wie eine Gruppe von Jüngern für Petrus betete, der sich im Gefängnis befand. Ein Engel kam zu ihm in die Zelle und half ihm zu fliehen. Als er zu dem Haus kam, in dem die anderen für ihn beteten, öffnete ihm ein Dienstmädchen die Tür. Aber es ließ ihn nicht herein. Es meldete ihn bei den anderen, aber sie sagten, sie sei verrückt. Obwohl sie für ihn beteten, dachten alle insgeheim, der Fall sei hoffnungslos.

Gott scheint gerade dann am besten wirken zu können, wenn alles trostlos scheint. Er verspricht einem alten Mann, er solle der Vater vieler Völker werden – und es geschieht. Er verkündet einer Jungfrau, sie solle ein Kind bekommen – und es geschieht. Er wartet, bis ein Mensch wirklich tot ist – und erweckt ihn zum ewigen Leben.

Er sagt einer Frau, sie solle ihren Mann achten und ehren und nie die Hoffnung aufgeben.

Der alte Mann, Abraham, hoffte. Und seine Frau Sara auch. König David hoffte, auch als er von dem verrückten Saul gejagt wurde. Jona hoffte im Bauch eines Fisches. Paulus hoffte im Gefängnis. Sie hofften, weil sie wussten, dass Gott ein Gott der Hoffnung war und ist, der seine Kinder erfüllt »mit aller Freude und Frieden im Glauben, dass ihr immer reicher werdet an Hoffnung durch die Kraft des heiligen Geistes« (Römer 15,13).

Der Verfasser des Hebräer-Briefes berichtet, dass Abraham,

nachdem er geduldig gewartet hatte, empfing, was Gott ihm verheißen hatte. »So sollten wir … einen starken Trost haben, die wir unsere Zuflucht dazu genommen haben, festzuhalten an der angebotenen Hoffnung. Diese haben wir als einen sicheren und festen Anker unserer Seele« (Hebräer 6,18-19).

Der Gott der Hoffnung gibt uns den Anker der Hoffnung, um uns bei sich zu vertäuen. Er ist unser Halt. Er packt uns fest im Sturm des Lebens. Er ist standfest und sicher, freundlich und allmächtig. Wenn wir unser Leben dem Herrn übergeben haben, dann hat er alles im Griff, was uns betrifft. Das ist unsere Hoffnung – und diese Hoffnung hilft uns, bis zum Ende durchzuhalten.

Mit diesem Ring

Wir wollen noch ein letztes Mal an Ihren Hochzeitstag zurückdenken. Vielleicht hat Ihr Mann – jener, der jetzt gerade im Wohnzimmer sitzt – Ihnen einen goldenen Ring an den Finger gesteckt. Vielleicht hatten Sie damals nicht viel Geld, deshalb haben Sie gerade mal 25 Dollar für den Ring gezahlt, den Sie jetzt noch am Finger haben, und der hat im Laufe der Jahre seinen Glanz verloren. Er ist zerkratzt, verformt, verbogen. *Ein bisschen wie mein eigenes Leben*, denken Sie.

Sie hätten gern einen neuen Ring, aber …

In Wirklichkeit hätten Sie gern einen Diamanten. Ihrem Mann haben Sie das nie gesagt. Er hat genug Sorgen mit den Zahnarztrechnungen, dem neuen Dach und allem, was sonst noch so anfällt. Deshalb verdrängen Sie den Gedanken an den Diamantring, so gut es geht.

Die Jahre gehen dahin. Schwere Jahre. Gute Jahre. Jahre, die so dahinplätschern. Sie wachsen zusammen, Sie leben sich auseinander, schleichen auf Zehenspitzen wie auf Eierschalen, tanzen bis zum Morgengrauen. Dann entdecken Sie eines Tages die Ringschachtel im Handschuhfach seines Autos. Sie ist gerade vor Ihnen auf den Boden gefallen.

Ihr Mann lächelt und sagt: »Für dich.«

Es ist ein Diamantring. Sie ziehen den alten, verbogenen Goldring ab und streifen sich das schönste Schmuckstück, das Sie je gesehen haben, über den Finger und können kaum glauben, wie perfekt es sitzt. Sie kreischen vor Vergnügen oder vielleicht weinen Sie auch, und Ihr Mann grinst verlegen, als Sie ihm um den Hals fallen.

Sie strecken die Hand ein wenig von sich weg, *nur ein bisschen*, bis ein Lichtstrahl auf den Diamanten fällt und ihn in allen Farben funkeln lässt. Sie betrachten ihn, wie er schimmert und glänzt, und dabei wandern Ihre Gedanken zu Ihrem wahren Mann, und es geht Ihnen auf, dass dieser Ring letztlich ein Geschenk von ihm ist. Seine Art zu sagen: »Ich habe etwas Verformtes und Beschädigtes genommen und daraus etwas ungeheuer Kostbares gemacht.«

Dann erteilt er Ihnen eine Lektion in Geologie und erklärt Ihnen, wie ein Diamant entsteht. Da sind die drei Schichten der Erdschale – Kern, Mantel und Kruste. Ein Diamant beginnt tief drinnen in der Erdumhüllung als ein Stück Kohle, ein ganz normales Stück Kohle.

Erst unter extremer Hitze und großem Druck kristallisiert sich dieses Element zu einem Diamanten. Aber damit ist der Prozess noch nicht beendet. Damit der Diamant in die Erdkruste gelangt, muss der Fels, in dem er sich befindet, schmelzen, er muss wie aus einem Vulkan emporgeschleudert werden. Das ist der einzige Weg, und nur auf diesem Weg wird etwas so Gewöhnliches und Alltägliches wie ein Stück Kohle zu dem härtesten und kostbarsten Edelstein, den es gibt.

Sie denken eine Weile darüber nach und versuchen herauszufinden, was das alles bedeutet. Sie fragen: »Herr, willst du damit sagen, dass du meine Ehe in etwas so Kostbares wie diesen Ring verwandeln willst?«

Aber er antwortet nicht.

Also überlegen Sie weiter. Sie sitzen vor dem Haus und sehen den vorbeifahrenden Autos zu und spüren den Wind in Ihren Haaren. Sie denken an die Kohlestückchen, an die Hitze und den immensen Druck und daran, wie ein Diamant einen einzelnen Lichtstrahl einfangen und in alle Richtungen widerspiegeln kann.

Und plötzlich geht Ihnen auf, dass Ihre Ehe vielleicht nie wie so ein Diamant wird, aber dass Sie selbst einer sind und es immer bleiben werden.

Das ist unsere Hoffnung. Dass Gott uns durch Hitze und Druck führt, damit wir stark und widerstandsfähig werden und das Licht vollkommen widerstrahlen. Sein Licht.

Ich würde dieses Buch gern mit einem Versprechen schließen: »Folgen Sie den beschriebenen Prinzipien, und lieben Sie Ihren Mann in dreißig Tagen in das Reich Gottes – oder Sie bekommen Ihr Geld zurück.« Aber ich kann Ihnen nicht einmal versprechen, dass Ihre Ehe der Himmel auf Erden wäre, wenn Sie tatsächlich alles richtig machen könnten. Ich weiß ja nicht einmal, ob meine eigene Ehe überlebt.

Aber ich werde überleben – und Sie auch.

Wir sind Gottes Diamanten.

Ein letztes Wort von unserem wahren Mann

Durch den Propheten Jesaja sagt der Herr:

»Fürchte dich nicht,
denn du sollst nicht zuschanden werden;
schäme dich nicht,
denn du sollst nicht zum Spott werden,
sondern du wirst die Schande deiner Jugend vergessen
und der Schmach deiner Witwenschaft nicht mehr gedenken.

> Denn der dich gemacht hat, ist dein Mann –
> Herr Zebaoth ist sein Name –,
> und dein Erlöser ist der Heilige Israels,
> der aller Welt Gott genannt wird.
> Denn der Herr hat dich zu sich gerufen
> wie ein verlassenes Weib;
> und das Weib der Jugendzeit,
> wie könnte es verstoßen bleiben!, spricht dein Gott.«
> (Jesaja 54,4-6)

Wir wissen nicht, was die Zukunft bringt, aber eines wissen wir sicher: Wir kennen den Einen, der uns seine Kinder nennt. Er tröstet uns und schenkt uns Geduld, Zufriedenheit und Freude. Er schenkt uns ein Ziel und Hoffnung. Er hat uns in unsere Ehe gestellt und uns alles gegeben, was wir brauchen, damit er verherrlicht wird und wir wie Diamanten strahlen können.

Zum Nachdenken

- Stellen Sie sich vor, Ihre beste Freundin ruft an und sagt: »Ich habe ein Geschenk für dich! Ich komme gleich rüber.« Was würden Sie empfinden? Was würden Sie denken?
- Lesen Sie Römer 8. Notieren Sie jeden Vers, der einen Grund zur Hoffnung nennt oder Mut macht. Dann überlegen Sie, was Gott Ihnen als seinem Kind gegenüber empfindet. Schreiben Sie Ihre Gedanken auf. Was denkt Gott aufgrund von Römer 8 über Ihre Ehe?
- Setzen Sie das, was Sie aus Römer 8 gelernt haben, um, indem Sie mit Ihren eigenen Worten erklären, was »Hoffnung« ist. Lesen Sie danach die folgenden Bibelstellen über die

Hoffnung und prüfen Sie nach, wie eng Ihre Definition mit dem übereinstimmt, was Gottes Wort sagt:

Psalm 25,3
Jesaja 49,23
Jeremia 31,16-17
Römer 4,18
Römer 5,2-5
Römer 15,13
Epheser 1,18
Kolosser 1,27
1. Petrus 1,21
Hebräer 11,1

Suchen Sie sich einen dieser Verse zum Auswendiglernen heraus und sagen Sie ihn sich so oft wie möglich vor. Was bedeutet dieser Satz für Ihre Ehe?

- Überlegen Sie, was Ihnen Gott sonst noch geschenkt hat und wie er Ihnen immer wieder seine Gnade und sein Erbarmen zeigt. Nennen Sie konkrete Beispiele – und sprechen Sie mit anderen Frauen darüber, deren Ehemänner auch nicht gläubig sind. Sie werden spüren, dass auch Sie dadurch gesegnet werden.

- »Wer sind wir denn, dass wir uns anmaßen, zu sagen, Gott könne unsere Beziehung nicht nutzen, um nicht nur uns, sondern auch zukünftige Generationen zu segnen … auch wenn Sie alles falsch angefangen haben? Wer sind wir denn, dass wir sagen könnten, Ihre Ehe sei nicht schon von Anfang an in Gottes Plan vorgesehen? Der ganze Himmel steht auf Ihrer Seite. Christus selbst möchte, dass alles gut wird … Der Gott der Hoffnung sei mit Ihnen beiden.«

Aus: Bob Moeller, *For Better, for Worse, for Keeps*